DIE MÄRCHEN DER WELTLITERATUR

*Begründet von Friedrich von der Leyen*

# Märchen aus Korea

Aus dem Koreanischen übersetzt
und herausgegeben von

Hans-Jürgen Zaborowski

EUGEN DIEDERICHS VERLAG

CIP-Kurztitelaufnahme der Deutschen Bibliothek
**Märchen aus Korea**
aus d. Korean. übers. u. hrsg. von Hans-Jürgen Zaborowski
Neuausg. – München: Diederichs, 1988.
(Die Märchen der Weltliteratur)
ISBN 3-424-00940-7
NE: Zaborowski, Hans-Jürgen [Hrsg.]

Erweiterte Neuausgabe 1988

Umschlaggestaltung: Ute Dissmann, München
Produktion: Tillmann Roeder, Buchendorf
Gesamtherstellung: Passavia Passau
ISBN 3-424-00940-7
Printed in Germany

## *1. Von der Frau, die alte Geschichten gern hatte*

Es war einmal eine Frau, die hatte alte Geschichten überaus gern. Zufällig kam es einmal dazu, daß sie mit einer anderen Frau unterwegs war. Sie bat die Frau, mit der sie unterwegs war, darum, doch eine Geschichte zu erzählen. »Was für eine Geschichte soll ich denn erzählen?« fragte die. »Mir ist jede Geschichte recht!«

Da gerade sahen sie einen Storch in einem Reisfeld niedergehen. »Ja, müßig lauft ihr da hinein. Rundherum seht ihr euch um. Da, ein Auge, das zu uns guckt!« – und damit, sagte sie, sei alles erzählt.

Die Frau, die Geschichten so gern hatte, bat, doch weiterzuerzählen. Aber die andere sagte: »Schluß damit, wir wollen einfach unseres Weges gehen«, und die Frau, die Geschichten so gern hatte, sah ein, daß nichts zu machen war. Schließlich gingen sie auseinander, jede nach Hause zurück.

Nach dem Abendessen prahlte die Frau, die Geschichten so gern hatte, vor ihrem Mann damit, daß sie eine neue Geschichte gehört habe, und fing an zu erzählen: »Ihr lauft da einfach hinein« – und gerade da war ein Dieb ins Haus gekommen, und der erschrak, als er sie so erzählen hörte. Rundherum sah er – und da erzählte sie: »Rundherum seht ihr euch um.« Um herauszufinden, woher die Stimme kam, drückte der Dieb sein Auge an ein Loch in der Tür und sah hinein – und gerade da erzählte die Frau: »Da, ein Auge, das zu uns guckt!« – und der Dieb dachte, daß er gemeint sei – da sprach er zu sich selbst: »Liebe Beine, bringt mich in Sicherheit«, zog sich vorsichtig zurück und machte sich davon. In diesem Haus aber ließ sich fortan kein Dieb mehr blicken.

## 2. *Die Jadeflöte*

In alten Tagen lebte einmal ein Minister, der hatte keine eigenen Kinder, die unter seiner Obhut aufwachsen konnten. Er machte sich deshalb große Sorgen. Doch eines Nachts erschien ihm im Traum ein weißer Geist. »Weil du in höchstem Maße aufrichtig bist – geh unter den Felsen am Berg hinter dem Dorf, du wirst etwas finden, wonach du lange gesucht hast!« sagte er und verschwand wieder. Der Minister erwachte aus seinem Traum, und kaum dämmerte der Tag, ging er schon zu dem Ort, den der Geist ihm genannt hatte. Dort blühte eine Blume, von der er nicht einmal den Namen kannte.

Die Blume pflückte er, nahm sie mit nach Hause, kochte einen Sud davon und gab ihn seiner Frau zu essen. Da zeigten sich bald Anzeichen, daß sie ein Kind erwartete. Tatsächlich gebar sie einen Sohn. Der war überaus hübsch, und so gab man ihm den Namen Migyóng. Wenn man ihn berührte, mußte man Angst haben, er verschwindet; wenn man blies, mußte man fürchten, er fliegt davon – so wuchs er als ein verhätscheltes Kind auf. Je größer er wurde, um so klüger wurde er auch. Der Minister mußte sich selbst immer wieder wundern darüber.

Andere Dinge kann man verlieren, doch wenn man ein Kind verliert, mag man nicht mehr leben. Als Migyóng sieben Jahre alt war, kam eines Tages ein Mönch mit seinem Bündel über dem Rücken vorbei. Migyóng hörte draußen vor der Tür dessen Stimme, wie sie Sutren aufsagte. Er schöpfte Reis und ging hinaus. Der Mönch betrachtete sein Gesicht ganz genau, er nahm den Reis nicht an, murmelte erschreckt etwas wie »bedauernswertes Kind« und ging weg.

Weil das ganz eigenartig war, berichtete man es sogleich dem

Minister, der beauftragte einen Diener, den Mönch zurückzuholen. Anfangs gab der Mönch vor, nichts zu wissen, doch dann erzählte er, der Knabe werde, kaum zwölf Jahre alt, von einem Tiger gefressen werden. Der Minister erschrak darüber sehr, voller Trauer fragte er, ob es keine Rettung geben könne. Die Antwort war – der Knabe müsse dem Mönch nachfolgen. Da es keinen anderen Ausweg gab, schickte der Minister den Kleinen mit dem Mönch mit. Damit er aber später beweisen konnte, daß er der Sohn eines Ministers sei, gab der Vater ihm ein großes, mit Gold und Silber durchwirktes Kleid.

Migyóng, der dem Mönch nachfolgte, lebte von da an in einer kleinen Einsiedelei mitten in den Bergen. Am Tag sammelte er Holz, und in der Nacht verwandte er seine ganze Kraft auf das Studium. Der Mönch, der sehr viel von ihm hielt, gab ihm einen neuen Namen. Er nannte ihn Tugodugogóji, das heißt: Einer, der lange in den Bergen bleibt.

Einige Jahre waren vergangen, als eines Tages der Mönch Tugodugogóji leise zu sich bat. Er sagte zu ihm: »Verlaß mich jetzt!« und gab ihm eine Jadeflöte. Dann machte er für ihn noch ein Gedicht, das er beim Weggehen auswendig lernen sollte, und verschwand.

Als der Meister ihn aus seiner Nähe weggeschickt hatte, lernte Tugodugogóji das Gedicht auswendig. Dann machte er sich fertig, irgendwohin zu gehen, doch es wurde schon dunkel. Also schlief er mitten im Wald.

Im Traum erschien ihm ein Höllenbote, der sagte, er sei unterwegs, um einen gewissen Migyóng, Sohn eines Ministers in der Hauptstadt, zu holen. Aber er wolle statt dessen lieber jemanden in der Nähe fangen, der Weg in die Hauptstadt sei ja, ach, viel zu weit.

Erschrocken wachte Tugodugogóji auf und lief eine Weile. Es wurde Morgen, und er hatte Hunger im Bauch und Blasen an den Füßen; es blieb ihm nichts anderes übrig, er ging in ein Dorf und suchte sich das allergrößte Haus. Dort bat er dringend darum, hier dienen zu dürfen. In diesem Haus gab es so viele Leute, daß man sie gar nicht zählen konnte. Er wurde trotzdem angenommen; seine erste Aufgabe war es, den Abtritt sauberzumachen. Dann fiel er dem Hausherrn auf, und er übergab ihm eine andere Arbeit. Nun fütterte er die Pferde. Tugodugogóji trieb dazu die Pferde hinaus, bis weit in die Berge hinauf. Dort nahm er seine Jadeflöte heraus und blies darauf, auf einem prächtigen Roß saß er und spielte mit den anderen Pferden. Als der Hausherr sah, daß jedes einzelne Pferd dabei gedieh, war er sehr zufrieden.

Als einige Zeit später der sechzigste Geburtstag des älteren Bruders des Hausherrn näherkam, schien das ganze Dorf durcheinanderzugeraten. In diesem Haus stritt die ganze Dienerschaft miteinander, jeder wollte in das Festhaus gehen. Tugodugogóji sah das mit an, und er sagte, daß er gerne zurückstehen wolle.

Als der Festtag gekommen war und alle aufbrechen wollten, rief die älteste Tochter Togodugogóji und ließ ihn ein Pferd herbeischaffen. Doch als er dann das Pferd brachte, da meinte sie recht unwillig, wie sie denn das Pferd besteigen solle. Sie hieß ihn sich niederbeugen, dann hinhocken, trat auf seinen Rücken und bestieg so das Pferd.

Da bat Tugodugogóji sie: »Habt doch Mitleid mit mir, bringt mir nur ein paar Reiskuchen mit!« Aber die älteste Tochter schrie ihn an: »Was sind denn das für Manieren der Herrschaft gegenüber?«

Die zweite Schwester machte es genauso wie die älteste. Weil er dachte, die jüngste Schwester werde es genauso halten wie die beiden älteren, warf er sich gleich auf den Boden – doch sie sagte: »Ihr seid doch ein erwachsener Mann! Was ist das für ein Verhalten?« und bestieg allein ihr Pferd. Und als er sagte: »Habt doch bitte Mitleid mit mir armem Tugodugogóji, ich muß ja allein zurückbleiben. Bitte, bringt mir auf dem Rückweg wenigstens ein paar Reiskuchen mit!« – da lächelte sie nur.

Tugodugogóji, allein im Haus zurückgeblieben, salbte seinen

Kopf mit Kamelienöl, wusch sich mit duftendem Wasser, holte das mit Gold und Silber durchwirkte Kleid hervor, das ihm der Vater gegeben hatte, und zog es an. Dann blies er seine Jadeflöte, rief so ein Drachenroß herbei, bestieg es und eilte zum Geburtstagsfest. Der Himmel öffnete sich, von dort hernieder zum Festhaus stieg Tugodudogóji, alle warfen sich auf die Erde, weil sie glaubten, der höchste Jadekaiser selbst beehre sie mit seinem Besuch.

Im Festhaus angekommen, sprach Tugodugogóji würdevoll: »Kaum habe ich gehört, daß Feste in diesem Haus sehenswert sein sollen, habe ich alles stehen und liegen lassen und bin gekommen, mir diese Menschenwelt anzusehen. Bitte, seid mir deshalb nicht böse!« Alle im Haus glaubten, ein Gott sei zu ihnen heruntergekommen, und voll Freude sprangen und tanzten sie herum.

Jedoch der jüngsten Tochter erschien die Sache von Anfang an verdächtig, sie hatte den Eindruck, ihn schon einmal irgendwo gesehen zu haben, und so trat sie neben den Gott. Sie tat, als ob sie ihm Wein einschenken wollte, doch dabei schnitt sie ihm ein wenig von seinem Kleiderband ab. Das Stückchen Band wickelte sie zusammen und verbarg es sorgfältig an ihrem Busen.

Der Gott trank eine Zeitlang Reiswein mit ihnen, dann lehnte er ihn ab, rief sein Drachenroß, bestieg es, beim Aufbrechen blies er seine Flöte – und dieser Klang war irgendwie so traurig, daß es niemanden gab, der nicht geweint hätte.

Als die jüngste Tochter nach Hause zurückgekehrt war, rief sie Tugodugogóji herbei, holte ein Messerchen aus dem Kleid, hielt es sich vor ihr Herz und verlangte, er solle nun erklären, wer er sei.

Da blieb ihm nichts anderes übrig, er erzählte alles.

Als die jüngste Tochter versuchte, ihr Stückchen Kleiderband einzusetzen – da paßte es. »Geliebter«, sagte sie und fiel vor ihm auf die Knie – und der Hausherr, der das gerade von draußen erspähte, der erschrak gewaltig.

Doch als dann Tugodugogóji von Anfang bis Ende alles erklärte, war der Hausherr einverstanden und stimmte einer Heirat zu. Die Ehe wurde geschlossen, und als die Feier zu Ende war, die beiden Jungverheirateten auf das Drachenroß stiegen und wegritten, da kletterten die älteste und die zweite Tochter sogar auf das Dach, um ihnen nachzusehen.
»Warum haben wir das nicht früher geahnt?« fragten sie sich voller Schmerz – und stürzten sich schließlich in die Tiefe und starben. Seit dieser Zeit wachsen auf dem Dach zwei Pilze, die Leute sagen, das seien die Seelen der beiden jungen Mädchen.

## *3. Insam*

In alten Tagen lebte ein Ehepaar gut zusammen, doch lange Zeit hatten sie kein Kind, das von ihnen behütet werden konnte. Deshalb betete die Frau jeden Tag aufs neue zu Gott und bat ihn darum, sie doch ein Kind zur Welt bringen zu lassen. Da erschien ihr nachts der Gott im Traum und sprach: »Morgen, ganz früh, komm zu diesem Berg an diesem Ort. Wenn du das so machst, werde ich dir das geben, was du dir so sehr wünschst«, und verschwand wieder.
Als die Frau so geträumt hatte, war sie ganz glücklich; sie wartete, bis der Morgen dämmerte, dann ging sie zu dem Berg und zu dem Ort, wie es der Gott sie gelehrt hatte. Aber da gab es kein Kindlein, das sie so sehr ersehnt hatte, nur eine Pflanze, die so ähnlich aussah wie ein Mensch. Die Frau dachte, das müsse es sein, wovon der Gott gesprochen hatte, und sie nahm die Früchte dieser Pflanze alle mit nach Hause und pflanzte sie in den Garten. Nicht sehr viel später kamen die ersten Sprossen heraus, und sie freute sich sehr darüber. Viele Jahre pflegte sie die Pflanzen, da blühten aus ihnen rote Blüten, und deren Gestalt war auch wie die von Menschen. Weil das so war, nannte sie die Pflanze »Blume mit der menschlichen Gestalt« – das nämlich heißt Insam.

### *4. Reibstein und Trocken-Kam*

In alten Tagen lebte in einem buddhistischen Kloster ein Mönch, der hatte in einem Schränkchen Trocken-Kam verborgen. Die aß er immer heimlich, ganz allein für sich. Als seine Mitbrüder zufällig davon etwas zu hören bekamen, da belog er sie: »Wenn ihr davon eßt, werdet ihr sterben!«
Unter den Mönchen war ein besonders kluger Kerl, und wenn nun die anderen Mönche jeden Tag aus den Bergen hinunterstiegen, um ihre Pflichten zu erfüllen, da aß dieser kluge Mönch immer eine Trocken-Kam aus dem Schränkchen seines Mitbruders. Er aß und aß, doch er starb nicht, er hatte nur Freude an ihrem Wohlgeschmack. Auch als nur noch eine Frucht da war, ließ er die nicht etwa übrig, nein, er aß auch sie, er wollte keine Ausnahme machen. Dann nahm er einen Tusch-Reibstein, den der andere Mönch über alles hochschätzte, warf ihn hinaus in den Hof, wo er zerbrach. Dann nahm er sich eine Decke, legte sich hin und tat so, als ob er krank wäre.
Als der andere Mönch am Abend zurückkam und seinen Mitbruder liegen sah, fragte er: »Wo hast du Schmerzen?« – und der antwortete so: »Ich habe Verbrechen begangen, die todeswürdig sind. Den Reibstein, den du am meisten schätzt, den habe ich zerbrochen. Sterben müßte ich auch aus einem anderen Grund – ich habe die Trocken-Kam aus deinem Schränkchen alle gegessen. Und doch – ich bin nicht gestorben.«
Der andere Mönch war sprachlos, er hatte nun beides verloren, den so hochgeschätzten Reibstein und die wohlschmeckenden Trocken-Kam.

### *5. Der Fuchs als Gelehrter*

In alten Tagen lebte irgendwo auf dem Lande ein Bauer. In dieser Gegend gab es viele Füchse, die oft Menschen verzauberten, und die Menschen dort hatten deshalb kein leichtes Leben.

Also wollte dieser Bauer Füchse fangen und stellte an einer Wegkreuzung, wo oft Füchse vorbeikamen, eine Falle. Obendrauf streute er Bohnen und Sesamkörner. Eines Tages geschah es. Ein alter Fuchs, der in allen Weltgegenden herumgelaufen war, sah, daß da was zum Essen war, und weil er Hunger hatte, ging er auf die Falle zu. Kaum hatte er angefangen zu fressen, schon war er mit den Vorderpfoten hineingeraten und konnte sich nicht mehr bewegen, er jaulte und jaulte.

Der Bauer, der die Falle gestellt hatte, kam mit dem Gedanken: ›Mal sehen, ob vielleicht schon so ein Kerl von Fuchs gefangen ist oder nicht‹ – und als da wirklich ein alter Fuchs mit den Füßen festhing und sich abmühte, freizukommen und wegzulaufen, da suchte der Bauer einen großen Prügel, mit dem er den Fuchs erledigen wollte.

Da erkannte der Fuchs, was geschehen würde, und um sein Leben zu retten, verwandelte er seine Gestalt. Ja, er verwandelte sich in einen vornehmen Gelehrten dieses Dorfes, einen Hut auf dem Kopf, im Munde eine lange Tabakspfeife, in der Hand den Spazierstock.

Der Bauer, der die Falle gestellt hatte, war näher gekommen, und als da, wo er doch einen alten Fuchs vermutet hatte, wider Erwarten plötzlich der vornehme Gelehrte aus dem Dorf war, erschrak er heftig. Er verbeugte sich, grüßte. »Gelehrter Herr, woher seid Ihr denn gekommen, daß Ihr da hineingeraten seid?« fragte er.

Der in den gelehrten Herrn verwandelte Fuchs blitzte mit den Augen und schrie: »Du Kerl du! Weil du auf diesem Weg, wo vornehme Herren verkehren, so was gemacht hast, muß ich das erleben! Du bist schuld! Wie kann ich denn jetzt hier weitergehen? Schnell, Kerl, mach mich los! Meine Fußgelenke schmerzen, daß ich es nicht mehr aushalten kann!« – so schimpfte er den Bauern aus.

Der Bauer dachte, es sei wirklich der vornehme Gelehrte, der im Dorf lebte, er fühlte sich schuldig, sprang hinzu und half

ihm aus der Falle. »Vergebt mir, ich habe Euch doch so etwas nicht absichtlich zugefügt. Man sagt, daß dies ein Weg ist, auf dem oft Füchse hin und her laufen. So habe ich hier die Falle gestellt, um Füchse zu fangen. Daß es nun aber dazu gekommen ist, daß Euch heute solches Unglück widerfahren mußte! Bitte, behandelt mich mit Großmut.«
Unter vielen Verbeugungen bat er so um Vergebung.
Kaum waren seine Füße aus der Falle befreit, verwandelte sich der Fuchs in seine eigentliche Gestalt zurück, heulte auf, rannte davon, nicht ohne noch ein paarmal zurückzustarren. Der Bauer wußte – für diesmal hatte ihn der Fuchs hereingelegt. Er war völlig durcheinander, aber da half alles nichts. ›Dieser Kerl von Fuchs ist sicher schon viele Jahre alt, daß er die Menschen so gut täuschen kann. Jetzt weiß ich Bescheid, das war nicht der Gelehrte. Selbst wenn es ein noch höherer Herr gewesen wäre, ich hätte zuschlagen sollen, es ist wirklich zu schlimm! Das nächste Mal, wenn etwas in die Falle geht, wenn es nur in der Falle drin ist, dann muß ich zuschlagen!‹ So ganz in Gedanken versunken kehrte er nach Hause zurück.
Ein paar Tage, nachdem das alles geschehen war, hatte eines Tages der vornehme Gelehrte aus dem Dorf wirklich etwas zu erledigen. Bei Tagesanbruch machte er sich auf den Weg und geriet in die Fuchsfalle, wo er mit den Füßen hängenblieb. Nicht nur, daß der vornehme Herr erschrocken war, nein, seine Fußgelenke waren eingeklemmt, und weil es so weh tat, schrie er, was er konnte, in Richtung Dorf: »Hilfe, zu Hilfe!« Der Bauer, der die Falle gestellt hatte, hörte die Stimme, er eilte herbei, um nachzusehen, und als da wie beim letzten Mal der vornehme Gelehrte in die Falle gegangen war, da freute er sich richtig.
»Richtig! Der Fuchs ist gefangen! Diesmal werde ich dich erwischen, ich kenne jetzt deine Schliche!« rief er und sprang mit einem großen Prügel herbei. Ging hin und schlug einfach drauflos. Der vornehme Gelehrte, dessen Füße gefangen

waren und ihm weh taten, mußte nun auch noch Schläge mit dem großen Prügel einstecken. Er schrie: »Der Kerl da, der schlägt einen alten Mann tot!« – der Bauer hörte gar nicht hin, er rief: »Du Kerl von einem stinkigen Fuchs! Schon beim letzten Mal hast du dich in den vornehmen Gelehrten verwandelt und mich getäuscht, du willst mich doch nur wieder hereinlegen! Du hast dir zuviel vorgenommen, diesmal wird es nichts damit!« und schlug weiter kräftig zu. Für den vornehmen Gelehrten war das schlimm. »Oh! Oh! Der Kerl ist verrückt geworden! Am Ende werde ich irgendwie sterben, wenn der so weiterschlägt. Sehe ich denn wie ein Fuchs aus? Nein! Ich bin ein Mensch! Es tut weh, ich sterbe, hör endlich auf, mich zu schlagen!« schrie er.

Dieses Schimpfen hörten die Leute im Dorf allesamt.

Sie wollten wissen, was da los war – und fanden den vornehmen Gelehrten fast zu Tode geprügelt. Und der Bauer, der die Falle gestellt hatte, der hatte sich wegen eines alten Fuchses zweimal getäuscht.

## *6. Der gelehrte Herr Nam*

Der gelehrte Herr Nam hatte sieben Söhne. Doch das wurde für ihn ein Grund zur Sorge. Als die Söhne in ein Alter kamen, das zum Lesen- und Schreibenlernen gerade richtig war, gab es keine Bücher, nicht einmal Pinsel und Tusche. Das war der Grund seiner Sorge.

Viele Dinge überlegte er hin und her, um am Ende seiner Gedanken dann seine Frau herbeizurufen; ihr sagte er, er müsse wohl aufs Festland hinüberfahren, um Bücher, Pinsel und Tusche zu besorgen. Ohne noch etwas zu sagen, traf die Frau die nötigen Vorbereitungen und verabschiedete ihren Mann.

Als der Tag, für den der Mann seine Rückkehr versprochen hatte, verstrichen war und es auch keine Nachricht über ihn, geschweige denn von ihm gab, schaute die Frau wie jeden Tag vom Strand aus hinüber zum Horizont, wo ihr Mann verschwunden war. So wartete sie auf ihren Mann und dachte, wenn es nicht heute ist, dann ist es morgen. Aber ihr Mann kam nicht zurück, der Horizont schien ihn verschlungen zu haben, der Schmerz der Frau wurde groß und größer, und so vergingen drei Jahre.

Die Frau war nahe daran, verrückt zu werden, den Söhnen erschien das Verhalten der Mutter eigenartig. Nicht nur daß sie am Morgen das Haus verließ und erst spät am Abend zurückkam, nein, wenn sie nach Hause zurückgekommen war, hatte sie sich angewöhnt, wie geistesabwesend nur dazusitzen. Sie beratschlagten, und schließlich entschieden sie, der Mutter einmal zu folgen. Nachdem die Mutter am Morgen das Haus verlassen hatte, lief sie den ganzen Tag, bis die Sonne unterging – ihre Strohschuhe waren ganz durchgelaufen –, am Strand umher und schrie laut: »Gelehrter Herr Nam! Seid Ihr noch am Leben? Schreibt mit bitte einen Brief! Solltet Ihr aber tot sein, dann, bitte, bitte, erscheint mir im Traum!«

Kaum war spät am Abend die Mutter nach Hause zurückgekommen, bedrängten ihre Söhne sie und fragten, wie denn das mit ihrem Vater gekommen sei. Zuerst versuchte die ermüdete Mutter, ihnen die Wahrheit zu verbergen, doch dann erzählte sie alles. »Wenn er wirklich verstorben sein sollte, möge doch wenigstens das, was von ihm übrig ist, an Land gespült werden, darum habe ich den Drachenkönig gebeten, doch ...« Die Mutter war jetzt so müde, ihr fehlte sogar die Kraft zum Weinen. Die Söhne hörten schweigend ihre Erzählung, dann trösteten sie die Mutter: »Mutter! Mutter! Wollt Ihr den Vater suchen gehen? Wir werden ein Schiff für Euch bauen.« So weit hatte die Mutter nicht vorausdenken können, sie hörte zu, was die Söhne ihr sagten, und meinte dann, so könne man es machen.

Am darauffolgenden Tag begannen die Söhne, am Aye-Berg, einem Geisterberg, fleißig Bäume zu fällen. Als fast alles Holz vorbereitet war, wollte die Mutter einen Zimmermann um Hilfe angehen, aber die Söhne bestanden darauf, alles allein zu machen.

Einige Tage vergingen, und das Schiff war fertig. Doch als sie dann tatsächlich das Schiff vom Stapel laufen lassen wollten, wußten sie nicht, wie denn das Schiff vorwärts ins Meer kommen könnte. Die Brüder waren ratlos, sie wußten nicht, wo denn ein Fehler entstanden sein könnte, als irgendwoher ein Adler herbeigeflogen kam, hoch in der Luft über dem Schiff rund und rund seine Kreise zog, der krächzte und krächzte so, als ob er etwas zu sagen habe. Und da erst bemerkten sie, daß das Steuerruder nicht festgemacht war.

Kaum war das Steuerruder festgemacht, stach das Schiff, kaum zu glauben, schnell wie ein Pfeil in See, und in nicht mehr als drei Tagen erreichte es das Festland. Die Mutter – sie war vom Schiff gestiegen – machte es an einem sicheren Platz fest und begann aufs Geratewohl einen Weg entlangzugehen.

Da, als sie gerade an einem Hirsefeld vorbeiging, verscheuchte ein junges Mädchen die Vögel und summte dieses Lied:

»Huyói, huyói
Vogel, Vogel, tu nicht so klug!
Der gelehrte Herr Nam,
der tat auch so klug,
und doch ist er hereingefallen,
verführt hat ihn Noiljódae.
Ihre Tür ist nur
eine Matte aus Stroh!
Um ihren Kochtopf,
da streicht er herum,
da soll er leben.«

Die Frau des gelehrten Herrn Nam bekam seltsame Gedanken, und so fragte sie das Mädchen, was das denn für ein Lied sei.

»Wirklich, liebe Frau, Ihr seid komisch. Das ist nur ein Lied, mit dem man die Vögel verjagt.« – »Also, ich geb dir eine hübsche Haarschleife und ein paar schöne Murmeln, aber, bitte, laß mich das Lied noch einmal hören.«
Weil es die Murmeln haben wollte, sang das Mädchen das Lied noch einmal:

»Huyói, huyói
Vogel, Vogel, tu nicht so klug!
Der gelehrte Herr Nam,
der tat auch so klug,
und doch ist er hereingefallen,
verführt hat ihn Noiljódae.
Ihre Tür ist nur
eine Matte aus Stroh!
Um ihren Kochtopf,
da streicht er herum,
da soll er leben.«

Die Frau gab dem Mädchen, wie versprochen, die Haarschleife und die Murmeln, dann fragte sie, ob das Mädchen denn wisse, wo der gelehrte Herr Nam lebte. Das Mädchen hatte noch gelächelt, als es die Haarschleife und die Murmeln bekommen hatte, doch jetzt sagte es mit eigenartigem Gesichtsausdruck: »Liebe Frau! Warum sucht Ihr so einen Kerl? Der gelehrte Herr Nam lebt dort drüben hinter dem Paß, sagt man.«
Die Frau folgte dem Weg, den ihr das Mädchen gezeigt hatte. Das Haus war leicht zu finden. Nach der langen Zeit, die verstrichen war, erkannte der gelehrte Herr Nam, so war es nun einmal, seine Frau nicht. Es hatte den Anschein – er hatte das Gesicht seiner Frau völlig vergessen!
Die Frau hatte etwas anderes im Sinn. »Kann ich mich nicht ein wenig ausruhen, bevor ich weitergehe?« Der gelehrte Herr Nam verzog das Gesicht. »Unsere Frau wird schimpfen!« sagte er. »Ach du liebes bißchen! Kann denn jemand, der ausgeht, sein Haus mitnehmen?« tadelte sie ihn freundlich. »Das

gerade nicht, aber ...«, er mußte ihr zustimmen, da es wohl nicht anders ging.
Die Frau nahm draußen neben der Tür Platz. Wenig später kam Noiljódae, die derzeitige Frau des gelehrten Herrn Nam, zurück; in die Falten ihres Rockes hatte sie Reisspreu hineingepackt. Sie ging nicht hinein, nein; als sie die Frau draußen vor der Tür sitzen sah, fing sie sogleich an zu schimpfen: »Ich schufte mich fast tot, schleppe sogar Spreu herbei, nur damit ich dich am Leben erhalten kann, soviel Mühe mach ich mir – und du, du läßt dieses Weibsstück bis in unser Haus hinein. So entschuldige dich!«
Der gelehrte Herr Nam war völlig fertig, aber er wagte zu bemerken: »Heißt das denn schon Haus, wenn jemand sich davor ein wenig ausruhen und dann weitergehen will? Kann man das denn verweigern?«
Noiljódae verschwand mit ärgerlichem Gesicht in der Küche, wusch die Spreu mit Wasser und brachte das dem gelehrten Herrn Nam. Und der trank es, gluck, gluck, in einem Zug aus. Als die eigentliche Frau des gelehrten Herrn Nam, die ganz wie ein Gast sitzen geblieben war, das mit ansah, tat ihr das Herz weh. Sie überlegte hin und her und kam zu dem Schluß, zu Noiljódae zu sagen, sie habe Hunger, und sie zu bitten, die Küche ein wenig benutzen zu dürfen. Und das, weil sie daran dachte, Reis zu kochen und den dann dem gelehrten Herrn Nam anzubieten.
Da stimmte Noiljódae ausnahmsweise einmal gleich zu.
Die Frau ging in die Küche, und da war in einem Topf Reis ein paar Finger hoch angebrannt und in einem anderen Topf genauso viel Spreu. Die Frau wusch die beiden Töpfe achtmal aus, vielleicht noch häufiger, machte Reis und ein wenig Beikost fertig und stellte das auf den kleinen Tisch. Den brachte sie dem gelehrten Herrn Nam. »Es geht ja nicht, daß ich alleine esse. Bitte, speisen Sie am Tisch, den ich vorbereitet habe!« – »Das scheint ja der Tisch zu sein, den ich vorhin benutzt habe. Ja – als ich mit meinem früheren Weib zusammengelebt habe,

da hab ich immer so einen Tisch bekommen ...«, das murmelte er vor sich hin. Die Frau versuchte, seine Gedanken zu erraten. »Ist das wahr?« Sie faßte einen Entschluß.
Der gelehrte Herr Nam nickte mit dem Kopf und meinte voll Bitterkeit, so sei das. Da standen der Frau die Tränen in den Augen. »Liebster! Erkennst du mich noch immer nicht? Mich, deine eigentliche Frau?« – »Liebste! Bist du das wirklich? Irgendwie ist mir dein Gesicht bekannt vorgekommen. Bist du wirklich bis hierher gekommen? Wie sehr mußt du gelitten haben!« Das sagte der gelehrte Herr Nam, gar nicht wie ein Mann, mit weinender Stimme. Bis jetzt war Noiljódae still geblieben, doch dann: »Daß ich Euch, ältere Schwester, von der ich nur gehört habe, nun auch treffen kann! Wirklich, ich bin ganz glücklich darüber«, sagte sie und machte dabei ein ehrlich erfreutes Gesicht.
Die Frau zog ihrem Mann neue Kleider an und setzte ihm den Hut auf. Es schien, als ob da ein ganz anderer Gelehrter zum Vorschein kam als der, der er noch kurz zuvor war. Jetzt gab es nur einen Gedanken – nach Hause zurückkehren. Noiljódae bat, als Dienerin arbeiten zu dürfen, sie wollte unbedingt mitgehen, durch nichts war sie davon abzubringen, und so kam es dazu, daß endlich alle drei aufbrachen.
Sie hatten noch nicht die Küste erreicht, wo das Schiff festgemacht war. Als Noiljódae sah, daß es neben dem Weg einen großen Brunnen gab, schlug sie vor, da das Wetter doch heiß sei, erst ein Bad zu nehmen und dann weiterzugehen. Die Frau, völlig arglos, war einverstanden, doch Noiljódae wollte gar nicht baden. Sie stieß heftig in den Rücken der Frau und warf sie so mitten in den Brunnen hinein. Ein wenig entfernt hatte der gelehrte Herr Nam gewartet, zu ihm eilte sie und erzählte: »Noiljódae ist kopfüber in den Brunnen gefallen.« – »Gut hast du das gemacht. Das Weibsstück hat mich ganz schön fertiggemacht.« Denn er dachte, die Frau vor seinen Augen, die wäre seine eigentliche Frau – der gelehrte Herr Nam hatte keine Ahnung davon, daß Noiljódae die Kleider vertauscht hatte.

In der Heimat, da waren die Söhne zum Strand herausgekommen. »Vater ist zurückgekehrt!« schrien sie voller Freude durcheinander. Doch bald fanden sie heraus, daß sie, was ihre Mutter anging, einige Zweifel hatten. So stritten sie miteinander: »Es ist Mutter!« – »Nein, sie ist es nicht!«, indes sie nach Hause zurückgingen. Unter ihnen war es besonders Noktisaeng, der jüngste der Brüder, der stur darauf beharrte: »Auf keinen Fall, sie ist nicht unsere Mutter!«

Noktisaengs Worte sollten sich bewahrheiten. Als Vorwand gab Noiljódae an, sie habe, als sie unterwegs gewesen sei, den Vater zu suchen, Wind und Regen, kalten Tau ertragen müssen, und deshalb habe sie überhaupt keine Kraft, jetzt auch noch Reis zu kochen. Doch dem Willen der Brüder konnte sie nichts entgegensetzen, und so mußte sie sich doch ans Kochen machen. Ja, und der Eßtisch, der geriet ihr völlig daneben. Was dem älteren Bruder gehörte, bekam der dritte, was dem jüngsten gehörte, bekam der älteste. Von Mahlzeit zu Mahlzeit, von Tag zu Tag geriet alles nur noch mehr durcheinander. Auch die anderen Brüder, die ganz verstört waren, sahen ein, daß das, was der jüngste Bruder gesagt hatte, nicht mehr anzuzweifeln war. Sie fingen an zu flüstern: »Es ist wahr, sie ist nicht unsere Mutter!« Noiljódae bekam schließlich mit, was die Brüder so flüsterten. Schwer überlegte sie, hin und her, und was dabei herauskam, war der Gedanke, sich die Brüder auf jeden Fall vom Halse zu schaffen.

Noiljódae legte sich wie krank hin. »Oh! Oh!« begann sie zu stöhnen wie jemand, der schwer leidet. Der gelehrte Herr Nam machte sich Sorgen. Als er fragte, ob er nach Medizin schicken solle, da stöhnte Noiljódae absichtlich ganz besonders mitleiderregend: »Es wird wohl kaum eine Medizin geben, die meine Krankheit heilen kann.« Dem gelehrten Herrn Nam, der treuherzig weiterfragte: »Was soll denn das heißen?«, sagte sie, ganz so, als ob es die selbstverständlichste Sache der Welt wäre: »Wenn Ihr diesen und diesen Weg geht, wird da ein Mönch sitzen mit einem Sack über dem Kopf. Wenn Ihr zu dem kommt, bittet ihn, Euch die Zukunft vorauszusagen!« – »Das, das ist eine leichte Aufgabe!« Flugs machte sich der gelehrte Herr Nam auf den Weg. Kaum war er aus dem Haus, als schon Noiljódae auf einer Abkürzung dorthin rannte, sich einen Sack über den Kopf zog und darauf wartete, daß der gelehrte Herr Nam käme.

Wenig später tauchte der gelehrte Herr Nam auf und erzählte, daß seine Frau krank darniederliege und er selbst gekommen sei, sich die Zukunft voraussagen zu lassen. Der Mönch murmelte etwas, als ob er ein Orakel befragte, dann sagte er mit stockender Stimme: »Wenn sie die Galle der sieben Söhne herausschneidet und ißt, dann könnte ihr Zustand sich bessern...«

Gleich nach seiner Rückkehr ließ der gelehrte Herr Nam Noiljódae, die ja so überaus leidend war, das Ergebnis des Orakels wissen. »Oh, wenn ich sterben soll, muß ich wohl sterben, was kann man da machen? Liebster, du meinst wohl, alles ist in Ordnung, wenn ich allein sterbe?«

Der gelehrte Herr Nam war sehr mitfühlend, er hatte wirklich Mitleid mit seiner Frau. Ob es keine andere Möglichkeit gebe, fragte der gelehrte Herr Nam voller Sorge, und zu seiner Freude bat Noiljódae, noch einmal das Orakel zu befragen.

Wieder suchte der gelehrte Herr Nam den Ort auf, den Noiljódae ihm genannt hatte, und vom gleichen Wahrsager wie beim letzten Mal kam er mit dem gleichen Ergebnis zurück. Wieder hieß es, die Galle seiner Söhne sei die Medizin. Auch diesmal hatte Noiljódae die Abkürzung genommen.

Wie es nun einmal stand, bat er, noch einmal das Orakel zu befragen. Doch auch beim dritten Mal war das Ergebnis genau das gleiche. Wie vorher schon, konnte Noiljódae nichts anderes machen, als die gleiche Abkürzung zu benutzen, und wieder wurde bestätigt, daß die Galle der Söhne als Medizin zu benutzen sei. Wie es nun einmal stand – eine so sichere Sache durfte man kaum unterlassen: »Wenn meine Krankheit nur

besser geworden ist, werde ich zwei Söhne auf einmal zur Welt bringen und sie sorgfältig großziehen.«
Der gelehrte Herr Nam fing nun zu guter Letzt doch an, sein Messer zu wetzen. Die Großmutter aus dem Nachbarhaus, die gerade jetzt dazukam, weil sie glühende Kohlen brauchte, sah das mit an und fragte: »Wozu wetzt Ihr denn Euer Messer?« Sie hörte sich die Geschichte von Anfang bis Ende an, dann sagte die Großmutter: »Die Galle eines Menschen, das ist schon eine wunderbare Medizin!« und verabschiedete sich. Kaum hatte sie das Haus des gelehrten Herrn Nam verlassen, da traf sie die sieben Brüder. »Jetzt seid ihr ja noch alle am Leben. Man sagt, eurer Mutter wird es erst besser gehen, wenn sie eure Galle herausholt und verspeist.« Sie schnalzte mit der Zunge und verschwand.
Die Brüder waren völlig durcheinander. Aber der letztgeborene Noktisaeng schien es leichtzunehmen. »Ich gehe als erster rein, mal sehen, wie die Dinge stehen.« Als Noktisaeng ins Haus trat, hatte sich noch nichts getan, der Vater war noch immer dabei, Messer zu wetzen. »Vater, wozu wetzt Ihr denn die Messer?« Der Jüngste tat so, als ob er gar nichts wüßte.
»Um zu erfahren, wie denn Mutters Krankheit geheilt werden kann, habe ich das Orakel befragt, und dreimal war das Ergebnis das gleiche, ganz genau – es hieß, sie muß eure Galle essen, wenn sie gesund werden will« – und weiter wetzte er die Messer. »Vater, gebt mir das Messer da. Wie könnten wir denn durch die Hand unseres Vaters sterben? Ich werde den älteren Brüdern die Galle herausschneiden, und wenn das eine gute Wirkung zeigt, ist es dann nicht genug, wenn Ihr mich allein tötet?« Der gelehrte Herr Nam, der sich über die Worte Noktisaengs wunderte, meinte auch, man könne das so machen.
Noktisaeng, der das Messer entgegengenommen hatte, brach in Tränen aus. Gemeinsam mit seinen Brüdern bestieg er den Geisterberg. Da tauchte ein weißhaariger Alter auf, und der

fragte sie, was sie denn bekümmere. Die Brüder erzählten ihm von Anfang bis Ende die ganze Geschichte. »Ich weiß, was da zu machen ist. Wenn ihr hier geradeaus weiter hinaufgeht, werdet ihr auf ein Wildschwein treffen, das sieben Junge bei sich hat. Das ist eine Wiedergeburt eurer Mutter. Eines von den Jungen laßt am Leben, sechs müßt ihr töten und ihnen die Galle herausschneiden.«

Wie der weißhaarige Alte gesagt hatte – tatsächlich konnten sie ein Wildschwein, das sieben Junge anführte, finden. Also töteten sie sechs, brieten das Fleisch auf einem Feuer und verzehrten es, die Gallen nahmen sie aber mit nach Hause. Die Brüder versteckten sich draußen vor der Tür, Noktisaeng ging allein ins Zimmer hinein und überreichte Noiljódae die Schweinegalle mit den Worten: »Hier sind die Gallen meiner Brüder!«

Noiljódae, mit betroffenem Gesicht, sagte: »Oh, wie soll ich das denn vor deinen Augen essen?« Noktisaeng sagte beim Hinausgehen mit einem Gesichtsausdruck, der verriet, er weiß alles: »Du mußt alles essen in der Zeit, bis ich zurückkomme!« Kaum war Noktisaeng aus dem Zimmer, schon bohrte er ein Loch in das Papierfenster und beobachtete heimlich, was Noiljódae drinnen anstellte. So wie er es sich vorgestellt hatte, führte Noiljódae die Gallen an ihre Lippen, berührte sie, verschmierte sich das Gesicht mit Blut – und sofort versteckte sie alles unter ihrer Matratze.

Wenig später betrat der jüngste Bruder wieder das Zimmer und gab sich den Anschein, als ob er überhaupt nichts wisse. »Mutter, jetzt am Ende werde ich Euch beim Bettenmachen helfen, dann werde ich Vater rufen, er soll auch meine Galle herausschneiden.« Noiljódae war zu Tode erschrocken. »Ich bin schwer krank, wie soll ich da die Kraft haben, mich von der Stelle zu rühren?« – »Ja, dann werde ich Euch nur die Läuse vom Kopf fangen.« – »Wenn man schwer krank ist, soll man nicht einmal Läuse fangen.« Noktisaeng konnte sich nicht mehr länger zurückhalten, er krallte sich in Noiljódaes Haar-

strähnen fest, zog sie so in den Hof hinunter und rief seine Brüder.
Daß dabei die Schweinegalle unter der Matratze zum Vorschein kam, ist wohl keine Frage. Voll Furcht ging Noiljódae geradewegs zum Abort und erhängte sich dort, und wenig später erhängte sich auch der Vater am Tor zum Hof. Die Söhne, tränenüberströmt, heulten und schrien: »Die Seele unseres Vaters wird nun mit einer Ahnentafel vor dem Tor leben müssen, und unsere zweite Mutter wird als Abortgeist weiterleben. Wenn der Gott unsere bedauernswerte richtige Mutter wenigstens in seiner Küche mit dem Anrichten der Opferspeisen betraut, dann wollen wir sieben Brüder zum Jadekaiser gehen und darum bitten, sieben Sterne werden zu dürfen.« – Man sagt, die sieben Sterne des Großen Bären seien eben diese sieben Brüder, die zum Himmel aufgestiegen sind.

## *7. Einmal gelogen*

In alten Tagen lebte auf dem Lande ein ungeratener junger Kerl. Jeden Tag ging er in die Berge, um Holz zu machen, und er wollte seinen Freunden und den Erwachsenen einen Schreck einjagen. »Ein Tiger!« schrie er. Die Jungen, die mit ihm zusammen Holz machten, sprangen unter Hilferufen auf und liefen davon, und auch die Großen ließen ihre Tragen zurück und rannten weg. Jedoch die Leute, die auf den Feldern arbeiteten, und auch die im Dorf, als sie hörten, ein Tiger sei aufgetaucht, griffen sich Stöcke und kamen herbeigelaufen, um denen, die in den Bergen Holz machten, zu helfen.
Kein Tiger war da, und die jungen Leute waren alle in Sicherheit. Die Dorfleute erfuhren, daß dieser Querkopf, der ungeratene junge Kerl, gelogen hatte. Sie schimpften ihn aus und gingen an ihre Arbeit zurück.
Am nächsten Tag war der junge Kerl wieder am gleichen Berg, um Holz zu machen. Keine Freunde waren dabei, allein machte

er Holz. Eine Weile hatte er gearbeitet, als hinter einem großen Felsen hervor plötzlich ein Tiger auftauchte. Der junge Kerl schrie: »Ein Tiger!« – aber weil er die Leute einmal genarrt hatte, gab es niemanden, der ihm zur Hilfe gekommen wäre, und so war er dem Tiger ausgeliefert.
Das will heißen – wenn man einmal belogen wird, läßt man sich ein zweites Mal nicht täuschen.

## *8. Törichte Leute*

In alten Tagen lebte einmal ein Ehepaar zusammen, aber der Mann mußte als Soldat ins Feld hinausziehen. Im nächsten Jahr kam ein Brief vom Ehemann, doch sein Weib konnte nicht lesen, und so ging sie mit dem Brief hinaus auf die Wegkreuzung. Als einige Zeit später auf einem Pferd ein Gelehrter herbeikam, bat sie ihn, ihr den Brief ein wenig vorzulesen. Kaum hatte der Gelehrte den Brief in der Hand und nur ein wenig angesehen, schon weinte er. Die Frau sah den Gelehrten, sie nahm an, er weine wegen einer schlimmen Sache, ihr Mann sei gefallen, nahm sie an, und so heulte sie mit dem Gelehrten.
Doch dann kam noch ein Mann vorbei. Er sah die beiden – und heulte auch. Als die drei so für eine Weile geheult hatten, fragte die Frau den Gelehrten: »Warum habt Ihr denn geweint?« Der Gelehrte sagte, nur weil er den Brief nicht habe lesen können, habe er geweint. Da fragte die Frau, die geheult hatte, weil sie annahm, ihr Mann sei gestorben, den später hinzugekommenen Mann, warum er denn geweint habe. Und der sagte: »Ja, weil alle geheult haben, meinte ich, das hier ist eine Ecke, wo man heult, und da habe ich auch angefangen zu heulen...«

## *9. Aus Mitleid*

In alten Zeiten waren die Vornehmen allgemein so vornehm, daß ihnen das Wort ›Geld‹ niemals über die Lippen kam. In einem Dorf sagte man, Geld sei schmutzig, und es hat dort Vornehme gegeben, die, wenn sie Geld zählten, es nie mit der Hand berührten, sondern das Ende eines Bambusstocks umbogen und damit dann das Geld zählten.
Eines Tages nun, als ein Pächter Geld, das er schuldig geblieben war, zusammen mit den Wucherzinsen seinem Gläubiger brachte, zog der so einen Bambusstock mit umgebogenem Ende hervor und fing an, damit das Geld zu zählen. Der Pächter, der das mit ansah, fragte ganz vorsichtig: »Geehrter Herr! Warum zählt Ihr denn nicht mit der Hand, sondern macht es mit diesem Ding da?« – »Ruhig, ruhig! Was man Geld nennt, ist doch eigentlich etwas Schmutziges. Wo gibt es denn so was, daß ein Edler es mit der Hand anfassen und zählen kann?« sagte der überaus würdevoll. Der Pächter hörte sich an, wie sein Gläubiger, bekannt als einer, der scharf ist aufs Geld, so etwas sagte. Dann, noch völlig verblüfft, fragte er vertraulich: »Oh, geehrter Herr! Wenn das Geld so schmutzig ist, warum treibt Ihr es dann so hartherzig ein?«
Eine ganze Weile wohl mag der andere sprachlos gewesen sein, dann hob er die Stimme und schimpfte: »Du dummer, dreckiger Kerl! Wenn so schmutziges Geld bei euch bleibt, dann mach ich mir Sorgen, daß ihr bis zum Herzen schmutzig werdet! Weißt du denn nicht, daß ich nur aus Mitleid mit euch das Geld sicher aufbewahre?«

## *10. Der Handabdruck*

In alter Zeit, noch vor den alten Tagen, gab es in den Bergen viele Räuber. In einem Dorf lebte eine Alte ganz allein, die war dort am allerreichsten. Eines Tages erfuhr die Alte im

voraus, daß Räuber in ihr Haus kommen und dort stehlen wollten. Schnell bereitete sie alle möglichen Speisen vor.
Es wurde Nacht. Tatsächlich kam die Räuberbande. Die Alte schmierte ihre Hand ganz mit Sesamöl ein, stellte sich in die Hoftür. »Gut, daß ihr kommt«, sagte sie und gab jedem der Räuber einen Klaps auf das Hinterteil. Nachdem die Räuber alles aufgegessen hatten, ließ die Alte sie alles aus der Lagerkammer mitnehmen – und die nahmen auch alles und verschwanden.
Am nächsten Morgen ging die Alte zum Anführer der Räuberbande. »Gestern abend habt ihr mich ausgeplündert«, sagte sie, aber er leugnete alles stur ab. »So, dann zieht mal eure Hosen runter!« – und da war ein Handabdruck aus Sesamöl auf dem Hinterteil.
Auf diese Weise entdeckte sie die Sachen, die ihr gestohlen worden waren, wieder, und gleich ließ sie die Beamten benachrichtigen und die Räuber verhaften.
Die Sachen aber, die sie so zurückbekam, verteilte sie an die Leute im Dorf, und von da an soll die Alte ganz zufrieden gelebt haben und auch zufrieden gestorben sein.

## *11. Die Schwiegertochter, die gut einen fahren lassen konnte*

Früher, da lebte in irgendeinem Bezirk die jüngste Tochter eines Bauern. Ja, dieses Mädchen sah hübsch aus – doch sie furzte einfach zu gut. Als nun das Alter kam, in dem sie heiratsfähig wurde, ging sie als erste Schwiegertochter des Yi Ch'ambong, der im nächsten Dorf wohnte, in dessen Haus.
Drei Jahre lang umsorgte sie ihre Schwiegereltern gut, und weil auch ihr Mann gut für seine Eltern sorgte, war man in der Nachbarschaft des Lobes voll, auch Yi Ch'ambong war recht zufrieden.

Doch eines Tages, als Yi Ch'ambong die Gesichtsfarbe seiner ersten Schwiegertochter betrachtete, da fragte er: »He, Schwiegertochter! Wieso siehst du so schlecht aus? Wenn dir irgend was nicht paßt, wenn irgend was für dich unangenehm ist, ganz gleich, sag es nur. Wenn du irgendwo Schmerzen hast, dann mußt du Medizin holen lassen und einnehmen!« Die Schwiegertochter antwortete: »Vater, es ist nichts dergleichen. Die Wahrheit ist – weil ich das Furzen einhalte, sehe ich so aus.« Da aber sagte der Schwiegervater: »Was soll das? Keinen fahren lassen können und deshalb so schlecht aussehen? Wegen eines Furzes mach dir da keine Sorgen, mach es so, laß es einfach streichen. Gut denn, was sollst du schlecht aussehen?«

Doch bevor der Schwiegervater hatte ausreden können, sagte sie: »Also, von jetzt an werde ich mich nicht mehr zu beherrschen versuchen. Vater, haltet Ihr die Tür zum großen Zimmer fest, Mutter, Ihr die Tür zum Vorraum, Schwägerin, Ihr die Tür zur Küche. Ja, und außerdem soll mein Mann die Tür zur Kammer festhalten und der Diener das Hoftor.

Und da stand sie nun im Vorraum und hatte kaum angefangen, die aufgestauten Winde loszulassen, da lief der Schwiegervater, der die Tür zum großen Zimmer festhielt, hin und her, da lief die Schwiegermutter, die die Tür zum Vorraum festhielt, hin und her, in der Küche lief die Schwägerin hin und her, der Ehemann im kleinen Zimmer lief hin und her, und der Diener lief, das Hoftor in der Hand, hin und her. Der Schwiegervater konnte es nicht mehr ertragen. »Schwiegertochter, hör auf zu furzen!« schrie er, alle anderen schrien mit ihm, dazu der Lärm des Hin- und Herlaufens – im Haus entstand ein großes Durcheinander.

Trotz alledem, die Schwiegertochter schrie: »Drei Jahre habe ich es zurückgehalten, alles muß raus!« und furzte weiter, sie konnte nicht einmal einen Augenblick aufhören damit.

Weil man dachte, die Sache mit der Schwiegertochter könne nur noch schlimmer werden, entschloß man sich, sie in ihr

Elternhaus zurückzuschicken. Die Schwiegertochter trug man in einer Sänfte voran, Yi Ch'ambong folgte hinterdrein. Als es Zeit wurde, machte man unter einem Birnbaum Rast. Da kamen gleich daneben starke Männer dazu, die Holz trugen, und rasteten auch. Die sprachen miteinander: »Die Birnen an diesem Baum, das sind heilsame Birnen, die alle Krankheiten kurieren können. Doch wie hoch ist der Baum – mit einem Stock kommt man nicht an die Birnen heran. Wollte ein Mensch hinaufklettern, wäre der Baum auch viel zu hoch; weil es nichts gibt, wo man sich mit den Händen festhalten kann, kommt man eben nicht hinauf. Wenn es nun Winter wird, verfaulen die Birnen und sind nichts mehr wert. Aber gerade jetzt liegt der König krank darnieder. Wenn er nur drei von diesen Birnen verspeisen könnte, müßte er sich erholen« – so erzählten sie.

Das hörte drinnen in der Sänfte die Schwiegertochter. Sie trat hinaus vor ihren Schwiegervater. »Vater, ich will versuchen, die Birnen herunterzuholen«, sagte sie ehrerbietig. Gleich brachen die starken Männer, die das Holz getragen hatten, in Lachen aus darüber, auf welche Weise denn wohl eine junge Frau die Birnen herunterholen wollte.

Die Schwiegertochter aber sagte: »Vater, macht nur ein wenig Platz da!« – und die Sänftenträger ließ sie die Sänfte wegtragen. Und dann hob sie ihren Rock hoch, beugte sich nieder und streckte ihren Hintern auf den Birnbaum zu, ließ einen fahren – und, kaum zu glauben, einem Sommerhagel gleich fielen die Birnen alle auf einmal herunter. Yi Ch'ambong klatschte in die Hände vor Freude. »Unter den Fürzen gibt es auch Glücksfürze! Glücksfürze!« jubelte er, sammelte die heilsamen Birnen auf und überbrachte sie dem Herrscher.

Auch die Schwiegertochter aß von den Birnen – und damit war die Sache mit der Furzerei in Ordnung gebracht. Und danach soll die ganze Familie gut und in Frieden gelebt haben.

## *12. Der Aussätzige*

In alten Tagen bettelten drei Frauen um Baumwolle. Soviel waren sie herumgelaufen, daß der Tag zur Neige ging und sie nicht mehr nach Hause zurückkehren konnten. Sie liefen herum und suchten einen Ort, wo sie die Nacht verbringen könnten, als da irgendwo ein Licht aufblitzte. In diese Richtung gingen sie, weitersuchend, und tatsächlich war da ein Haus. Sie riefen den Hausherrn, baten ihn, übernachten zu dürfen, und der gab bereitwillig seine Zustimmung.

Als sie ins Haus hineinsahen, machten da ein paar Männer Unfug miteinander, aber weil es schon spät war, meinten sie, es sei unmöglich, noch einen anderen Ort zu finden; so gingen sie ins Zimmer hinein und setzten sich.

Als eine Weile vergangen war, kam jemand mit dem Abendtisch herein. Während zwei der Frauen das Essen gierig hinunterschlangen, sah sich die dritte erst mal in aller Ruhe die Suppe genau an – und da war ein Finger in der Suppe. Aber weil es den anderen seltsam vorgekommen wäre, hätte sie gar nichts gegessen, nahm sie trotzdem ein, zwei Löffel zu sich und stellte dann den Tisch zur Seite.

Weil sie den ganzen Tag herumgelaufen waren, sanken zwei der Frauen ermüdet zu Boden, fielen in Schlaf und schnarchten. Aber die eine, wer weiß warum, legte sich voller Ahnungen an ihren Platz, schlief aber nicht ein, sondern harrte der Dinge, die da kommen sollten.

Als es etwa Mitternacht geworden war, gab es draußen ein Geräusch, so, als ob Stoff in Fetzen gerissen würde, und sie sah durch eine Türritze hinaus – da kratzte jemand an der Fußsohle eines Menschen. Die Frau erschrak, sie bekam eine Gänsehaut vor Angst und versuchte, die anderen beiden aufzuwecken. Eine von den schlafenden Frauen wurde schnell wach, begriff aber nicht, was vorging, und so schrie sie: »Was weckst du mich denn?« Da blieb nichts anderes übrig, als zu erzählen, was geschehen war, und dann erschrak sie auch und meinte, man müsse sich davonmachen.

Die dritte Frau aber war nicht wachzubekommen geschweige denn zum Aufstehen zu bewegen, nichts war zu machen. Die zwei Frauen traten mit aller Kraft die Tür auf, und so schnell sie konnten flüchteten sie in die Berge.

Wenig später, sie waren kaum in den Wipfel eines Baumes geklettert, kamen ein paar Leute, und die liefen mit Fackeln im Wald hin und her, um die beiden Frauen zu suchen, doch als sie sie nicht finden konnten, gingen sie wieder weg.

Die Schlafmütze von den drei Frauen wußte von allem nichts, sie schlief nur. Eine Zeitlang war sie still, doch dann fing sie an zu lachen, lachte und lachte. Und dann hörte sie für immer auf zu lachen. Vielleicht war sie in das Haus eines Aussätzigen geraten, denn man sagt ja, daß Aussätzige andere Menschen zu Tode kitzeln . . .

## *13. Von der Ehefrau lernen*

In alten Tagen lebte ein vornehmer Herr mit viel Dienerschaft, aber seine Diener trieben zuviel Unsinn, er war es fast leid, das mit anzusehen. Einmal war er auf seinem Pferd unterwegs, da sah er, daß einer der Diener, der sich selbst gern den Anschein eines großen Beamten gab, zwar mit seinem eigenen Herrn kein Wort sprach, aber andere Leute, wenn er nur jemanden von weitem sah, anschrie: »Mach Platz! Mach dich fort!«

Als seine Frau einmal solches Benehmen mit ansah, war sie sprachlos. Als ihr Mann nach Hause zurückkehrte, sagte sie: »He! Warum machst du denn so was? Zu deinem eigenen Herrn sprichst du kein einziges Wort, gibst dich ganz würdevoll, daß man sagen hört, du seist wer weiß wie vornehm. Aber wenn du weit entfernt andere Leute siehst, dann schreist du: ›Komm her! Mach dich fort!‹ Wenn du jemand siehst, kannst du leise sprechen, und wenn dir jemand Platz machen

soll, wird er das auch tun, wenn du leise darum bittest. Also, was schreist du, schreist du immer so herum?«
Als der Diener alles angehört hatte, was seine Frau ihm vorwarf, erschien es auch ihm selbst, daß er wirklich übertrieben hatte. Von da an wurde der Diener ein ganz anderer Mensch, er tat nicht mehr so vornehm, und selbst wenn jemand nahe an ihm vorbeiging, sprach er nur leise mit ihm.
Sein Herr sah es eine ganze Zeitlang mit an, daß sein Diener ein ganz anderer Mensch geworden zu sein schien, doch eines Tages fragte er ihn: »Du, warum bist du denn so geworden?«
»Ach, ich bin doch gar nicht anders geworden« – dies und das sagte er, und dann erzählte er doch auch alles, was seine Frau zu ihm gesagt hatte.
Der Herr hörte sich das an, dann meinte er: »Ich war auch drauf und dran, dir etwas Ähnliches zu sagen. Deine Frau hat dir gut geraten, nun richte du dich auch gut danach.«
Später ist der vornehme Herr befördert worden, und er wollte gerade diesen Diener als Amtsschreiber anstellen.
Der König erfuhr das. »Wo es doch so viele Leute gibt, was müßt Ihr da ausgerechnet jemanden ohne Rang und Namen als Amtsschreiber anstellen?« Der Beamte erklärte es: »Ja, das war so und so, dann ist er ein anderer Mensch geworden, und obwohl er keinen Rang und keinen Namen hat, möchte ich ihn zum Amtsschreiber machen.«
Als der König die Geschichte zu Ende gehört hatte, war auch er einverstanden. So ist ein Diener, weil er eine gute Frau bekommen hat, durch die Tugend seiner Frau zu einem guten Leben gekommen.

## *14. Sonne und Mond*

In alten Zeiten, da lebten in einem Haus fünf Leute zusammen, Vater, Mutter, Sohn und Tochter und noch ein ganz kleines Kind. Eines Tages ging die Mutter in das Dorf auf der anderen Seite der Berge, um für jemanden zu weben. Obwohl

der Tag zu Ende ging, war die Mutter noch nicht zurückgekommen, und da verriegelten die Kinder die Tür und warteten darauf, daß die Mutter zurückkomme.
Die Mutter mußte bis zu dem Dorf, in das sie wegen ihrer Webarbeit ging, zwölf Pässe überqueren. Als sie mit ihrer Arbeit fertig war, bekam sie als Entlohnung Reiskuchen, und die trug sie auf dem Kopf und kehrte zurück. Doch als sie einen Paß heraufkam, saß ein Tiger zusammengekauert da und sagte: »Alte, Alte, wenn du mir einen Reiskuchen gibst, dann werde ich dich nicht fressen«, und sie nahm einen Reiskuchen heraus und gab ihn her.
Als sie zum nächsten Paß heraufkam, verlangte wieder ein Tiger: »Alte, Alte, wenn du mir einen Reiskuchen gibst, dann werde ich dich nicht fressen«, und sie nahm wieder einen Reiskuchen heraus und gab ihn her.
Als sie den nächsten Paß heraufkam – war da doch wieder ein Tiger, der die gleichen Worte wiederholte.
Und diesmal blieb ihr nur ein einziger Reiskuchen übrig.
Als sie wieder einen Paß heraufkam, kam wieder ein Tiger heraus, ihm gab sie das letzte Stück.
Am nächsten Paß sagte ein Tiger: »Alte, wenn du mir einen Arm gibst, werde ich dich nicht fressen«, und sie gab ihm einen Arm. Als sie den nächsten Paß heraufkam – kam ein Tiger heraus, und sie mußte ihm den anderen Arm überlassen. Noch einen Paß kam sie herauf – ein Tiger kam, und sie gab ihm ein Bein. Und als sie den nächsten Paß überqueren wollte, kam wieder ein Tiger, und sie mußte sogar das letzte übriggebliebene Bein weggeben.
Und der Tiger am nächsten Paß fraß die Mutter ganz auf, zog sich ihre Kleider an und ging zu ihrem Haus. »Kinder, Kinder! Macht die Tür auf!« rief er, die Kinder aber sagten: »Das ist nicht die Stimme unserer Mutter« – und da sagte der Tiger: »Ja, ich bin über zu viele Pässe gelaufen, da habe ich mich erkältet, deshalb ist meine Stimme so.« Die Kinder verlangten nun: »Dann streck mal deine Hand aus!« Und der Tiger

streckte seine Pfote aus. Als die Kinder sahen, daß da Haare drauf waren, meinten sie, das sei nicht die Hand ihrer Mutter. Und da erklärte der Tiger, das sei durch die Weberei so geworden, und verlangte, sie sollten die Tür endlich aufmachen. Und die Kinder machten die Tür auf.

Der Tiger kam ins Zimmer, umarmte das kleinste Kind, und mit krach, krach biß er ihm in die Hand und fing an zu kauen. Die anderen Kinder fragten, als sie das hörten: »Mutter, was ißt du denn da?« – »Im Nachbarhaus habe ich geröstete Bohnen bekommen, und die esse ich« – doch da erkannten die Kinder, daß das nicht ihre Mutter war, und sie fürchteten sich. Das Mädchen ließ sich was einfallen: »Mama, ich muß mal!« – »Dann mach in den Topf!« – »Aber wenn Vater kommt und schimpft?« – »Dann geh auf die Veranda und mach da!« – »Aber wenn Vater kommt und da reintritt?« – »Schon gut, ich bind' dir dies Seil um, dann gehst du raus in den Garten und machst dort.«

Und so banden sich Bruder und Schwester das Seil am Körper fest, gaben das andere Ende dem Tiger, gingen hinaus in den Garten, taten so als ob – und machten sich in Wirklichkeit davon. Das Seil banden sie an einem Mörser fest, liefen weg und kletterten auf eine Pappel neben dem Brunnen. Der Tiger wartete, dann versuchte er, am Seil zu ziehen, aber es hing fest. Komisch, dachte er, und ging hinaus. Er sah nicht, wohin die Kinder gegangen waren, nur, daß das Seil am Mörser festgemacht war. Der Tiger lief hierhin und dorthin und suchte die Kinder, so kam er auch zum Brunnen. Als er in den Brunnen sah – waren die Kinder da drin. Als er das sah, wollte er in den Brunnen hinuntersteigen. Die Kinder sahen das mit an und mußten laut lachen. Da blickte der Tiger auf zur Baumspitze, und da oben waren die Kinder.

Der Tiger wollte auch auf den Baum klettern und gab sich alle Mühe, aber er schaffte es nicht. »He, ihr Kinder! Wie seid ihr denn da hinaufgekommen?« – »Im Nachbarhaus haben wir Sesamöl geholt und auf den Baum geschmiert, dann sind wir hochgeklettert«, sagten die Kinder, und kaum hatten sie geantwortet, schon lief der Tiger zum Nachbarhaus, holte Sesamöl, schmierte es auf den Baum und versuchte hinaufzugelangen, aber es war zu glitschig, und er konnte erst recht nicht hinauf. Und so fragte er die Kinder noch einmal: »Wie seid ihr da raufgekommen?« – »Ins Nachbarhaus sind wir gegangen, haben ein Beil geholt, Kerben gemacht und sind so heraufgeklettert.« Da holte der Tiger ein Beil, machte Kerben und kam so fast ganz den Baum hinauf.

Die Kinder bekamen Angst und sahen zum Himmel auf. »Gott, Gott, wenn du uns helfen willst, dann laß uns ein gutes Seil herunter. Wenn du uns aber sterben lassen willst, dann laß ein schlechtes Seil herunter!« sagten sie, und da kam ein gutes Seil herunter. Daran kletterten sie zum Himmel hinauf.

Auch der Tiger sprach: »Gott, Gott, wenn du mir helfen willst, dann laß mir ein gutes Seil herunter. Wenn du mich aber sterben lassen willst, dann laß mir ein schlechtes Seil herunter«, und es kam etwas herunter, was wie ein gutes Seil aussah, und er freute sich und kletterte daran hinauf. Doch weil dieses Seil ein schlechtes, schon gebrauchtes Seil war, riß es, als er auf halbem Wege war, und er fiel herunter auf ein Maisfeld und starb. Und weil die Maisstengel mit Blut bespritzt wurden, färbten sie sich rot.

Als die beiden Kinder in den Himmel kamen, wurde zuerst einmal der Junge die Sonne und das Mädchen der Mond. Aber das Mädchen fürchtete sich, weil es immer nachts draußen herumziehen mußte, und so tauschten sie miteinander, und das Mädchen wurde die Sonne und der Junge der Mond.

## *15. Drei Zeichen*

In alten Tagen lebte einmal in einem Dorf ein über alle Maßen freundlicher Herr. Was er nur in seinem eigenen Haushalt entbehren konnte – damit mußte er anderen helfen, ob es nun arme Menschen waren oder solche, denen Unrecht zugefügt worden war. Er setzte sein ganzes Leben dafür ein, zahllosen Menschen zu helfen. Doch da kam eines Tages völlig unerwartet ein Bote aus der anderen Welt, und der sagte: »Du gehst mit in die andere Welt!«

Aber der Mann dachte, es gebe noch so viele Dinge, die er zu tun habe, und so folgte er voller Zorn dem Boten in die andere Welt. Ohne sich auch nur einen Atemzug lang Ruhe zu gönnen, protestierte er beim König der anderen Welt. »Ich habe ein ganzes Leben lang immer ein gutes Herz gehabt, habe nur dafür gelebt, allen bedauernswerten Menschen das zu geben, was sie suchten. Und ich hatte mir in meinem Herzen nicht nur ein- oder zweimal vorgenommen, auch weiterhin auf diese Weise zu leben. Und nun hat man mich in die andere Welt abberufen! Hätte man mir da nicht wenigstens im voraus Bescheid geben müssen?«, so sprach er vorwurfsvoll.

Der König der anderen Welt meinte, das sei anders als erwartet, doch dann stellte er ihm eine Gegenfrage: »Wie ist es, hat man denn nicht auch dir dreimal zu verstehen gegeben, daß die Zeit nahe ist, zu der man dich in die andere Welt abberufen würde?«

»Dreimal, sagt Ihr? Nicht ein einziges Mal hat man mir etwas mitgeteilt!«

»Nein, nein! Ganz deutlich hat man es dich dreimal wissen lassen. Als du alt und älter geworden bist, da sind zuerst die Augen allmählich immer schwächer geworden. Das war das erste Zeichen, und dann, dann ist als nächstes ein Zahn nach dem anderen ausgefallen. Das war das zweite Zeichen. Ja, und dann, dann sind deine Ohren taub geworden – das war das dritte, das letzte Zeichen. Konntest du da denn nicht fühlen, daß die Zeit näherkommen würde für deinen Abruf in die andere Welt?«

## *16. Die alte Frau aus dem Jenseits*

In alter Zeit lebte in einem Dorf ein junger Mann, der zwar zu nichts besondere Geschicklichkeit, aber ein gutes Herz hatte.

Am Tag der Wintersonnenwende hatte er seine Suppe aus roten Bohnen gekocht und gegessen und wollte nun draußen das Hoftor verriegeln. Er guckte noch einmal vor das Tor – und da sah er, obwohl es schon dunkel geworden war, eine weißhaarige Frau im kalten Nordwind an der Mauer hocken. Er dachte sich: ›Was für eine alte Frau sitzt denn da in der kalten Winternacht und friert?‹ Er bekam Mitleid und ging zu ihr hin. »Was für eine Großmutter seid Ihr denn, daß Ihr hier in einer so kalten Winternacht allein sitzt? Wie wäre es, wenn Ihr diese Nacht in meinem Haus verbringt, sofern Ihr sonst nicht wißt wohin?« sprach er freundlich zu ihr, doch – was war das? – die alte Frau sah den jungen Mann mit furchterregendem Blick an von oben bis unten, mürrisch antwortete sie: »Du, junger Kerl, soll ich diese Nacht in deinem Haus verbringen? Nein, so was geht nicht! Kümmere dich nicht um mich, mach schnell, daß du wieder hineinkommst!«

Als der junge Mann dann die alte Frau noch einmal betrachtete, wie sie da draußen im kalten Nordwind, der die Haut faltig und rissig machte, allein saß, konnte er einfach nicht sie sich selbst überlassen. Er ging ins Haus, holte eine Schüssel mit warmer Bohnensuppe und bot sie der alten Frau an. Da wurde ihr Gesicht ein wenig heller, und sie lächelte ihn an. »Wirklich, du bist ein freundlicher junger Herr, daß du mir, die ich hier hocke, was zu essen bringst. Ja, wenn du wüßtest, wer ich bin, du wärst sicherlich nicht so freundlich zu mir.« – »Wie kann ich ruhig bleiben, wenn draußen eine alte Frau sitzt und friert, ist es da nicht ganz gleich, wer das ist? Ich habe auch eine Mutter, die schon alt ist.« – »Hm, das weiß ich ganz gut. Eigentlich bin ich gekommen, um deine Mutter in das Jenseits abzuberufen. Aber irgendwie scheint etwas falsch gelaufen zu sein, und die,

die ich ins Jenseits abberufen soll, ist nicht deine Mutter. Jetzt überlege ich gerade, wo ich denn als nächstes hingehen soll.« – »O nein! Ihr also seid es, die die Menschen aussucht, die ins Jenseits abberufen werden?« – »Ja, ich bin die alte Frau aus dem Jenseits, die für den Tod der Menschen zuständig ist. Sieh mich genau an! Wenn ich mich zu Füßen eines Kranken hinsetze, dann wird er wieder genesen. Setze ich mich aber neben seinen Kopf, dann muß er ins Jenseits gehen.« – »Ja? Wenn das so ist, dann seid Ihr ...« – »Du brauchst nicht zu erschrecken. Ohne Grund schicke ich keinen von den Lebenden ins Jenseits. Aber was ich dir jetzt gesagt habe, das erzähle niemandem weiter! Wenn du das irgend jemandem erzählst, dann wird dir gleich etwas Schlimmes widerfahren. Hast du verstanden, junger Mann?« Der Mann erschrak aufs neue, er bekam eine Gänsehaut, und völlig sprachlos, wie versteinert, stand er da. Die alte Frau aus dem Jenseits sagte noch »Leb wohl!« zu ihm, und schon war sie in der Dunkelheit verschwunden.
Der junge Mann wurde blau vor Angst; ob er das Hoftor gut zugemacht hatte, war ihm völlig gleichgültig, er rannte ins Haus, zog sich eine Decke bis über den Kopf, und unter Zittern und Zagen verging die Nacht. Als es Morgen wurde, dachte er an die vergangene Nacht wie an einen bösen Traum. Mit anderen konnte er nicht über die Sache reden, weil ja dann ihm selbst Schlimmes widerfahren würde, und so quälte er sich allein damit herum. Aber als ein paar Tage vergangen waren, dachte er schon gar nicht mehr an all das.
Weitere Tage waren vergangen, da hörte er, daß sein Großvater schwer krank sei und wohl bald sterben werde. Er meinte, es wäre besser, noch einen letzten Besuch zu machen, und ging zum Haus des Großvaters. Die ganze Verwandtschaft war versammelt, betrübt saßen sie um den Kranken herum – und mitten unter ihnen sah der junge Mann eine allen unbekannte alte Frau. Sie war eingenickt, hockte zu Füßen des Kranken. »Wer ist denn die alte Frau, die da neben dem Wandschirm eingeschlafen ist?« fragte er die Leute, die neben der

Alten saßen. Alle sahen sich nur ratlos um. »Wo ist denn eine alte Frau?« – keiner konnte eine alte Frau sehen! Die Leute, die versammelt waren, sahen alle ärgerlich den jungen Mann an. »Da ist doch gar nichts! Was redest du für dummes Zeug?« sagten sie.
Also war die alte Frau, die das Schicksal zumaß, allein für den jungen Mann sichtbar! Weil alle anderen nun durcheinanderschrien: »Da ist doch gar niemand!«, wachte die alte Frau, die bis jetzt geschlafen hatte, auf. Als sie den jungen Mann erblickte, schien sie ihm freundlich zuzulächeln. »Ja! War das nicht die alte Frau aus dem Jenseits, die ich in der Wintersonnwendnacht getroffen habe?« Der junge Mann erschrak und stand schnell auf, doch als er genau überlegte, da fielen ihm ihre Worte wieder ein: »Wenn ich mich zu Füßen eines Kranken hinsetze, dann wird er nicht sterben.« Jetzt wurde ihm leichter ums Herz. »Daran habe ich nicht gedacht!« murmelte er. »Großvater wird nicht sterben!« – als die ganze Familie das hörte, meinten sie, der Kerl muß verrückt geworden sein. Sie konnten nicht anders als über ihn befremdet sein. Zuerst redete er von einer alten Frau, die gar nicht zu sehen war, und jetzt sagte er über jemanden, bei dem klar zu sehen war, daß er sterben muß, daß er nicht sterben wird!
Aber was der junge Mann vorhergesagt hatte, das traf ein. Und wie es erst einmal bekannt wurde, kam es schnell dazu, daß man hier und dort den jungen Mann wie einen Wahrsager bat, doch zu sehen, ob ein Kranker sterben würde oder nicht. Wirklich, vor seinem Haus entstand so etwas wie ein Jahrmarkt. Ja, hundertmal geschossen, hundertmal ins Schwarze getroffen – alle seine Voraussagen stimmten.
Bis eines Tages im reichsten Haus weit und breit die geliebte einzige Tochter im Sterben lag und man dringend von ihm verlangte, sie anzusehen. Er ging hin – und die alte Frau aus dem Jenseits saß am Kopf des Mädchens. Er sagte, die Sache sei völlig hoffnungslos, aber alle im Haus hängten sich an seine Kleider und flehten ihn an, doch zu helfen. Man versprach ihm,

wenn er die Tochter nur rette, ihm das Mädchen selbst und den ganzen Besitz dazuzugeben. Da geriet der junge Mann ganz durcheinander. Er meinte keine andere Wahl zu haben, und die Habsucht ergriff ihn.
Er ging noch einmal ins Krankenzimmer, dort schlief die alte Frau wie vorher. Das sah er, und schon fiel ihm etwas ein. Er ließ ein paar starke Männer kommen, befahl ihnen, die vier Zipfel der Decke, auf der die Kranke lag, anzupacken – und im Nu war das ganze Bett herumgedreht.
Vom Luftzug, der dabei entstand, wachte die alte Frau aus dem Jenseits auf. Sie hatte geglaubt, am Kopf der Kranken zu sitzen, und nun fand sie sich plötzlich umgekehrt zu Füßen der Kranken sitzen! Sie merkte, daß der junge Mann sie überlistet hatte, aber um es ihm heimzuzahlen, machte sie, daß er von da an nicht mehr sehen konnte – und so wußte der junge Mann hinfort auch nicht mehr, wo die alte Frau aus dem Jenseits sich jeweils hingesetzt hat – an das Kopf- oder das Fußende.

## *17. Lieber den Reiskuchen als die Frau*

In ganz alten Tagen lebte irgendwo ein junges Ehepaar. Eines Tages brachte ihnen jemand aus der Nachbarschaft Reiskuchen, die man für eine Ahnenfeier zubereitet hatte. Das junge Paar aß die Reiskuchen mit Genuß. In ganz kurzer Zeit wurden es immer weniger Reiskuchen – bis nur noch einer übrig war. Die beiden gingen eine Wette ein – wer zuerst ein Wort spräche, der sollte den Reiskuchen nicht bekommen. Beide machten den Mund zu und begannen ihre Wette. Selbst wenn es etwas gab, worüber sie gerne gesprochen hätten, beide blieben fest.
Gerade da kam ein Dieb ins Haus. Als er die beiden sah, meinte er, sie müßten wohl stumm sein. Der Dieb kam ins Zimmer herein. Aber wegen des letzten Reiskuchens konnten die beiden jungen Eheleute kein Wort sagen.

Der Dieb packte alles im Zimmer zusammen und brachte es hinaus, schließlich ging er so weit, die junge Frau auf den Rücken zu nehmen, und er wollte mit ihr fortgehen. Aber auch da sagte der Mann kein einziges Wort.
Die Frau wurde zornig. »So ein grausamer Mann! Wollt Ihr noch immer kein Wort sagen?« schrie sie. Da packte der junge Mann blitzschnell den Reiskuchen und steckte ihn in den Mund. »Jetzt gehört der Reiskuchen mir!« soll er ihr nur geantwortet haben.

## *18. Das Goldschwein und der Bürgermeister*

In alten Tagen lebte in den Bergen des Kreises Kúksón, im Bezirk Kimhwa in der Provinz Kangwón, ein Goldschwein. Dieses Goldschwein konnte seine Gestalt beliebig wechseln, es konnte sich in jedes andere Tier verwandeln und selbstverständlich auch in einen Menschen.
Einmal hat das Goldschwein, ohne daß es jemand bemerkte, den Bürgermeister von Kimhwa mitgenommen in seine Höhle, ihn aber nicht gleich gefressen, sondern ihn für sich arbeiten lassen.
Eines Tages fragte das Goldschwein den Bürgermeister: »Was fürchtest du denn am meisten in der Welt?« Der Bürgermeister antwortete: »Am meisten in der Welt fürchte ich Reiskuchen« – und dann fragte der Bürgermeister das Goldschwein: »Was fürchtest du denn am meisten in der Welt?« – »Ich fürchte auf der Welt am meisten die Haut der Rehe«, sagte das Goldschwein und schüttelte sich.
Am nächsten Tag wollte das Goldschwein irgendwohin gehen, doch vorher hat es vor die Höhlentür viele Reiskuchen hingestellt, weil ja der Bürgermeister sie am meisten fürchtete und er nun nicht entfliehen würde. Dann ist das Goldschwein fortgegangen.
Der Bürgermeister in der Höhle konnte zwar nicht entfliehen,

aber er aß fleißig von den vielen Reiskuchen, die er über alles in der Welt gern hatte. So ging das ein paar Tage. Er dachte oft darüber nach, wie er aus der Höhle entfliehen könnte, aber er sah keine Möglichkeit. Dann, nach ein paar Tagen, dachte er daran, daß das Schwein gesagt hatte: »Ich fürchte auf der Welt am meisten die Haut der Rehe.« Er suchte an allen möglichen Plätzen nach Rehhaut, aber in der Höhle war nichts dergleichen zu finden. ›Wenn es das nur gäbe‹, dachte er, als er vor der verschlossenen Höhlentür stand. Da fiel ihm ein, daß er an seinem Gürtel einen Schlüsselring hatte. Dieser Schlüsselring war zwar ganz klein – aber tatsächlich aus Rehhaut!

Zu sich selbst sprach er: »Daß ich das nur habe!« Und er war überfroh. Gerade da kam das Goldschwein wieder herein, schüttelte nur den Kopf – und brachte die Frau des Bürgermeisters mit! Als der das sah, erschrak er ganz schön. Doch dann dachte er – jetzt oder nie! Er zog das Stück Rehhaut, das er an seinem Gürtel gefunden hatte, hervor und streckte es dem Goldschwein hin. »Du Kerl du! Weißt du, was das ist?« brüllte er.

Das Goldschwein sah nur die Haut, ihm schwanden plötzlich alle Kräfte, es fiel zu Boden und zitterte am ganzen Leib. Da faßte der Bürgermeister noch mehr Mut, und er erstach das Goldschwein mit seinem Messer.

Dann sind die beiden, der Bürgermeister und seine Frau, nach Hause zurückgekehrt und haben viele Schätze aus der Höhle mitgenommen und sind sehr reich geworden.

## *19. Das Mädchen Tae und der Bambus*

In alten Tagen lebte ein Ehepaar zusammen mit der einzigen hübschen Tochter, die den Namen Tae trug. Als das Mädchen elf Jahre alt wurde, erkrankte die Mutter und schied von dieser Welt.

Da es nun einmal so war, suchte der Vater noch einmal eine

Mutter für die kleine Tae, doch die Stiefmutter konnte das Mädchen überhaupt nicht ausstehen. Der Gedanke daran, wie sie sich das Mädchen vom Halse schaffen könnte, ging ihr nicht aus dem Kopf.

Eines Tages nun, als der Vater der kleinen Tae für längere Zeit das Haus verlassen hatte, um in einer weit entfernten Gegend zu jagen, füllte die Stiefmutter Reiskuchen mit einem Gift und gab sie Tae zu essen. Da diese ein wohlerzogenes Mädchen war, nahm sie die Reiskuchen dankbar entgegen, aß sie – und starb auf der Stelle. Damit niemand den Leichnam sähe, begrub ihn die Stiefmutter auf dem Feld hinter dem Haus.

Nicht viel später wuchs dort, wo das Mädchen begraben lag, ein langer Stengel aus dem Boden, eines Tages kam er ganz plötzlich heraus. Jemand bat die Stiefmutter um diesen Stengel. Sie schnitt ihn mit der Sichel ab und gab ihn dem Mann. Der nahm ihn entgegen, steckte ihn in den Mund und blies hinein. Da kam eine Stimme heraus: »Vater! Mutter! Eure Tochter Tae ist von der neuen Mutter umgebracht worden. Dieser Stengel, das ist ein Knochen von mir.« Die Stiefmutter erzitterte, sie wollte den Mann verjagen, der aber lief in der ganzen Nachbarschaft herum und blies.

Da kam endlich der Vater, der lange Zeit weit entfernt gejagt hatte, nach Hause zurück. Er hörte diese Stimme, er forschte nach, was da Seltsames geschehen war, und als er die Wahrheit erfuhr, tötete er die Stiefmutter. Später ist da, wo das Mädchen begraben lag, immer dieser lange Stengel nachgewachsen, und man hat diesen Stengel nach dem Namen des Mädchens Tae genannt.

## 20. *Goldknüppel – Silberknüppel*

In alten Tagen lebten irgendwo zwei Brüder. Der jüngere war ehrlich und freundlich und erfüllte den Eltern gegenüber alle Pflichten eines Sohnes. Der ältere Bruder aber hatte nicht nur ein unfreundliches Wesen, zu den Eltern war er obendrein noch ungezogen.

Eines Tages war der jüngere Bruder tief in die Berge gegangen und hatte eine Last Holz geschlagen. Er saß unter einem Baum und ruhte sich ein wenig aus. Eine Zeitlang saß er da, als plötzlich über seinem Kopf eine dicke Haselnuß herunterfiel. Er wollte sie sofort aufheben, denn er dachte daran, sie den Eltern mitzunehmen. »Ja, was ist denn da für eine Haselnuß heruntergefallen? Die werde ich für den Vater mitnehmen!« sagte er zu sich selbst. Da fiel noch eine Nuß herunter. »Die nehme ich für die Mutter mit!« Es ging weiter, noch eine Nuß fiel herunter. »Die werde ich dem Bruder mitnehmen!« Als noch eine Nuß herunterfiel, sagte er: »Die bekommt die Schwägerin!« – und als es noch kein Ende nahm und noch eine Nuß herunterfiel, da sagte er: »Die werde ich selbst essen«, und er steckte sie alle sorgfältig in seine Tasche.

Als es Abend wurde, nahm er seine Holzlast auf den Rücken und wollte nach Hause zurückkehren, doch weil er tief aus den Bergen kam und der Weg weit war, dunkelte es, bevor er es richtig gewahr wurde. Nach allen vier Himmelsrichtungen war es duster. Der Weg war weit, und sicher würde es beschwerlich werden, nach Hause zurückzugehen. Er irrte auf den Bergpfaden hin und her und fand wider Erwarten unten am Berg ein leeres Haus.

Dahin ging er, um die Nacht dort zu verbringen. Er stellte seine Holzlast ab, trat ein und legte sich schlafen. Tief in der Nacht, er lag in einem Zimmer und schlief, ertönte plötzlich draußen Lärm – da kam ein ganzer Haufen Waldschrate herbei. Die Schrate blieben auf dem Maru, riesenhaft standen sie da, jeder hatte einen blitzblanken Knüppel in der Hand, ttukttak, ttukttak klopften sie damit.

»Silber, komm raus, ttukttak,
Gold, komm heraus, ttukttak«,

sangen sie und spielten herum.

Der junge Bruder? Der lag in einer Zimmerecke und mußte das alles mit ansehen – wieviel Angst stand er dabei aus! Eine Haselnuß holte er heraus, steckte sie in den Mund und preßte die Lippen fest aufeinander, damit die draußen ihn nicht atmen hören konnten.

Aber bald konnte er nicht mehr, die Nuß fiel herunter und machte ziemlichen Lärm. Die Schrate erschraken. »Oh! Was ist das? Vielleicht fällt das Haus zusammen!« Sie ließen alles stehen und liegen und liefen weg.

Als es am nächsten Morgen dämmerte, ging der jüngere Bruder noch voller Furcht auf den Maru hinaus – und dort lagen Goldknüppel und Silberknüppel durcheinander, Goldklumpen und Silberklumpen haufenweise herum.

Der jüngere Bruder ließ sein Holz Holz sein, er war ganz plötzlich ein reicher Mann geworden. Goldknüppel, Silberknüppel, Goldklumpen, Silberklumpen lud er auf seine Kraxe und stieg zu seinem Haus hinunter.

Daheim verkaufte er das Gold und das Silber, er kaufte sich dafür Felder für Reis und Trockenfelder für andere Feldfrüchte, er kaufte sich ein großes Haus und hübsche Schränke und führte ein schönes Leben.

Nicht nur das – immer, wenn er Geld brauchte, hat er einen von den Knüppeln genommen.

»Silber, komm raus, ttukttak,
Gold, komm heraus, ttukttak«,

klopfte er mit dem Knüppel auf den Boden; nach Belieben konnte er so Gold und Silber machen und es verkaufen.

Der ältere Bruder mußte mit ansehen, daß der jüngere reich geworden war und gut leben konnte. Er wußte nicht warum, in ihm wuchs der Neid, in ihm wuchs die Habgier, und so suchte er eines Tages seinen jüngeren Bruder auf. Er fragte ihn: »Wie bist du denn so plötzlich ein reicher Mann geworden? Das kommt mir ganz verdächtig vor! Verheimliche mir nichts, frei heraus damit, erzähle!«, so drängte er. Weil es der ältere Bruder war, gab es keine Ausflucht. »Wie könnte ich denn dich, meinen älteren Bruder, belügen?« meinte der jüngere und erzählte alles genauso, wie es sich zugetragen hatte. Der ältere Bruder hörte sich die Geschichte in allen Einzelheiten an, wie ein Feuer brannte die Habsucht in ihm.

Kaum war er nach Hause zurückgekommen, zog er sich alte Kleider an, nahm die Kraxe auf den Rücken und stieg in die Berge hinauf. Schnell raffte er eine Last Holz zusammen, ließ sie irgendwo stehen und suchte sich einen Haselnußbaum. Darunter setzte er sich und wartete. Und wirklich, nach einer Weile fiel eine Nuß herunter. Er war hocherfreut, hob sie auf. ›Die werde ich essen‹, dachte er zuerst einmal an sich selbst. Wenig später fiel noch eine Nuß herunter. »Die ist für meinen Sohn!« Als wenig später wieder eine Nuß fiel, sagte er: »Die werde ich meiner Frau geben.« Nach einer Weile fiel eine weitere Nuß herunter. Da endlich meinte er: »Soll ich die dem Vater geben? Soll ich die der Mutter geben?« und steckte sie in die Tasche.

Bevor es überhaupt dunkel wurde, suchte er das leere Haus, ging hinein und wartete darauf, daß es Nacht würde. Bald wurde es duster, immer dunkler, und als es ganz Nacht geworden war, kamen, so wie der jüngere Bruder es ihm erzählt hatte, die Waldschrate. Kaum waren sie alle versammelt, begannen sie ihr Spiel:

»Silber, komm raus, ttukttak,
Gold, komm heraus, ttukttak.«

Da dachte er sich: ›Fein, jetzt ist es soweit! Euch will ich ein wenig narren!‹, steckte eine Haselnuß in den Mund und biß zu. Ttak machte es. Er hoffte, damit die Schrate vertreiben zu können – doch was war das? Als die das Geräusch hörten, sahen sie sich nach allen Seiten forschend um. »Ja! Ist der Kerl wiedergekommen! Beim letzten Mal hat er uns erschreckt und uns die Goldknüppel, die Silberknüppel gestohlen, und heute

will der Kerl uns schon wieder anführen!« sagten sie. »Uh, uh!« schrien sie und stürmten ins Zimmer, griffen sich den älteren Bruder, banden ihn an einem Balken fest, und ein paar Schrate schlugen mit ihren Knüppeln auf ihn ein. »Du Kerl, jetzt kannst du was erleben! Breit sollst du werden, ttukttak!« sangen sie und schlugen zu, bis er wie eine Bettdecke so breit war. Sie schlugen ihn weiter. »Lang sollst du werden, ttukttak!« – bis er so lang war wie ein Aal.
Seitdem hat der ältere Bruder, der mit dem bösen Herzen, der voller Habgier war, einen kranken Körper, er sieht aus wie ein Aal. Sein ganzes Leben blieb er abhängig von seinem jüngeren Bruder, der das gute Herz hatte, mit Schmerzen mußte der ältere seine früheren Fehler bereuen.

## *21. Warum der Tiger Flecken hat*

In alten Tagen, so erzählt man sich, sollen auch die Tiger Tabak geraucht haben. Eines Tages hatte ein Tiger seine Tabakspfeife im Maul, als er einnickte und ein Schläfchen hielt. Während er schlief, sprangen die Funken über, und sein Fell fing Feuer. Er schlief weiter, doch auf einmal fühlte er, daß ihm irgendwie heiß wurde. Er wachte auf – sein Fell brannte lichterloh!
Erschreckt rannte er in großen Sätzen zum Bach, spritzte sich überall naß. Doch fast hätte er das Schlimmste nicht mehr verhindern können, sein Fell war schon hier und da und dort verbrannt. Daß heute noch das Fell der Tiger gefleckt ist, soll – wie man sich erzählt – daher kommen, daß dieser eine Tiger geraucht und sein Fell Feuer gefangen hat.

## 22. *Drei dumme Töchter*

In alten Tagen gab es mal in einem Haus drei Töchter. Alle waren dem Alter nach eigentlich so weit, zu heiraten. Es kam dazu, daß die Älteste verheiratet wurde. Am Ende des prächtigen Hochzeitsfestes mußte sie dann die Hochzeitsnacht ertragen. Der Bräutigam löschte das Licht und wollte der Braut die Kleider ausziehen. Aber die Braut schämte sich und wollte die Kleider nicht ablegen. Der Bräutigam besah sich die Braut, die stumm und starr dasaß, ganz gleich, was er auch unternahm, und dachte bei sich: ›Sieht so aus, als ob sie mich nicht leiden kann‹ – sein Stolz war verletzt, und er verschwand am nächsten Tag.

Die zweite Tochter wurde an einem weit entfernten Ort verheiratet. Sie hatte aus dem Mißgeschick der älteren Schwester gelernt, und so zog sie alle ihre Kleider aus, trug sie auf dem Kopf und ging splitternackt ins Brautgemach. Der Bräutigam, der so was sah, war so angewidert, daß er sich gleich aus dem Staub machte.

Auch die dritte Tochter wurde verheiratet. Durch die Erfahrungen ihrer Schwestern gewarnt, wollte es die dritte Tochter vorsichtig angehen. Die Hochzeitsnacht kam, die Braut stand vor der Zimmertür und fragte den Bräutigam: »Soll ich nackt hineinkommen, oder soll ich lieber die Kleider anlassen?« Als der Bräutigam das hörte, war er sprachlos, heimlich stieg er durchs Fenster, machte sich davon und soll nie mehr zurückgekommen sein.

## 23. *Der Frosch-Geist*

In alten Tagen lebte einmal ein junges Mädchen mit Namen Kúmae, Tochter aus vornehmer Familie. Eines Tages setzte sie sich, um sich ein wenig an der frischen Luft zu vergnügen, an den Rand eines Lotosteichs. Da fiel ihr ein Edelsteinring, den der Vater für sie gekauft hatte, ins Wasser. Nicht nur, daß sie selbst diesen Ring am liebsten hatte, mehr noch – der Vater selber hatte ihn für sie ausgesucht. Weil sie so etwas Kostbares verloren hatte – wie viele Tage würden nun das Mädchen nicht schmerzliche, verdrießliche Gedanken quälen! Ihre Lippen waren weiß, sie weinte.

Gerade da, zur rechten Zeit, sprang ein Frosch aus dem Wasser, schwamm hierhin, schwamm dorthin, im Kreise herum. Das Mädchen weinte, da sah sie den Frosch. »He, Frosch! Was macht dir denn soviel Spaß? Wenn du auch ein Herz hast, das Mitleid fühlt, dann hör mir bitte mal zu!« sagte sie zu ihm.

Als der Frosch sie so reden hörte, antwortete er schnell: »Was soll ich mir denn anhören?« Das Mädchen empfand es dankbar, daß der Frosch mit ihr sprach, und so sagte sie gleich: »Ja, es ist nichts anderes als – ich habe gerade eben einen Edelsteinring ins Wasser fallen lassen. Das Wasser ist tief, ich kann ihn nicht selbst wieder herausholen. Bitte, und wenn du ihn mir herausholst, so werde ich dir diese Freundlichkeit gleich vergelten«, so bat sie. Der Frosch sagte: »Es ist zwar nicht schwer für mich, den Edelsteinring heraufzuholen, aber ich kann das nicht machen, ohne daß ich etwas dafür bekomme.« Das Mädchen: »Nun gut, ich werde dir viele wohlschmekkende Speisen bringen, nur schnell, hol den Ring heraus!« Der Frosch antwortete: »Ich möchte keine Speisen. Wenn du mich mitnimmst in dein Haus, wenn du mir dort einen Tisch zum Essen gibst, wenn du mir dort ein Zimmer zum Schlafen gibst, werde ich dir jetzt gleich helfen.«

Das Mädchen dachte sich: ›Es gibt so viele ganz lächerliche Sachen. Den Kerl werde ich schon irgendwie hereinlegen können‹ – sie sah den Frosch an und sagte: »Nun ja, wenn es nicht mehr ist, da soll es weiter keine Schwierigkeiten machen. Ich werde dir schon geben, was du willst, also schnell, bring den Ring herbei!« Und so gab sie dem Frosch ein festes Versprechen.

Der Frosch vertraute dem Mädchen, sprang gleich ins Wasser

hinein – und eine Weile später brachte er den Edelsteinring und gab ihn dem Mädchen. Die nahm den Ring entgegen. Sie dachte: ›Der Frosch wird mir kaum folgen können‹ – und sie ließ den Frosch, wo er war, und ging allein nach Hause zurück.

Der ehrliche Frosch wartete darauf, daß sie ihn mitnehme, und als er sah, daß sie einfach allein wegging, rief er ein paarmal: »Laß uns zusammen gehen! Laß uns zusammen gehen!« – aber sie drehte sich nicht einmal nach ihm um, und weil sie weiterlief, konnte er nicht mehr Schritt halten mit ihr, doch – ein Sprung und noch ein Sprung und noch einer – so versuchte er ihr nachzuhüpfen.

Das Mädchen kam nach Hause, schloß das Hoftor, ging ins Haus und setzte sich hin. Es vergingen nicht einmal ein paar Stunden, da rüttelte es am Hoftor, und eine Stimme war zu hören, die verlangte, man solle das Hoftor aufmachen. Als der Vater das Rütteln an der Hoftür hörte, sah er seine Tochter an. »Du, draußen ist jemand gekommen, geh raus und sieh nach!« – so schickte er sie nach draußen. Das Mädchen ging hinaus, machte das Tor auf, und da sah sie, daß der Frosch, den sie vor einer Weile getroffen hatte, ihr gefolgt war. Sie fürchtete sich, war zu Tode erschrocken. Schnell schlug sie das Tor wieder zu und rannte ins Haus zurück.

Der Vater sah, daß sie blaß geworden war, er hörte, wie weiter an dem Tor gerüttelt wurde, er dachte, seltsam ist das, sah seine Tochter an und fragte sie, was denn los sei. Das Mädchen erzählte dem Vater die ganze Geschichte der Wahrheit entsprechend. Daß ihr der Edelsteinring ins Wasser gefallen war, was sie dem Frosch versprochen hatte und daß der ihr jetzt gefolgt war, das erzählte sie alles.

Der Vater hörte sich das an, dann sagte er: »Der Frosch ist dein Wohltäter. Er mag ein noch so niedriges Geschöpf sein, du hast ihm ein Versprechen gegeben! Wie kannst du ihn da so schlecht behandeln? Das ist ein Fehler! Schnell, geh hinaus, mach ihm die Tür auf und bring ihn mit herein!«

Das Mädchen, mochte es noch so sehr dagegen sein, konnte gar nichts machen. Auf das Wort des Vaters nicht zu hören, das ging einfach nicht. Also ging sie hinaus, machte das Tor auf – der Frosch freute sich und hüpfte hinter ihr drein. Einmal ins Haus gekommen, sprang der Frosch auch gleich ins Zimmer hinein.

Die Sonne war schon untergegangen, es wurde Zeit, zu Abend zu essen. Der Frosch sah das Mädchen an. »Du, Mädchen, laß uns zusammen abendessen«, verlangte er. Das Mädchen hörte es und bekam eine Gänsehaut bei diesem ihr widerwärtigen Gedanken und konnte gar nicht antworten. Doch als sie nach draußen lief, schalt der Vater sie: »Sofort, mach es so, wie du versprochen hast!«, rief einen Diener herbei und ließ ihn das Abendessen auftragen.

Der Vater hatte gesprochen, was sollte sie machen? Sie setzte den Frosch neben den Tisch und fing an zu essen. Der Frosch hatte noch etwas zu sagen: »Ich bin zu klein, kann so nicht essen, bitte, setz mich oben auf den Tisch«, es half nichts, sie setzte ihn oben auf den Tisch, er machte sein großes Maul auf und fraß und fraß.

Allmählich wurde es tiefe Nacht, da sah der Frosch das Mädchen wieder an. »Du, Mädchen! Willst du nicht schlafen gehen? Ich bin so müde, daß ich es nicht mehr aushalten kann. Schnell, Mädchen, laß uns zusammen in die Kammer gehen«, sagte er.

Das Mädchen versuchte ihn zu beschwichtigen. »Du, geh jetzt endlich dahin, wo du hingehörst! Das Versprechen heute – ich habe doch alles eingehalten, warum denn da noch mit mir im gleichen Zimmer schlafen? Ich werde dir viele wohlschmeckende Speisen geben, die nimm mit, aber, bitte, geh!« So versuchte sie ihn zu beschwichtigen. Doch der Frosch schüttelte nur den Kopf. »Sag so was nicht ein zweites Mal! Wenn ich mal was versprochen habe, ganz gleich, ob es etwas Gutes war oder etwas Schlechtes, es ist nie vorgekommen, daß ich es nicht eingehalten habe. Ich möchte lieber sterben, als auch nur eines von den Dingen, die wir verabredet haben, auszulassen«, sagte er mit glänzenden Augen. Die Gedanken des Mädchens waren voller Haß, doch sie wußte nicht, was sie machen sollte. Schließlich siegte ihre Angst, sie sprang schnell in ihr Zimmer, schloß die Tür, verriegelte sie, zog sich die Decke über den Kopf und legte sich hin. Der Frosch rief draußen vor der Tür ein paarmal, sie solle doch aufmachen, doch als dann immer noch keine Antwort kam, da zerriß er einfach das Papier der Tür und sprang ins Zimmer hinein.

Das Mädchen hielt die Decke fest an sich gepreßt, sie gab sich den Anschein, als ob sie tot sei. Der Frosch blieb ein Stück entfernt von ihr sitzen, blinzelte mit den Augen, und als die anderen Bewohner des Hauses schlafen gegangen waren und alles ruhig wurde, da hüpfte er zum Kopfende des Mädchens, zog die Decke, mit der sie sich zugedeckt hatte, weg. »Du, Mädchen! Sieh mich an! Ich bin kein Frosch, ich bin ein Geist, der vom Himmel heruntergekommen ist. Dich wollte ich mitnehmen zum Himmel hinauf, nur deshalb habe ich mich in einen Frosch verwandelt. Aber wenn du deine Versprechen nicht hältst, dann werde ich allein zurückgehen«, so sprach er, verwandelte sich in einen hübschen Geist, öffnete die Tür und verschwand nach draußen.

Jetzt bedauerte es das Mädchen, daß es sein Versprechen nicht gehalten hatte. Sie ging hinaus, ihn zu suchen, sie wollte den Geist zum Bleiben bewegen, ihn für ihre Fehler um Verzeihung bitten. Aber der Geist kam nicht zurück, er ist, so erzählt man, wieder zum Himmel hinaufgestiegen.

## *24. Die Reisquelle*

Am Abhang des Nangnim-Berges gibt es einen Tempel, der heißt Tempel zum Vollkommenen Drachen. In der Nachbarschaft dieses Tempels ist die Landschaft wirklich herrlich, Berge sind steil, Wasser fließt klar, und im Tempelbezirk gibt es hier und da und dort viele wundersam hoch aufragende Felsen. Östlich des Tempels gibt es ein kleines Loch, aus dem klares Wasser sprudelt. Früher aber soll dort statt Wasser jadegleicher Reis hervorgekommen sein. So konnte der Abt dieses Tempels ohne Sorgen, ohne daß ihm etwas fehlte, leben – er brauchte nur den Reis aus dem Loch zu kochen.

Eines Tages besuchte ein fremder Mönch diesen Tempel. Er ging zum Abt und bat, eine Nacht dort verbringen zu dürfen. Ganz selbstverständlich stimmte der Abt zu und bot dem Gast eine Mahlzeit an.

Als es Abend wurde, entzündeten die beiden Mönche eine Lampe, saßen beieinander und erzählten sich Geschichten. Schließlich sprachen sie auch darüber, welche Vorteile ihr eigener Tempel hätte. Stolz erzählte der fremde Mönch viel darüber, was für Buddhas, welche Schätze es in seinem Tempel gebe. Ruhig hörte der Abt des Tempels zum Vollkommenen Drachen zu, aber er wollte nicht zurückstehen und erzählte auch von seinem Tempel. »Bei meinem Tempel gibt es eine Quelle, aus der Reis kommt, die ist noch niemals versiegt. Jeden Tag kommt der Reis so wie sonst Quellwasser heraus, ich brauche nicht betteln zu gehen und kann doch essen und ohne Sorgen leben.«

Als er das hörte, sagte der fremde Mönch: »Das ist doch gelogen. Es gibt nur Quellen, aus denen Wasser kommt. Was erzählt Ihr denn da von einer Quelle, aus der Reis kommen soll?« – er wollte es einfach nicht glauben. »Wenn ich sage, die gibt es, dann gibt es die! Jeden Tag kommt jadegleicher Reis da hervor, so viel, daß ich genug essen kann.« – »Ach was, das höre ich zum ersten Mal, daß es eine Quelle gibt, aus der Reis herauskommt. Zeigt mir doch, wo diese Quelle ist!« – »Ja, das macht keine Schwierigkeiten.« – »Ich bin so neugierig, könnt Ihr mir die Quelle jetzt gleich zeigen?« – »Natürlich, laß uns gehen!«

Der Abt des Tempels zum Vollkommenen Drachen zündete eine Fackel an und führte den fremden Mönch vor den Tempel. Dort zeigte er ihm das Loch, aus dem der Reis hervorkam. Und wirklich – aus einem Loch zwischen den Felsen kam jadegleicher Reis heraus. »Ja, wirklich! Da kommt Reis heraus!« – der fremde Mönch dachte, das sei ein Wunder. »Nun, laß uns wieder hineingehen!« Der Abt führte den fremden Mönch wieder in den Tempel, sie traten ins Zimmer. »Das ist wirklich die kostbarste Quelle der ganzen Welt, ich habe wirklich nicht gewußt, daß es im Tempel zum Vollkommenen Drachen einen solchen Schatz gibt!« Der fremde Mönch fand kein Ende mit seinem Lobpreis. Es wurde spät, die beiden legten sich auf ihr Kissen und schliefen den Rest der Nacht.

Am nächsten Morgen dachte sich der fremde Mönch etwas aus. »Kommt dort nur Reis für Euch allein heraus?« fragte er. »Ja, wieso?« – »Ja ...«, dann schwieg der fremde Mönch einen Augenblick. »Eigentlich wollte ich etwas fragen.« – »Was denn?« – »Nichts Besonderes. Ich bin gestern in diesen Tempel gekommen, alles gefällt mir hier so gut, und Ihr, der Abt, habt auch ein freundliches Herz, aber Ihr lebt allein und einsam hier. Kurz – wie wäre das, wenn ich hier bei Euch bliebe?« – »Ja, das wäre nicht schlecht, um ehrlich zu sein, war es ohne einen Freund hier doch recht eintönig. Laß uns also zusammenbleiben. Aber eine Sorge habe ich – aus dem Loch in dem Felsen kommt nur Reis für mich allein heraus ...« – so leichthin erklärte sich der gute Abt einverstanden. »Darüber macht Euch keine Gedanken. Ich meine, es kommt nur deshalb so wenig Reis, weil das Loch so klein ist. Wir werden einfach das Loch größer machen!« – »Denkst du, das wird gutgehen?« – »Wenn das Loch erst größer ist, wieso sollte dann nicht auch mehr Reis herauskommen? Wir wollen gleich an die Arbeit gehen!«

Der Abt schwieg, aber er folgte dem fremden Mönch zur Quelle, aus der der Reis herauskam. Der fremde Mönch schlug mit einer Hacke auf das Loch, bohrte darin herum – gleich ver-

siegte der Reis, und aus dem Loch kam statt dessen klares Wasser heraus. »Was ist denn das? Da kommt ja Wasser!« Der fremde Mönch war ganz erstaunt, starrte auf das Loch, bohrte weiter darin herum.
Solange er auch dort stand, soviel er auch guckte – kein Reis kam mehr, nur klares Wasser. Die beiden Mönche standen da und sahen sich nur hilflos an, dann gingen sie in den Tempel zurück. An diesem Tag schauten sie noch einmal nach, am nächsten Tag schauten sie nach, aber es kam nie mehr Reis aus dem Loch. Da kam ihnen die Reue – aber es war zu spät.

## *25. Der rote Punkt*

Der Herrscher des Landes hatte nur eine einzige geliebte Prinzessin. Sie war wirklich schön wie die Feen, von denen in alten Geschichten erzählt wird.
Der König ließ einen Maler rufen und gab ihm den Befehl, ein Bild von der Prinzessin zu malen. Dieser Maler verstand sich nicht nur gut auf seine Kunst, er war auch ein überaus aufrechter Mann. Und das hatte nicht irgend jemand über ihn gesagt, sondern der König selbst. Jetzt war das wichtigste – die Prinzessin sollte gemalt werden. Der Maler ging ganz in seiner Arbeit auf, und so entstand ein bewundernswertes Bild. Als es fast fertig war, schon bald dem König überreicht werden sollte, hat der Maler nicht aufgepaßt, er hat den Pinsel fallen lassen: gerade da, wo auf dem Bild der Bauch der Prinzessin war, gab es einen roten Punkt.
»Das ist schlimm!« sagte der Maler und meinte, es gehe wohl nicht anders, als das Bild noch einmal zu malen. Aber dann dachte er weiter nach. Hatte er doch bis dahin voller Hingabe gemalt, und nun war ihm der Pinsel aus der Hand gefallen. So etwas konnte ja auch eine höhere Fügung sein! So dachte er – und überreichte dem König das Bild mit dem roten Punkt.

Als der König das Bild betrachtete, erschrak er. »Warum erschreckt Ihr?« Seit ihrer Geburt hat die Prinzessin tatsächlich auf dem Bauch einen roten Punkt gehabt! »Er kann ein noch so begabter Maler sein, aber auch dann darf er das nicht malen, was man nicht sieht! Der Maler ist ein unanständiger Kerl! Schnell, steckt ihn in den Kerker!«
Der König war zu ärgerlich, deshalb befahl er seinen Untergebenen so etwas. Aber alle wußten doch von früher, daß der Maler ein aufrechter Mann war, der immer nur Rechtes getan hatte.
So traten die Diener vor den König und baten ihn, dem Maler zu vergeben. Der König wollte den Maler einer Prüfung unterziehen. »Letzte Nacht hatte ich einen seltsamen Traum. Versuch du zu malen, was ich im Traum gesehen habe. Wenn du gut malst, dann will ich dich am Leben lassen.«
Der Maler hörte den König an, ehrerbietig griff er nach dem Pinsel. Ohne lange zu überlegen, malte er elf Buddhas auf sein Papier. Es war das ein Bild, das sich nicht im geringsten von dem unterschied, das der König im Traum gesehen hatte. »Du bist wirklich ein großer Maler. Wenn nicht der Buddha selbst dir geholfen hätte, kaum hätte das dann so werden können.« Der König war voller Bewunderung, er hat dem Maler nicht nur verziehen, er hat ihm auch noch viele Geschenke gemacht.

## *26. Die Leute aus Kaesóng und die Leute aus Suwón*

Schon in alter Zeit war es weitverbreitet, und auch heute noch weiß man, die Leute aus Kaesóng und die Leute aus Suwón sind bekannt für ihren Geiz. Ja, und deshalb sind die Leute aus Kaesóng nicht nur meistens sehr schnell reich geworden, auch die Frauen verstanden es, im Haushalt sehr sparsam auszukommen, nichts ließen sie umkommen. Deshalb sagte man, wenn jemand ein Mädchen aus Kaesóng heiratete: »In seinem Haus wird nichts schiefgehen«, oder man sagte auch: »Das

Glück ist eingekehrt.« Von den Leuten aus Suwón sprach man ganz ähnlich. In Kleinigkeiten waren die ganz groß, bei ihnen mußte immer alles ganz genau gehen, und wenn es um Sparsamkeit ging – da wollten sie sich von niemandem schlagen lassen.
Zufällig kam es nun eines Tages so, daß einer aus Kaesóng mit einem aus Suwón unterwegs zusammentraf. Der eine erzählte diese Geschichte, der andere jene, und weil beide Angst hatten, sie durchzulaufen – hatten sie ihre Strohsandalen am Gürtel festgeknüpft und liefen barfuß.
So waren sie eine ganze Weile gemeinsam unterwegs, als ihnen ein junges Mädchen aus einer vornehmen Familie entgegenkam. Den beiden blieb, wollten sie nicht das Gesicht verlieren, nichts anderes übrig, als ihre Sandalen anzuziehen. Beide zogen sich ihre Schuhe an.
Der aus Kaesóng zog die Strohsandalen an, lief ein paar Schritte damit, bis das Mädchen samt Gefolge vorbei und verschwunden war, zog dann gleich die Sandalen wieder aus, klopfte den Staub ab, besah sich ganz genau, wieviel sie dünner geworden waren, dann hängte er sie wieder an seinen Gürtel.
Der aus Suwón blieb am Wegrand stehen, zog seine Strohsandalen an, er tat so, als ob er in die Ferne umherschaute und ihn alles andere gar nichts angehe. So wartete er, bis das Mädchen mit seinem Gefolge vorbeigezogen war, dann zog er gleich seine Sandalen wieder aus, klopfte den Staub ab und knüpfte sie wieder an seinen Gürtel.
Seitdem meint man überall, daß die Leute aus Suwón doch noch geiziger sind als die aus Kaesóng.

## *27. Soja-Kerlchen und Bohnen-Kerlchen*

In alten Tagen lebte einmal ein Ehepaar mit seiner Tochter zusammen. In einem Jahr wurde die Mutter schwer krank und starb schließlich, und der Mann mußte sich eine neue Frau nehmen. Die neue Mutter haßte die Tochter der ersten Frau maßlos.

Nun gebar auch die zweite Frau eine Tochter. Obwohl die beiden Töchter als Schwestern im gleichen Haus aufwuchsen, führten sie ein völlig unterschiedliches Leben. Die Mutter haßte die ältere Tochter, ihr gab sie nur Sojabohnensuppe mit Reis; aber die Tochter, die sie selbst geboren hatte, liebte sie sehr und fütterte sie mit roten Bohnen mit Reis. Deshalb rief man die ältere Schwester nur Soja-Kerlchen, während die jüngere Schwester Bohnen-Kerlchen gerufen wurde.

Nun, je größer sie wurde, um so hübscher wurde Soja-Kerlchen auch, und ihr Körper war kräftig. Doch Bohnen-Kerlchen bekam zu einem dünnen Körper ein immer widerlicheres Gesicht. Das kam so, weil die Stiefmutter nicht wußte, daß in den Sojabohnen noch mehr nahrhafte Stoffe enthalten sind und weil sie ihre eigene Tochter nur mit roten Bohnen fütterte.

Bevor man sich versah, waren aus den beiden Mädchen Jungfrauen geworden. Nun begann im Yóngdúng-Tempel eine Opferfeier für Yóngdúng, und die Stiefmutter nahm nur ihre eigene Tochter mit, um das Fest anzusehen. Nicht nur das – sie befahl Soja-Kerlchen, die darum bat, mitgehen zu dürfen, auch noch, eine große Schüssel mit Wasser zu füllen, fünf Körbe Getreide zu stoßen und zwölf Bündel Hanf zu spinnen.

Soja-Kerlchen wünschte sich von ganzem Herzen, an dem Fest teilzunehmen, sie goß und goß fleißig Wasser in die Schüssel. Aber soviel sie auch goß, sie konnte sie nicht füllen. Soja-Kerlchen war so traurig, daß sie anfing zu heulen. Da kam irgendwoher eine Krähe geflogen. »Du mußt dir mal den Boden der Schüssel ansehen!« riet sie ihr. Unten in der Schüssel war ein Loch. Soja-Kerlchen wußte mit dem Loch, das da hineingebohrt war, nichts anzufangen. Da sprach die Krähe sie noch einmal an und riet ihr, sie solle doch den Boden des Speiseschranks ansehen. Am Boden dieses Schrankes gab es Kiefernharz. Mit dem Kiefernharz stopfte Soja-Kerlchen das

Loch zu, das unten in die Schüssel gebohrt war, und füllte die Schüssel dann ganz mit Wasser. Als die Schüssel gefüllt war, ging sie auf den Hof hinaus, um nach dem Getreide, das dort ausgebreitet war, zu sehen. Und waren da nicht unzählige Spatzen, die piepsten und alle Körner aufpickten? Es sah schlimm aus, und mit »Huyói« vertrieb Soja-Kerlchen die Spatzen. Sie war ganz niedergeschlagen, als sie das mit ansehen mußte – doch alles kam ganz anders: Die Getreidekörner waren alle übriggeblieben, und die Spreu war verschwunden!

Soja-Kerlchen ging in den Stall, wo der Hanf aufgehoben wurde. Da hatte die Kuh den Hanf von Anfang bis Ende alles aufgefressen – und zum Hinterteil war er dann gesponnen wieder herausgekommen!

Die Arbeiten, die ihr die Stiefmutter aufgetragen hatte, waren also alle auf einfache Weise erledigt. Soja-Kerlchen hatte ihre Pflicht erfüllt und machte sich nun wirklich auf den Weg zum Yóngdúng-Tempel.

Da hatte am Wegesrand ein Himmelssohn ein Paar schwarze Schuhe hingestellt, denn er suchte nach einem Mädchen, dessen Füße da hineinpassen würden. Aber es gab kein Mädchen, dem die Schuhe paßten. Gerade im rechten Augenblick ging Soja-Kerlchen vorbei. Der Himmelssohn versuchte auch ihr die Schuhe anzuziehen – und da paßten sie ganz genau. Sie lief, die neuen schwarzen Schuhe an den Füßen, zum Festplatz.

Als sie Soja-Kerlchen sah, die so unerwartet früh auftauchte, erschrak die Stiefmutter. »Schon fertig?« – »Ja, aber es war schwer, weil in den Boden der Schüssel ein Loch gebohrt war!« – »Was hast du denn gemacht, daß das Wasser dringeblieben ist?« – »Eine Krähe ist gekommen, die hat gewußt, daß am Boden des Speiseschranks Kiefernharz ist, und da ist es leichtgegangen.« – »Ach, da hast du aber viel Mühe gehabt! Was für eine Schüssel war denn kaputt? So was!« So gab die Stiefmutter ihr zuckersüße Worte und streichelte ihr sogar über den

Kopf. Doch nun fielen ihre Augen auf die schwarzen Schuhe, die Soja-Kerlchen angezogen hatte. »Du, wo kommen denn die Schuhe her?« – »Auf dem Weg hierher, da war ein Himmelssohn, der hat ein Mädchen gesucht, dem die Schuhe passen. Irgendwie waren sie richtig für mich, ich hab mich selbst gewundert. Also hab ich sie anbehalten und bin hergekommen.«

Die Stiefmutter wurde neidisch auf die Schuhe. »Du, die Schuhe sind wirklich hübsch. Wir wollen doch mal versuchen, sie Bohnen-Kerlchen anzuziehen«, und als Soja-Kerlchen sich weigerte, zog sie ihr einfach die Schuhe aus und ließ Bohnen-Kerlchen sie anziehen. Zwar wollten sie Bohnen-Kerlchen gar nicht besonders passen, doch mit Gewalt wurde sie hineingezwängt.

Das Ende des Festes war gekommen. Der Himmelssohn wollte seine Braut holen. Er suchte das Mädchen, dem er die schwarzen Schuhe angezogen hatte. Bohnen-Kerlchen tat, als ob sie das Mädchen wäre, und trat als Braut hervor. Aber der Himmelssohn wußte wohl, welches Mädchen er selbst erwählt hatte. Er suchte nur nach Soja-Kerlchen. Am Ende kam heraus, daß die Stiefmutter Soja-Kerlchen zu betrügen versucht und Bohnen-Kerlchen als Braut vorgeschickt hatte. Das meldete der Himmelssohn beim Bezirksamt, und man verbannte die Stiefmutter an einen entlegenen Ort. Der Himmelssohn aber feierte zu guter Letzt Hochzeit mit Soja-Kerlchen.

## *28. Der große General Yi Ponggu*

In alten Tagen lebte der große General Yi Ponggu. Schon in seiner Jugend übte er sich allein, oft bis spät in die Nacht, in der Kunst der Kalligraphie. Die Tochter des vornehmen Herrn im Nachbarhaus verliebte sich in ihn, kletterte schließlich über die Mauer und schlich sich bis in sein Studierzimmer hinein. »Wo gibt es denn das, daß ein unverheiratetes

Mädchen aus vornehmem Hause einfach so in das Zimmer eines Mannes hereinkommt, mit dem sie nicht verwandt ist? Für ein Mädchen aus vornehmem Hause schickt es sich nicht, so was zu tun! Schnell, mach, daß du rauskommst! Verschwinde!« So herrschte Yi Ponggu sie an und vertrieb sie.

Doch dieses Mädchen war von dem Mann, den sie liebte und der sie so schlecht behandelte, so enttäuscht, daß sie starb. Als sie tot war, wurde sie ein Rachegeist. Immer folgte sie dem Yi Ponggu nach und störte ihn. Wenn Yi Ponggu irgend etwas unternahm, tauchte dieser Rachegeist auf und mischte sich ein, und wenn sich irgend etwas Gutes ergab und er hoffte, es könne gelingen – war der Rachegeist da und machte alles zunichte. So ein Geist, das muß man wissen, ist etwas, was andere Menschen nicht sehen können, nur den Augen des Yi Ponggu war er sichtbar.

Weil so alles, was er unternahm, danebenging und er keine Freude mehr hatte am Leben, suchte Yi Ponggu sich einen buddhistischen Tempel, wo er in ruhiger Umgebung sich eine Zeitlang völlig entspannen wollte.

Eines Tages ergab es sich, daß er zusammen mit einem Mönch aus diesem Tempel die Berge und Flüsse in der Umgebung aufsuchte. Zu diesem Berg, zu jenem Berg wanderten sie, bis sie sich auf einem Felsen oben auf einer steilen und hohen Bergspitze niedersetzten. Dort erzählten sie sich dies und das. Yi Ponggu sprach auch darüber, daß er die Liebe der Tochter aus dem vornehmen Nachbarhaus so hart zurückgewiesen habe, daß das Mädchen gestorben und ein Rachegeist geworden sei, der ihm nun immer folge und ihm bei allem, was er tue, hinderlich sei. Als er das gehört hatte, erzählte der Mönch, daß auch ihm selber wegen eines solchen Mädchen-Geistes nichts gelinge.

»Als ich noch jung war, kam ich einmal zum Betteln in ein Haus. Da war ein hübsches junges Mädchen ganz allein. Ja, ich war noch jung, so habe ich diesem Mädchen Gewalt angetan.

Das Mädchen war voller Schmerz darüber, daß so ein Drecksmönch es befleckt hatte; so starb es und wurde nach seinem Tode ein Rachegeist, der mir immer vor Augen steht und mich nur belästigt« – das erzählte der Mönch.
Als Yi Ponggu das angehört hatte, sagte er: »Ach, so einer bist du! Daß so ein Dreckskerl wie du einfach so weiterlebt, das geht nicht an!« Und er gab dem Mönch einen Tritt, daß der in die Bergschlucht hinunterstürzte und ums Leben kam.
Kaum war das geschehen, als aus der Schlucht etwas »T'ukt'ak t'ukt'ak« ertönte, so, als ob jemand geschlagen würde. Yi Ponggu blickte in die Richtung – und da kämpften zwei Rachegeister verbissen miteinander. Einer davon war der Geist, der ihm immer nachgefolgt war, den anderen kannte er nicht. Die beiden Geister kämpften – dann schrie der, der Yi Ponggu immer gefolgt war, auf und starb endgültig.
Der andere Geist, der so gekämpft hatte, trat vor Yi Ponggu. »Von nun an sollt Ihr Euren Frieden haben. Ihr müßt wissen – ich habe den Geist, der Euch so sehr gequält hat, vernichtet.« Yi Ponggu wunderte sich sehr und fragte: »Wer bist du denn, daß du mir so zur Hilfe gekommen bist?« Da sprach der Geist: »Ich bin der Geist des Mädchens, das nur gestorben ist, weil dieser Drecksmönch ihm Gewalt angetan und es mißhandelt hat. Seitdem ich gestorben und ein Geist geworden bin, habe ich mich an diesen Drecksmönch gehängt, um mich zu rächen. Aber bis heute konnte ich mein Ziel nicht erreichen. Als Ihr nun heute diesen Kerl zum Tode befördern wolltet, da hat der Geist, der Euch verfolgte, alles getan, um ihn vor dem Tode zu retten. Ich habe mit diesem anderen Geist gekämpft, damit er sein Werk nicht vollenden konnte. Jetzt ist es so gekommen, daß dieser Rachegeist nicht mehr ist. So werdet Ihr von nun an kein Pech mehr haben, und auch mein Rachedurst ist gestillt«, sagte der Geist und verschwand irgendwohin.
Yi Ponggu widerfuhr von da an nichts Schlimmes mehr, er studierte so fleißig, daß er später die Staatsprüfung bestand und es bis zum General brachte.

## 29. *Treue Freunde*

Früher einmal lebten ein Vater und sein Sohn. Der Vater ließ immer, wenn der Sohn nur seinen Reis aß, Freunde dazu kommen, damit sie vertraut miteinander würden. Drei Jahre vergingen so, und da rief eines Tages der Vater den Sohn. Er fragte ihn, mit wieviel Freunden er denn in dieser Zeit vertraut geworden sei. Als der sagte: »Ein paar tausend könnten es schon sein«, da meinte der Vater, von nun an solle er prüfen, wie viele davon wirkliche Freunde geworden seien.

In ihrem Haus nun gab es ein großes Schwein, das töteten sie, zogen ihm alle Borsten aus, steckten es in einen Sack, und den nahm der Sohn auf den Rücken.

»Also«, gebot ihm der Vater, »du gehst hinaus und zu dem Freund, den du für deinen besten hältst, und erzählst ihm, daß du dieses und jenes gemacht und dabei einen Menschen getötet hast. Ja, und du bittest ihn, dich und die Leiche zu verstecken.«

Der Sohn tat, wie ihm der Vater geheißen, ging zu seinem besten Freund und erzählte ihm die Geschichte. Doch dieser Freund weigerte sich zu helfen, weil für ihn selbst die Sache schlimm ausgehen könne, und drängte ihn, schnell zu verschwinden. Er ging dann der Reihe nach zu seinen übrigen Freunden, aber alle, alle weigerten sich. Und weil da gar nichts zu machen war, ging er, das Schwein auf dem Rücken, wieder nach Hause zurück.

Der Vater sah das und meinte, er wolle selbst auch mal seine Freunde prüfen. Er nahm die Last auf den Rücken und ging zu einem seiner Freunde. Dort sagte er nur: »Ich habe einen Menschen getötet« – da zog ihn der Freund schnell ins Haus hinein und schlug vor, man könne ja den Leichnam unter dem Zimmerboden vergraben.

Der Sohn, der das mitbekam, war sprachlos, aber der Vater sagte: »Wenn du dir schon Freunde suchst, dann richtige, keine, die nur dem Namen nach Freunde sind!«

## *30. Die krumme Großmutter*

In alten Tagen ging einmal eine krumme Großmutter an einem krummen Stock, und sie überschritt einen krummen Gebirgspaß, und da mußte sie einen krummen Haufen machen, und sie setzte sich auf einen krummen Baum, und als sie den krummen Haufen machte, da kam ein krummer Hund – und der soll den krummen Haufen gefressen haben. Aber weil die krumme Großmutter mit dem krummen Stock auf den krummen Hund einschlug, jaulte der »kruuumm, kruuumm« und lief davon. Ist das nicht zu verstehen?

## *31. Lügengeschichte*

Vor langer, langer Zeit soll einmal in irgendeinem Dorf ein Mann ohne Hals mit einer Kraxe ohne Rahmen auf dem Rücken und einem Beil ohne Stiel über der Schulter zu einem sandigen Flußufer gegangen sein, um dort einen Baumstumpf, der keine Wurzeln hatte, auszumachen.

Daß dieser Mann mit dem Beil ohne Stiel diesen Baumstumpf ausmachte, ging irgendwie daneben, er hieb sich in eine Zehe, die keinen Nagel hatte, und das weiße Blut soll nur so herausgeflossen sein. Also mußte er ganz eilig einen Arzt aufsuchen.

Doch unterwegs traf er einen buddhistischen Mönch und einen Eunuchen, die stritten sich. Der Eunuch hielt den Mönch an seinem Haarknoten fest, während der Mönch die Hoden des Eunuchen umklammert hielt, und so kämpften sie miteinander. Mit viel Mühe konnte er sie auseinanderbringen und den Streit schlichten, fand dann einen Arzt, doch der brauchte ein Messer. Er ging in die Küche, da soll aber das Messer mit einer Kalebasse in der Hand herumgelaufen sein und nach Wasser verlangt haben. Also ging er wieder zum sandigen Flußufer, und vom grünen, grünen Himmel ergoß sich ein Schauer, und als dann das Flußwasser so dahinfloß, kam obendrauf ein großes Bündel angeschwommen. Mit einer Hacke ohne Stiel holte er das Bündel aus dem Wasser, und als er es aufmachte und hineinsah, hin und her hüpfte da drinnen – eine faustdicke Lüge...

## *32. Der Furzwettbewerb*

In alter Zeit waren von den Leuten, die gut furzen konnten, aus allen acht Provinzen des Landes die aus der Kyóngsang-Provinz und die aus der Chólla-Provinz am berühmtesten. Eines Tages nun unternahm einer aus der Chólla-Provinz eine Wettkampfreise bis zur Kyóngsang-Provinz, um sich, alles in allem, als bester Furzer aller acht Provinzen zu erweisen.
Den weiten Weg ging er zu Fuß, doch als er dann das Haus des besten Furzers aus der Kyóngsang-Provinz aufsuchte, war der Hausherr gerade zum Markt gegangen, also nicht zu Hause.
Wie der aus der Chólla-Provinz sah, war das Haus des besten Furzers aus der Kyóngsang-Provinz eine Grashütte, sie hatte ein Strohdach. Sein erster Gedanke war: ›Wenn man sagt, daß hier einer ist, der kräftig einen fahren lassen kann, wird er doch nicht in so einem Haus leben! Wenn schon das Haus so schäbig ist, kann auch der Hausherr kein ernst zu nehmender Gegner sein.‹ Da war er in aller Öffentlichkeit einen so weiten Weg gekommen, und nun hatte sich die ganze Geschichte als so langweilig erwiesen. – Das waren seine Gedanken, so war die Lage. Nur so zur Übung ließ er einen fahren, und da flog das Haus des Furzers aus der Kyóngsang-Provinz davon, ohne eine Spur zu hinterlassen.
Der Furzer aus der Kyóngsang-Provinz erledigte auf dem Markt seine Angelegenheiten, und als er am Abend zu seinem Haus zurückkehren wollte, war das Haus spurlos verschwunden. Als er dann aus dem Munde der Dorfbewohner die

näheren Umstände erfuhr, wurde er sehr zornig. Um sich zu rächen, nahm der erzürnte Furzer aus der Kyóngsang-Provinz den größten und schwersten Steinmörser aus dem Dorf mit sich, legte ihn auf sein Hinterteil, und westwärts, in Richtung auf die Chólla-Provinz, ließ er kräftig einen fahren, und der mordsgroße Steinmörser flog auf, hoch bis zum Himmel, weiter als der Chiri-Berg in die Richtung nach der Chólla-Provinz.

Der Furzer von dort war nun gerade voller Triumph, aus Freude darüber, daß er sich jetzt Meister-Furzer des ganzen Landes nennen konnte. Er war gerade zurückgekommen, wollte sich eine Pfeife anzünden, als ganz überraschend von Osten, aus der Richtung der Kyóngsang-Provinz, ein Steinmörser geflogen kam und drohte, genau auf seine Stirn herunterzufallen. Blitzschnell drehte er sich um, ließ in Richtung auf den Osthimmel einen fahren – der Steinmörser, der herangeflogen war, änderte seine Richtung und, auf die Kyóngsang-Provinz zu, flog er wieder über den Fuß des Chiri-Berges zurück.

Der aus der Kyóngsang-Provinz glaubte, der andere Kerl sei endlich von dem Steinmörser erschlagen, und als er in großer Freude solche Gedanken hatte – da sah er, daß aus dem Westhimmel irgend was auf ihn zugeflogen kam. Und als er sich das dann genau betrachtete, da war das der Steinmörser, den er selbst weggeschossen hatte, der nun zurückgeflogen kam. Voller Zorn wandte er sich um, ließ wieder einen fahren. Somit flog der Steinmörser wieder am Chiri-Berg vorbei und zur Chólla-Provinz zurück. So trieben sie es, und der Steinmörser flog, von der Kraft eines Furzes getrieben, viele Male über den Chiri-Berg zwischen der Chólla- und der Kyóngsang-Provinz hin und her. Von den beiden wollte keiner sich geschlagen geben, und mit aller Kraft furzten sie abwechselnd, und so flog der Steinmörser hoch am Himmel, konnte weder irgendwo ankommen noch irgendwo niedergehen, und erst nach drei Monaten und zehn Tagen soll er auf die Erde heruntergefallen sein. Bei diesem Furzwettbewerb gab es keinen Sieg und keine Niederlage, und weil er unentschieden ausging, wurden beide zu Furzgeneralen aller acht Provinzen ernannt – wie man sich erzählt.

## *33. Die Frau und der Beutel*

In alter Zeit lebten in einem Bauernhaus ein Mann und eine Frau, und sie hatten nur einen einzigen Sohn, der unter ihrer Obhut aufwuchs. Eigentlich war die Familie wohlhabend, doch je älter man wurde, um so quälender wurde der Gedanke, daß man schnell nach einer Schwiegertochter Ausschau halten müsse.

Der Sohn war sechs Jahre alt geworden. Man suchte ein Mädchen, das schon zwanzig Jahre alt war, verheiratete die beiden und gab ihnen ein neues Zuhause. Der Schwiegervater sagte zur Schwiegertochter: »Du bist ein vernünftiges Mädchen, doch dein Mann macht mir noch Sorgen. Aber es gibt für die Menschen Mittel und Wege, schnell groß zu werden. Auch wenn du vielleicht viel Schweres mitmachen mußt, ertrage es!«

Die Braut kümmerte sich um ihren kleinen Bräutigam, sie begann gewissenhaft den Haushalt zu versorgen. Doch die üblen Kerle des ganzen Dorfes fingen an, ihr schöne Augen zu machen. Bis eines Tages der Bräutigam einmal aus dem Haus ging und die Braut das Haus allein bewachen mußte. Die schlechten Kerle bekamen gleich mit, daß jetzt eine gute Gelegenheit gekommen war. Die beste Gelegenheit sogar, meinten sie. Sie drangen in das Haus ein, und mit aller Kraft bedrängten sie das Mädchen. Sosehr sie auch schimpfte, es war das einfach etwas, was ihre Kraft überstieg. Gerade da kam der Bräutigam zurück. »Was sind das für Kerle? Kerle, die meine Frau berühren!« schrie er nur laut, und da machten sich die üblen Burschen freiwillig davon.

»Ich war allein, und da sind sie hereingekommen. Zwar habe ich geschimpft, was ich konnte, doch sie haben mich überwältigt. Bitte, bitte, sprich nicht darüber!« Sie hielt ihren kleinen Mann fest und bat ihn voller Tränen.
»Also, mach mir nur einen hübschen Beutel, also, dann werde ich den Mund halten«, das waren die Worte des kleinen Bräutigams. »Wirklich? Einen ganzen Anzug mach ich dir und ein hübsches Zopfband noch dazu, wenn du nur den Mund hältst, bitte!« Die Frau fing an diesem Tag noch an, einen Beutel zu nähen. Stoff für einen Anzug zu suchen, das war eine ganz schön schwere Angelegenheit. Den Stoff suchte sie, er wurde gefärbt, und von Tag zu Tag wurde es später. Ihr Mann, der konnte nicht abwarten und schimpfte, er rannte zu seinem Vater und erzählte ihm die Geschichte. »Was? Was? Wann ist das geschehen, hm?« Der Vater wurde bleich vor Zorn. »Also, wie ist das? Wann war es, wenn ihr das wißt, was macht ihr dann?« Der Sohn tat so, als ob ihn das alles nicht im geringsten aufregte.
Aber der Vater war nicht zu beruhigen, und so ließ er gleich die Schwiegertochter herbeirufen. »Du, du bist meine Schwiegertochter nicht! Sofort raus mit dir, raus!« Bei diesem Geschrei des Schwiegervaters konnte die Schwiegertochter nur hilflos dastehen.
Wenn es heißt, man soll gehen, dann geht man. Die Schwiegertochter fing an, Vorbereitungen für ihren Aufbruch zu treffen. Doch dann arbeitete sie an dem Beutel weiter. Ihr Mann, der das sah, freute sich, er sprang herum. »Wirklich, das wird ein hübscher Beutel!« Da sagte die Frau: »Du hast gesagt, du willst dem Vater nichts erzählen, da habe ich versprochen, dir nicht nur dies, sondern auch noch ein hübsches Kleid und ein Band zu machen. So war das, aber jetzt ist alles verdorben. Ich muß fort, aber den Beutel wenigstens will ich dir geben, bevor ich gehe. Bitte, vergiß nicht, an mich zu denken.« Bei diesen Worten seiner Frau, die sie herauspreßte, sprang er mit einem Ruck auf. »Wer hat gesagt, daß du gehen sollst? Wir können

trotz allem miteinander leben!« – »Wenn der Vater es aber so will, da ist doch wohl nichts zu machen?« – »Soll das heißen, daß du mit dem Vater zusammenlebst? Du lebst doch mit mir, nicht wahr? Bis ich sage, daß du gehen sollst, heißt das, daß du einfach hierbleibst!«

Die Frau hatte den Beutel nun ganz fertig, machte ihn an seinem Gürtel fest, dann ging der Sohn, seinen Vater zu suchen. »Seht mal den hübschen Beutel!« Der Vater wußte wohl, daß der Beutel etwas war, was durch die Geschicklichkeit seiner Schwiegertochter entstanden war. »Dieses liederliche Weibsstück! Kannst du den Beutel nicht gleich wegwerfen?« – »Wegwerfen? Er ist doch hübsch!«

Der Vater, immer noch voller Zorn, rannte schnurstracks zur Schwiegertochter. »So leichtfertig gehst du mit deinem Mann um, einem kleinen Kerl. Raus, sofort raus!«

Der Sohn stellte sich in den Weg. »Das geht nicht, bleib!« – »Du Kerl du! Du meinst also, du bist ein Mann? Dann soll das wohl heißen, es macht dir nichts aus, daß deine Frau mit einem anderen zu tun hatte?« – »Und wenn! Meine Frau ist in Ordnung, oder? Mutter hatte auch mit anderen Männern zu tun, und doch habt ihr gut miteinander gelebt!«

Der Vater wußte nun nicht mehr, was er sagen sollte. Weil nämlich das, was der Sohn da gesagt hatte, nicht der Wahrheit entsprach. Und weil er dachte, daß sein Sohn dann auch bei der anderen Geschichte gelogen haben könnte, schmolz sein Zorn dahin.

Nachdem das alles sich zugetragen hatte, versah die Schwiegertochter ihre Pflichten im Haus gut, und der Hausstand blühte auf. Auch der Sohn wuchs heran und wurde ein großartiger Gelehrter.

## 34. *Das Sieben-Berge-Meer*

Wo das Sieben-Berge-Meer ist, war ursprünglich Land, das Sieben-Berge-Dorf soll dort gelegen haben. In diesem Dorf lebte ein Alter mit Namen Só. Bei ihm kam eines Tages ein Geomant vorbei, für den sorgte er gut. Als der Geomant sich wieder verabschiedete, wollte er diese Freundlichkeit vergelten. »Ich werde dir etwas sagen. Hier in dieser Gegend wird in nicht allzu ferner Zukunft ein Meer kommen! Geh du weg von hier.« Só hörte das, er fragte, wann denn das geschehen sollte. »Wenn an dem großen Buddha dort drüben Blut am Ohr herunterfließt, dann wird das Meer kommen«, sagte er und ging. Der alte Só, so belehrt, ging von da an jeden Tag, wenn der Morgen dämmerte, nachsehen, ob aus dem Ohr des Buddha schon Blut herausgekommen wäre.

Als Só nun regelmäßig zu dem Buddha ging, fragten ihn die Leute aus der Nachbarschaft: »Warum gehst du denn so oft zu dem Buddha?« Er erklärte es ihnen: »Ein Geomant hat mir gesagt, wenn am Ohr des Buddha Blut ist – dann wird das Meer hierherkommen, deshalb sehe ich regelmäßig nach.« Die Leute aus der Nachbarschaft lachten ihn aus. »Der ist wohl verrückt geworden!«

Einer von ihnen, ein Hundemetzger, ging eines Nachts mit seinen vom Hundeschlachten blutbesudelten Händen heimlich zu dem Buddha hin und beschmierte dessen Ohren mit Blut. Am nächsten Morgen ging der alte Só wie gewöhnlich nachsehen – und als er am Ohr des Buddha Blut tropfen sah, rief er allen Leuten in der Nachbarschaft zu: »Hier wird nun bald das Meer kommen, flieht schnell!«, und er selbst stieg mit den Seinen hoch auf einen Berg. Von den Nachbarn ist niemand mitgegangen.

Als am Morgen dieses Tages die Beamten dem Bürgermeister ihre Aufwartung machten, meinte der Bürgermeister, der Tod stehe ihnen im Gesicht geschrieben. Der Bürgermeister war sicher einer, der sich gut darauf verstand, Gesichter zu lesen.

»Das ist aber seltsam! Bis gestern war alles in Ordnung, und heute seht ihr alle so aus, als ob ihr sterben solltet. Wirklich seltsam! Was hat es denn gegeben?« fragte er. »Ein Alter namens Só hat gesagt, daß hierher das Meer kommen wird, und ist auf den Berg geflüchtet. Dieser Alte hat von einem Geomant gehört, daß, wenn vom Ohr des Buddha Blut fließe, alles hier zu Meer würde. Nun hat so ein Kerl von Hundemetzger, um ihn zu foppen, das Ohr des Buddha mit Hundeblut beschmiert. Gleich hat Só gesagt, daß jetzt, wo am Ohr des Buddha Blut ist, das Meer kommt, und dann ist er mit den Seinen auf einen Berg geflüchtet« – das berichteten die Beamten.
Der Bürgermeister hörte das und sagte: »Der Alte hat recht! Wir wollen auch fliehen!«, und mit den Beamten stieg er auf den Berg.
Als der alte Só unterwegs war auf den Berg, da war ein Salzverkäufer, der saß auf seiner Salzlast und ruhte sich aus. Der Salzverkäufer fragte den Alten: »Was kommt Ihr so schnaufend hier herauf?« – »Hierher wird bald das Meer kommen, deshalb fliehe ich auf einen hochgelegenen Platz.« Der Salzverkäufer meinte: »Wenn das Meer kommt, dann wird es nicht höher steigen als bis unter diesen meinen Tragstock.«
Und dann donnerte es und, wie der Salzverkäufer gesagt hatte, stieg das Meerwasser gerade bis unter seinen Tragstock an. Aus dem Sieben-Berge-Dorf sind nur der alte Só und seine Familie, die Familien des Bürgermeisters und der Beamten, ja, und der Salzverkäufer am Leben geblieben, und alle anderen sind ertrunken. Von den Nachfahren der Familie Só, da leben noch heute viele in der Provinz Ch'ungch'óng.

## *35. Laß mein Junges frei*

In alten Tagen kam ein Mann mit Geld, das er beim Verkauf einer Kuh erlöst hatte, daher – und traf auf Räuber, die ihm nicht nur sein Geld, sondern auch sein Leben nahmen. In

seinem Dorf nun gab es einen Mann, der das Zwitschern der Vögel verstand, und einen, der nach dem Fleischgeschmack unterscheiden konnte, ob ein Tier durch eine Krankheit gestorben war oder nicht.
Diese beiden waren eines Tages gemeinsam unterwegs zum Markt, als auf einem Kieferbaum ein Rabe krächzte.
Da fragte der, der den Fleischgeschmack kannte, den Vogelstimmenkenner: »Was heißt denn das? Du verstehst doch die Vogelsprache«, und der antwortete: »Unter dem Kieferbaum da liegt Fleisch. Es ist das Fleisch eines toten Menschen.« Sie traten unter den Baum und fanden, daß da wirklich ein Mann ums Leben gekommen war.
Doch Beamte, die dummerweise gerade vorbeikamen, hielten die beiden für Räuber, die einen Menschen umgebracht hatten, nahmen sie fest und führten sie dem König vor. Die beiden sahen sich ungerecht behandelt, und sie erzählten alles, so, wie es der Wahrheit entsprach. Aber der König und die Beamten glaubten ihnen ganz und gar nicht.
Nun hatte der König unter seiner hölzernen Nackenstütze eine junge Schwalbe versteckt. Auf einmal kam die Mutterschwalbe und weinte. Der König und die Beamten sahen eine Möglichkeit, zu überprüfen, ob die beiden die Wahrheit gesagt oder aber gelogen hatten. So fragten sie: »Was bedeutet denn die Vogelstimme da?« Und der Mann, der die Vogelstimmen unterscheiden konnte, antwortete: »Laß mein Junges frei, das unter der Nackenstütze ist, laß mein Junges frei!« – und da wunderten sich der König und seine Beamten sehr, sie nickten einander zu, und die beiden wurden freigelassen.

## *36. Die Wasserschnecken-Schöne*

In alten Tagen lebte in einem Dorf ein bettelarmer Junggeselle. Er war schon älter als dreißig, aber weil er zu arm war, wollte ihm niemand seine Tochter zur Frau geben. Er lebte nur, um seinen kleinen Acker zu bebauen, wo er Tag für

Tag arbeitete. Er beklagte sein Schicksal, daß er immer nur arbeiten mußte, daß er so arm war, nichts zu beißen hatte, sich deshalb auch nicht verheiraten konnte, und so ging die Zeit dahin.

Immer seufzte er: »Da bebaue ich mein Feld, doch mit wem soll ich denn zusammen essen und leben?« Eines Tages nun war er wieder bei der Arbeit auf dem Feld und wiederholte diese Worte. Diesmal antwortete es irgendwoher mit einer Frauenstimme: »Mit mir iß! Mit mir lebe!«

Der Junggeselle hielt das für ganz eigenartig, er blickte sich nach allen Seiten um, aber nichts, was man eine menschliche Gestalt hätte nennen können, war zu sehen. Noch einmal sagte der Junggeselle: »Da bebaue ich mein Feld, doch mit wem soll ich denn zusammen essen und leben?« Und wieder: »Mit mir iß! Mit mir lebe!« war die gleiche Antwort einer Frauenstimme zu hören. Auch als er ein drittes Mal seinen Stoßseufzer wiederholte – wieder gab es diese Antwort.

Daß da, wo es keinen Menschen gab, nur eine Stimme ertönte, erschien dem Junggesellen wundersam, und er versuchte da, wo die Stimme hergekommen war, die Erde aufzugraben. Und dort kam aus der Erde seines Reisfeldes eine große Wasserschnecke hervor. Der Junggeselle nahm sie mit sich nach Hause und steckte sie in einen Wassertopf.

Am nächsten Morgen, als der Junggeselle aufstand, seltsam, da war ein Eßtisch vorbereitet mit dampfendem weißem Reis und köstlichen Beigerichten. Er wunderte sich, aber er aß den Reis und ging aufs Feld hinaus und tat dort wie immer seine Arbeit. Dann kehrte er nach Hause zurück – und da war doch auch der Abendtisch mit köstlichen Speisen vorbereitet! Der Junggeselle war überrascht über diese wunderbare Hilfe, er konnte das nicht verstehen.

Als das ein paar Tage weiterhin so ging, tat er eines Morgens nur so, als ob er aufs Feld gehen wollte, verließ das Haus, kehrte aber heimlich zurück, versteckte sich hinter einer Reisstrohgarbe und lugte von da ins Haus hinein.

Wenig später kam aus dem Wassertopf eine hübsche Jungfrau heraus, sie kochte Reis, richtete die Beikost an. Über alle Maßen schön war diese Jungfrau, ganz unvorstellbar. Als sie den Tisch fertig hatte, schlüpfte sie wieder in den Wassertopf hinein. Als der Junggeselle dann aber in diesen Topf hineinschaute, war nichts darin außer der Wasserschnecke. Er konnte es sich nicht anders erklären – die Jungfrau mußte sich in die Schnecke verwandelt haben.

Am nächsten Morgen versteckte sich der Junggeselle wieder hinter der Reisstrohgarbe und wartete, bis die Jungfrau erschien. Es dauerte nicht lange, und sie kam aus ihrem Wassertopf heraus. Der Junggeselle sprang ins Haus, faßte sie ganz fest, und er bat sie, mit ihm zusammenzuleben. Da sprach die Jungfrau: »Ich habe ursprünglich als Fee im Himmel gelebt, doch weil ich mich dem Jadekaiser gegenüber eines Vergehens schuldig gemacht habe, mußte ich hinuntergehen in die Menschenwelt. So ist es dazu gekommen, daß ich mit dir zusammengetroffen bin. Aber jetzt ist noch nicht die rechte Zeit, bitte, gedulde dich nur noch zwei Monate. Wenn du so lange wartest, dann können wir unser ganzes Leben gemeinsam verbringen. Wartest du nicht, dann werden wir irgendwann getrennt werden.«

Von einer solchen Schönheit zu lassen, noch zwei Monate zu warten, das tat ihm im Herzen weh, und so flehte er sie an: »Mich zwei Monate zu gedulden, das kann ich nicht.« So heirateten sie gleich, und die beiden waren von da an ganz glücklich.

Eines Tages wurde der Mann krank, er konnte nicht zur Arbeit aufs Feld hinausgehen, und so ging seine Frau an seiner Statt zur Feldarbeit hinaus. Gerade als sie auf dem Feld bei der Arbeit war, zog ein Beamter mit seinem Gefolge vorbei, und die Wasserschnecken-Schöne versteckte sich im Dickicht. Der Beamte kam gerade an diesem Dickicht vorbei. Er bemerkte, daß da etwas blinkte, und befahl seiner Dienerschaft, der Sache nachzugehen. Als die Diener das Gebüsch genau unter-

suchten, war da zu ihrer großen Überraschung eine wunderschöne Frau versteckt, strahlend schön.
Der Beamte nahm den Bericht seiner Diener entgegen, nun wollte er aber genau wissen, wieso da eine schöne Frau versteckt war, und er gab den Befehl, sie sofort zu ihm zu bringen. Die Diener übermittelten der Frau den Befehl ihres Herrn, sie drängten sie, schnell herauszukommen, aber die Frau gehorchte nicht. Sie zog ihre goldene Haarnadel heraus und gab sie ihnen und bat, dafür nur ja ihren Körper nicht zu berühren. Aber der Beamte war nicht einverstanden. Als nächstes zog sie ihr Jäckchen aus und gab es hin, danach sogar ihre Hose, und weil der Beamte auch damit noch nicht zufrieden war, wurde die Frau, nur noch mit einem Unterkleid angetan, vor den Beamten gezerrt und von ihm mitgenommen.
Als ihr Mann davon erfuhr, kam er wie verrückt herbeigesprungen und verlangte im Amt, daß ihm seine Frau zurückgegeben werde. Alles umsonst. Der Mann konnte den Schmerz nicht ertragen, er rammte sich einen Pfahl des Amtshauses in den Leib und tötete sich selbst.
Sein Schmerz drang bis zum Himmel, und so wurde seine Seele, die Seele eines unschuldig Gestorbenen, in einen Vogel verwandelt, und der flog morgens und abends in die Nähe des Amtshauses und weinte dort gar bitterlich.
Auch die Frau, die ihre Reinheit nicht verlieren wollte, lebte nicht mehr lange. Sie aß nichts mehr und trank nichts mehr und starb. Ihre Seele soll in einen Eichbaum eingegangen sein.
Wenn der Mann den Bitten seiner Frau nur gehorcht hätte, wenn er nur noch zwei Monate geduldig geblieben wäre – das alles wäre nicht geschehen. Nur weil er sich nicht gedulden konnte, ist es dazu gekommen, daß die beiden – wie die Frau es vorhergesehen hatte – auf so grausame Weise getrennt worden sind.

## *37. Der Tod der Elster*

In alten Tagen lebte weit, weit auf dem Lande ein vornehmer Mann mit Namen Kim Ch'amp'an. Dieser Kim Ch'amp'an hatte einen Sohn Minch'ól, den ließ er immer bei sich im Studierzimmer sitzen und chinesische Literatur studieren. Minch'ól war sehr klug, ohne daß Erwachsene ihm die chinesischen Zeichen beigebracht hätten, lernte er sie leicht.

Mit liebevollen Gedanken über seinen Sohn rief Kim Ch'amp'an eines Tages Minch'ól zu sich und gebot ihm, sich zu setzen. »Du, Minch'ól! Du bist jetzt schon fünfzehn Jahre alt geworden, hast viele Schriftzeichen gelernt – mußt du jetzt nicht in die Hauptstadt gehen und dich dort der Staatsprüfung unterziehen?«

Minch'ól saß still und hörte zu, dann entschied er sich. »Ja, ich gehe in die Hauptstadt und werde sicher bestehen, dann komme ich zurück. Macht Euch nur keine Sorgen!« sagte er. Und schon ein paar Tage später verabschiedete er sich von Vater und Mutter und machte sich auf den Weg in die Hauptstadt, um dort die Staatsprüfung abzulegen. Er konnte nicht so wie heute einen Zug oder ein Auto besteigen, so was gab es damals noch nicht. Ob es tausend Meilen oder zehntausend waren – es blieb nichts anderes übrig, als sie zu Fuß zu gehen.

Fünf Tage waren schon vergangen, seit Minch'ól das Elternhaus verlassen hatte. Er ging einen steilen Bergpfad entlang, als oben, von einem abgestorbenen Baum, plötzlich das Weinen einer Elster ertönte. Und das Weinen dieser Elster, das klang so traurig, als ob etwas ganz Schlimmes geschehe: kkaak, kkaak! Minch'ól meinte, das sei seltsam, und sah genau in die Baumkrone hinauf – die Elster war von einer riesigen Schlange umschlungen. Die Schlange wollte die Elster verschlingen, sie züngelte mit ihrer Zunge – und die Elster schrie so, als ob sie um Hilfe rufe. Minch'ól erschrak, doch dann zog er seinen Bogen heraus und schoß einen Pfeil auf die Schlange. Die Schlange blutete, sie fiel auf den Boden herunter. Da war

die Elster gerettet, sie flatterte mit den Flügeln, machte kkaak, als ob sie sich bedanken wollte, blickte sich auch nach Minch'ól um und flog irgendwohin.
Minch'ól hatte der Elster geholfen, er steckte seinen Bogen wieder ein und marschierte weiter. Er war noch nicht lange unterwegs, als es dunkel wurde, nach allen vier Himmelsrichtungen dunkel, nichts war zu sehen. Er wollte zum Schlafen irgendwohin gehen, aber gar nichts, was man ein Haus hätte nennen können, war zu sehen. Er wollte vorwärts gehen, aber der Wald wurde immer dichter, er war ganz hilflos und wußte nicht, was er denn nun machen sollte.
›Aber ich werde nicht sterben! Wenn ich nur weitergehe, gibt es vielleicht doch ein Haus!‹, so dachte er. Er hatte fast keine Kraft mehr, aber er raffte sich auf und ging immer weiter. Eine ganze Zeit war er gelaufen, und als er sich wieder umsah, war zur Rechten auf einer Bergesspitze blinkend ein Licht zu sehen. Minch'ól war glücklich, den steilen Berg kletterte er hinauf, Schweiß rann an ihm herunter, ja, und oben angekommen, fand er ein großes Kloster.
So sehr er auch rief, es blieb ganz still, alles schien zu schlafen, nur in einem Eckzimmer brannte noch ein Feuer. »Hallo! Ich bin zufällig hier vorbeigekommen, plötzlich ist es dunkel geworden und ich wußte nicht wohin, deshalb bin ich hier. Bitte, laßt mich hier schlafen, nur diese eine Nacht!« – das sagte er und wartete vor dem Zimmer, wo das Feuer brannte, bis jemand herauskäme. Da öffnete sich die Tür langsam, und ein schönes Mädchen kam heraus. »Ja, schlaft, und dann geht weiter«, sagte sie, öffnete ihm die Tür zu einem großen Zimmer und ging zurück. Minch'ól überlegte hin und her – das war doch eine eigenartige Geschichte!
›Warum ist denn in einem so großen Tempel ganz allein ein junges Mädchen? Wirklich eigenartig ist das, da kann man ja Angst bekommen!‹, so dachte er und schlief lange nicht ein. Ihm wurde immer ängstlicher zumute, als die Tür aufging und etwas hereingeschlüpft kam. Es war so, als ob jemand ihm

kaltes Wasser über den Rücken gegossen hätte; er bekam eine Gänsehaut, seine Augen wurden immer größer, er konnte einfach nicht schlafen.
Niemals hatte er eine schlimmere Nacht, aber irgendwie nickte er dann doch ein. Mit einemmal wurde es ihm schwer auf der Brust, er keuchte, riß die Augen weit auf – da hatte sich eine große, ganz fürchterlich anzusehende Schlange fest um seinen ganzen Körper geschlungen. Minch'ól verlor fast die Besinnung, er keuchte, keuchte: »Ach, was ist denn jetzt, Hilfe, Hilfe!«
»Ja, ich bin die Frau der Schlange, die du mit deinem Bogen erschossen hast. Dem, der meinem Mann so Schlimmes zugefügt, will ich es heimzahlen. Du wirst jetzt dein Leben lassen müssen!« sagte sie und schlang sich noch fester um ihn.
Als Minch'ól das hörte, war er sicher, daß er nun sterben mußte, aber er sagte doch: »Es ist zwar ganz richtig, wenn du dich am Feind deines Mannes rächen willst, aber denk doch mal nach – war nicht die Elster in einer bedauernswerten Lage? Ich sah, daß sie sterben sollte, und einfach weitergehen, das konnte ich nicht. Ich glaube nicht, daß ich Schuld auf mich geladen habe. Ich bin auf dem Weg in die Hauptstadt, um dort die Staatsprüfung abzulegen. Wenn ich einen Fehler gemacht habe, so vergib mir, bitte. Wenn ich erst die Prüfung abgelegt habe, dann mach mit mir, was du willst, aber, bitte, laß mich diesmal frei!« Schweiß tropfte, strömte, so sehr bat Minch'ól.
Als die Schlange ihn gehört hatte, ließ sie langsam von ihm ab. »Ja, dann werde ich dir vergeben, wenn du so ein Herz hast. Ich war ganz von Sinnen darüber, daß du meinen Mann getötet hast. Aber wenn ich dir jetzt vergebe, so heißt das noch nicht, daß du so einfach weggehen kannst. Morgen bei Tagesanbruch, da mußt du die Glocke oben auf der zehnstöckigen Pagode im Klosterhof dreimal anschlagen. Wenn du das nicht dreimal tust, dann kann ich dir nicht vergeben. Wenn aber die Glocke dreimal erklingt, dann werde ich als Drache zum Himmel auffliegen«, das sagte die Schlange und verschwand.

Minch'ól dachte sich: ›Da bin ich gerade noch einmal davongekommen.‹ Voller Sorgen, ob er seine Aufgabe lösen könnte, ging er auf den Klosterhof hinaus. ›Wo ist denn diese Pagode? Wie hoch hängt denn diese Glocke?‹ dachte er, als er sich im dunklen Klosterhof umsah. Und da sah er im Dunkel etwas, was hoch zum Himmel aufragte, und er meinte, das könnte vielleicht die Pagode sein. »Ja, jetzt werde ich wohl doch sterben müssen. Wem kann es denn gelingen, eine Glocke so hoch auf der Spitze anzuschlagen? Vielleicht ein Gott allein vermag das.« Minch'ól war ganz hilflos, er starrte nur oben auf die Spitze der Pagode.

Plötzlich ertönte es von der Spitze der Pagode: »Ddeng!« Minch'ól wunderte sich sehr. »Was ist das? Ist das die Glocke? Wirklich gut! Jetzt noch einmal!« sagte er – und es tönte noch einmal: »Ddeng!«

»Ach, wie schön! Noch einmal!« sagte er, und sein Herz zitterte – und wirklich, zum dritten Mal ertönte die Glocke: »Ddeng!«

Minch'ól war so glücklich, daß er hätte herumtanzen können, er ging nahe an die Pagode heran – und dort sah er eine Elster liegen mit gespaltenem Schnabel, aus dem das Blut rann. »Ach, Elster! Hast du die Glocke angeschlagen? Ich bin dir wirklich dankbar!« sagte er, nahm die Elster vom Boden auf, drückte sie an seine Brust und weinte. »Elster, damit ich nicht sterbe, ist es mit dir so gekommen!« Minch'ól weinte, und die Elster keuchte schwer. »Kkaaak, kkaaak«, machte sie noch und starb.

Minch'ól begrub die Elster neben der Pagode. Dann ging er in die Hauptstadt, bestand dort die Staatsprüfung, wurde ein hoher Beamter und hatte ein schönes Leben – und nie hat er die Elster vergessen.

## *38. Sonnenfinsternis – Mondfinsternis*

So wie es heute auf der Erde verschiedene Länder gibt, gab es auch im Himmel verschiedene Länder. Unter ihnen war ein Land, das war immer in Dunkelheit getaucht. Man nannte es deshalb das Dunkle Land. Im Dunklen Land schienen weder Sonne noch Mond, und weil man immer im Dunkeln leben mußte, gab es mehr Widerwärtigkeiten, als man aufzählen kann.

In der dunklen Mitte des Dunklen Landes lebten viele Hunde. Weil diese Hunde überaus wild waren, nannte man sie Feuerhunde. Den Herrscher des Dunklen Landes schmerzte es, daß sein Volk immer im Dunkeln leben mußte.

Er dachte darüber nach, ob es nicht einen Weg gebe, der Dunkelheit zu entkommen. Am Ende seiner Überlegungen beschloß er, eines von beiden, Sonne oder Mond, die es in der Menschenwelt gab, stehlen zu lassen. Der Herrscher des Dunklen Landes wählte unter den Feuerhunden den allerstärksten und allerschnellsten aus und gab ihm den Auftrag, die Sonne zu stehlen. Der Feuerhund spürte die Sonne auf, und bei der ersten besten Gelegenheit biß er schnell mit dem Maul fest zu.

Aber die Sonne war zu heiß, er konnte sie unmöglich im Maul festhalten und zurücklaufen, so spuckte er sie gleich wieder aus. Mehrmals versuchte er noch zuzubeißen, aber sie war zu heiß, er konnte es nicht ertragen und mußte sie wieder loslassen. Der Feuerhund berührte sie nur noch mit dem Maul, ließ sie aber gleich fallen, es war nichts zu machen. So kehrte er um und berichtete dem Herrscher, wie es ihm ergangen war.

Dem Herrscher des Dunklen Landes stieg der Zorn bis in die Haarspitzen, aber ändern konnte er es nicht. Also gab er den Befehl, diesmal den Mond zu stehlen; der ist ja nicht heiß, meinte er. Er glaubte, es sei eine leichte Sache, ihn zu stehlen,

denn sein Licht war ja schwächer, also mußte er auch weniger heiß sein als die Sonne.
Wieder ließ er den Feuerhund kommen und befahl ihm, den Mond zu stehlen. Der Feuerhund spürte den Mond auf und biß schnell hinein. Aber der Mond war sehr, sehr kalt, es war dem Feuerhund so, als ob er in einen Eisblock gebissen hätte, die Zähne schmerzten ihn vor Kälte. Er konnte es nicht ertragen. Also spuckte er den Mond wieder aus. Mehrmals versuchte er sich festzubeißen, aber es war einfach zu kalt, immer wieder ließ er den Mond fallen.
Als der Herrscher des Dunklen Landes diese Nachricht hörte, wurde er richtig zornig. Hatte er doch zweimal befohlen, die Sonne oder den Mond zu stehlen, und beides war fehlgeschlagen.
So wie früher schon gab es keine Möglichkeit, dem Dunklen Land Licht zu bringen, und noch heute soll es wie in alten Tagen in Dunkelheit getaucht sein. Und noch heute beißt der Feuerhund in die Sonne und in den Mond. Und jedesmal, wenn der Feuerhund in die Sonne beißt, gibt es auf der Erde eine Sonnenfinsternis, und jedesmal, wenn der Feuerhund in den Mond beißt, eine Mondfinsternis.

## *39. Die Siebengestirne*

In alten Tagen gab es in einer reichen Familie nur einen einzigen Sohn. Die Eltern lebten gut, und weil sie außer diesem einen Sohn keine Kinder hatten, zogen sie ihn so wohlbehütet auf, wie sonst wohl nur jemand von königlicher Herkunft aufgezogen wird.
Aber es gibt eine alte Redensart, daß das Leben eines einzigen Sohnes aus reichem Hause nur kurz ist, und so hatte es den Anschein, als ob auch der Sohn dieses Hauses nur ein kurzes Leben haben sollte.
Eines Tages kam ein alter Mönch vorbei, der sah den kleinen

Sohn dieses Hauses nur kurze Zeit vor der Tür spielen; mitleidig schnalzte er mit der Zunge und sprach zu sich selbst: »Auch das Gesicht sieht ganz klug aus. Es ist wirklich zu schade, er wird nicht lange leben.«
Das hörte die Mutter, die gerade danebenstand. Wie der alte Mönch das sagte, spitzte sie die Ohren.
»Ehrwürden, was war das, was Ihr da eben gesagt habt?« Der alte Mönch antwortete auf ihre Frage: »Wenn ich das Kind so betrachte – es wird nicht lange leben. Es scheint mir, es wird nicht älter werden können als neunzehn Jahre.« Die Mutter des Knaben erschrak, zweimal, dreimal warf sie sich auf den Boden. »Ehrwürden, wo Ihr doch das Schicksal der Menschen kennt, vielleicht wißt Ihr auch einen Weg, wie Ihr unser Kind retten könnt? Unser Kind ist in der fünften Generation der einzige Sohn, bitte, bitte, mit Eurer ehrwürdigen Gnade, helft, daß meine Familie nicht ausstirbt!«, so bat sie ihn.
Aber der alte Mönch mußte so etwas verweigern. »Ich vermag zwar zu erkennen, ob die Lebensdauer kurz oder lang ist, ich habe aber keine Macht, selbst in das Schicksal eines Menschen einzugreifen.«
Gerade da kam der Vater des Knaben, der irgendwohin weggegangen war, zurück, und er hörte das, und nun baten die Eltern beide, unter Tränen flehten sie: »Wir beiden alten Leute haben noch immer nur dies eine Kind. Bitte, bitte, habt Mitleid mit uns armen Eltern, Ehrwürden! Rettet unser Kind!« – so versuchten die beiden wieder und wieder ihn zu erweichen.
Der alte Mönch hörte sich das Flehen der beiden Alten mitleidsvoll an, schließlich sagte er: »Dann versucht es einmal so zu machen, wie ich euch sagen werde. Zwar ist das Schicksal etwas, wovon man nie genau weiß, wie es werden wird, aber versucht einmal, morgen bei Tag auf die Spitze des Südberges zu gehen. Dort werden dann wohl zwei alte Weise Paduk spielen. Vor denen werft euch auf den Boden und bittet sie, euch zu helfen. Ob es dann einen Weg geben wird, das weiß ich nicht« – und dann verschwand der alte Mönch.

Am nächsten Tag kletterten die Mutter und der Vater des Knaben auf die Spitze des Südberges – und wirklich, dort saßen zwei alte Weise und spielten Paduk. Die Eltern warfen sich auf den Boden. »Bitte, bitte, rettet unseren Sohn!« baten sie.

Das Gesicht des einen alten Weisen war sehr schön anzusehen, das Gesicht des anderen war überaus häßlich. Und der Weise mit dem hübschen Gesicht schenkte ihrem Flehen sein Ohr, während der andere Weise, der das häßliche Gesicht hatte, so tat, als ob er nichts hören könnte; er spielte nur einfach weiter Paduk. Lange Zeit spielten sie, bis dann der Weise mit dem hübschen Gesicht ganz mitleidig die alten Eltern ansah, dann sprach er zu dem mit dem häßlichen Gesicht: »Du, die beiden alten Leutchen sind doch wirklich so bedauernswert, unternimm doch was, um den Sohn dieser Leute zu retten!« Der häßliche Weise schüttelte den Kopf. »Ich kann nichts machen«, lehnte er ab.

Die beiden Weisen gerieten sich in die Haare, eine Zeitlang stritten sie hin und her, bis sie auf das Bitten des Weisen mit dem hübschen Gesicht ihren Streit beilegten und übereinkamen, den einzigen Sohn des alten Ehepaares zu retten. Der Weise mit dem hübschen Gesicht, das war der Herr Siebengestirn des Südhimmels, und der mit dem häßlichen Gesicht der Herr des nördlichen Siebengestirns. Der Herr des nördlichen Siebengestirns holte aus seiner Jacke die Liste mit den Namen der Menschen hervor und verbesserte das festgesetzte Lebensalter des Sohnes auf neunundneunzig Jahre. Das alte Ehepaar bedankte sich mit hundertfacher Verbeugung, dann gingen sie nach Hause zurück, und sie haben noch lange glücklich gelebt.

Ja, und daß nach dem Glauben unseres Landes die Leute, wenn ihr Kind nur kurze Zeit zu leben hat, den Herren des Siebengestirns Opfer darbringen – das hat seinen Ursprung in dieser Geschichte.

## *40. Das Eselsei*

Irgendwo auf dem Lande lebte ein Bauer, der war ein ehrlicher und tugendhafter Mensch, aber es gab nichts, worüber er richtig Bescheid wußte, und so war es nicht selten, daß er für andere Grund zum Lachen bot.

Eines Tages packte ihm seine Frau einen Ballen weißes Baumwolltuch ein und sagte: »Das nehmt mit und verkauft es auf dem Markt, und dann kauft für den Erlös irgendwas, wenn es nur nützlich ist, und bringt es mit nach Hause.« Der Bauer nahm das Baumwolltuch entgegen und verließ das Haus, seinen Mantel, der bis zum Schienbein reichte, hatte er, so zerknittert, wie er war, angezogen, seinen völlig verbeulten Roßhaarhut auf den Kopf gesetzt, die kurze Tabakspfeife mit Tabakskrümeln ganz fest gestopft und am Feuer des Beckens angezündet – so machte er sich keuchend und schnaufend zum Markt auf.

Mit dem Baumwolltuch unter dem Arm lief er dort immer und immer wieder im Kreis herum, jeden einzelnen Laden guckte er sich an, dies nahm er in die Hand, jenes betastete er, und wenn der Ladenbesitzer schimpfte: »Was macht Ihr denn da?«, dann zog er sich mit rotem Kopf zurück. Als es dann Abend wurde, da war auch das Baumwolltuch, das er mitgebracht hatte, verkauft, und er sah sich nun um, was er denn zum Mitnehmen kaufen sollte; so kam er schließlich an einem Laden vorbei, wo Wassermelonen verkauft wurden.

Die sorgfältig aufgestapelten Wassermelonen fielen ihm ins Auge – das war etwas, was er in seinem ganzen Leben noch nicht gesehen hatte. »He, was ist denn das?« fragte der Bauer. Der Melonenhändler dachte sich: ›Guck dir doch den dummen Kerl an! Sieht so aus, als ob er zum ersten Mal in seinem Leben Melonen zu sehen bekommt. Wollen wir doch mal versuchen, ob wir den hereinlegen können!‹ Und er antwortete ihm: »Das, das sind Eselseier.«

Der Bauer, der so was wirklich zum ersten Mal sah, fragte

weiter: »Ja, und wie brütet man die aus?« Der Melonenverkäufer hatte seinen Spaß daran und schlug vor: »Wenn du das Ei am wärmsten Platz im Haus nur dreißig Tage mit einer Bettdecke zudeckst, dann wird es ganz von selbst ausgebrütet.« Der Bauer war ganz besessen von dem Gedanken, er könne so leicht einen Esel bekommen, und fragte: »Wieviel kostet denn da eins?« Der Melonenverkäufer antwortete: »Wenn du es gleich kaufen willst, gebe ich es dir billiger, statt für fünf Nyang für ein Nyang weniger. Willst du eins mitnehmen und ausbrüten? Das ist doch wirklich billiger, als einen Esel zu kaufen!«

Der Bauer glaubte dem Verkäufer aufs Wort, und unter den Eselseiern suchte er sich das beste aus, kaufte es und machte sich auf den Weg nach Hause.

Seine Frau hatte schon auf seine Rückkehr gewartet, und als er hereinkam und wirklich etwas mitgebracht hatte, nahm sie es voller Freude entgegen. »Was ist das?« fragte sie. Der Bauer erzählte ihr: »Das ist ein Eselsei. Wenn du das auf den wärmsten Platz im Haus legst und mit einer Bettdecke zudeckst, soll nach dreißig Tagen der Esel ausschlüpfen. Schnell, bring es zum besten Platz, deck es gut zu, ja, und heiz ein bißchen besser ein!« Die Frau folgte ihm aufs Wort, sie machte alles genauso, wie er ihr gesagt hatte.

Die dreißig Tage waren um, die Frau wollte wissen, wie die Sache geworden war, hob die Bettdecke hoch, um nachzusehen – die Wassermelone war verfault, ihr stinkiges Inneres war wie ein Schlag auf die Nase. Sie rief ihren Mann. »Von einem Esel kann gar keine Rede sein! Ich kann den Gestank nicht aushalten, schnell, wirf das weg!« drängte sie ihn.

Der Bauer konnte gar nichts anderes machen, als alles hinauszutragen, er brummte vor sich hin: »Wir haben es doch so gemacht, wie er gesagt hat. Wieso ist das Ei da verfault? Es ist wirklich zu schade ...« – und warf es auf dem Berg hinter dem Dorf, zack, ins Gebüsch.

Gerade zu dieser Zeit war das Wetter ziemlich heiß, und

deshalb lief ein junger Esel vom Dorf auf der anderen Seite des Berges auf der Weide herum, riß Gras ab und fraß es, und um der Hitze zu entgehen, hatte er sich gerade in diesem Gebüsch hingelegt. Als die verfaulte Wassermelone angeflogen kam, schreckte er auf und rannte davon.

Der Bauer sah das. »Ei! Tatsächlich, es ist ein Esel geworden!«, und so, als ginge es um sein Leben, nahm er die Verfolgung auf. Der Esel, so gejagt, lief hin und her, und schließlich sprang er in ein Nachbarhaus hinein. Der Bauer sprang hinterdrein, aber als der Hausherr den Bauern sah, schalt er: »Was soll denn das, einfach so in anderer Leute Haus einzudringen!« Der Bauer fühlte sich beschämt. »Nein, nein! So ist es nicht, es ist nur, weil ... Jetzt ist das Eselsei ausgebrütet, der junge Esel sprang in Euer Haus, und da mußte ich doch hinterdreinspringen!« Die Leute im Haus bogen sich vor Lachen. »Ein Eselsei? Wo gibt's denn das? Der Mensch ist verrückt!«, und sie jagten den Esel hinaus.

Der Bauer fing den Esel, nahm ihn mit nach Hause, gab vor seiner Frau mächtig an damit und band ihn fest. Als die Sonne unterging, da fand es der wirkliche Besitzer des Esels doch seltsam, daß der noch nicht zurückgekommen war, er suchte überall nach seinem Tier. Dabei kam er auch ins Dorf auf der anderen Seite des Berges und hörte dort die Stimme seines Esels! Er trat in das Haus ein – und fand dort tatsächlich seinen Esel angebunden. Er fragte den Bauern: »Wieso hast du denn meinen Esel mitgenommen und hier festgebunden?«

Der Bauer antwortete: »Was ist denn das für ein dummes Gerede? Ich bin vor dreißig Tagen auf den Markt gegangen, habe ein Eselsei gekauft – und der ist herausgeschlüpft! Wie kannst du denn einfach behaupten, daß der dein Esel ist?«

Dem richtigen Eselsbesitzer blieb die Luft weg, er dachte bei sich: ›Der Kerl ist wohl verrückt, ein vernünftiger Mensch ist der kaum.‹ Weil er ihn für diesmal nicht von den Tatsachen überzeugen konnte, rief er am nächsten Tag viele Leute aus seinem Dorf zusammen und brachte sie mit. Die konnten die

Umstände ganz klarmachen, und er hat seinen Esel mit knapper Not zurückbekommen.

## *41. Der Salzverkäufer*

In alten Tagen gab es einmal einen Salzverkäufer, der schleppte jeden Tag seine Salzlast auf dem Rücken. Einmal war er in den Bergen unterwegs. Die Sonne ging unter, er mußte in einem einsam gelegenen Haus einkehren und dort die Nacht verbringen.

Der Hausherr bereitete das Abendessen zu, den Reis kochte er mit Menschenfleisch, und mit Menschenblut kochte er die Suppe und brachte das dem Gast. Der Salzverkäufer nun, er tat nur so, als ob er äße, und goß alles unter seinen Sitzplatz. Später am Abend, da bat ihn der Hausherr inständig, doch schlafen zu gehen, aber der Salzverkäufer konnte nicht in den Schlaf finden, und so tat er nur so, als ob er schliefe, in Wirklichkeit beobachtete er ganz genau, was der Hausherr machte.

Später, in tiefer Nacht, sah er sich die Sache genau an – da hatte sich der Hausherr verwandelt, er war ein großer Fuchs geworden, seinen langen Schwanz streckte er aus und war tief im Schlaf versunken.

›Da ist ja was Schlimmes geschehen, ich bin in das Haus eines Fuchses geraten, nun werde ich wohl, ohne was machen zu können, sterben müssen‹, dachte er und bekam eine Gänsehaut am ganzen Körper. Doch der Salzverkäufer konnte gut Trompete blasen, und um sich zu vergnügen, trug er immer seine Trompete bei sich, und er hatte auch Becken und Gong dabei. Der Salzverkäufer wußte – entweder der Fuchs muß sterben oder ich selbst. Also machte er das Becken am Schwanz des Fuchses fest und auf seinem Rücken zwei Gongs, ganz fest, und dann verschloß er die Tür, nahm seine Trompete mit sich, versteckte sich im Garten hinter dem Haus und fing an, seine Trompete zu blasen.

Der Fuchs konnte nicht mehr länger schlafen, er wachte auf, lief im Zimmer hin und her, und dabei machten Becken und Gong einen fürchterlichen Lärm: »kwäng kwäng, tschal tschal, kwäng kwäng, tschal tschal«, und es nahm kein Ende. Weil er Angst hatte vor diesem Lärm, ihn nicht mehr länger anhören konnte, hüpfte und sprang er nur noch mehr herum, und je mehr er hüpfte und sprang, um so schlimmer wurde der Blechlärm.

So wie wilde Bestien schon immer Angst vor Blechlärm haben, hatte auch dieser Fuchs Angst davor, er konnte es nicht lange ertragen, hin und her, rundherum wandte er sich, geriet ganz von Sinnen, brach zusammen und starb. Der Salzverkäufer aber kam doch noch lebendig nach Hause zurück.

## *42. Das Grab des Kaejoji*

In alten Tagen gab es im Haus der Familie Ha aus Mup'ung einen Diener mit Namen Kaejoji. Obwohl er nur ein Diener war, sah er gut aus und war kräftig dazu. In Yóngdong hatte er eine zweite Frau; wenn es Nacht wurde, lief er dorthin und schlief dort, wenn es morgens dämmerte, lief er wieder nach Mup'ung zurück.

Einmal ist er schon nachts zurückgekommen. Gerade als er über den Ch'ónman-Hügel ging, mußte er seine Notdurft verrichten, und als er sich dazu hingehockt hatte, kam von hinten ein großer Tiger und setzte sich auch hin. Ganz sacht faßte Kaejoji mit seiner Hand nach hinten, griff sich den Schwanz des Tigers und, hui, schleuderte er den Tiger an seinem Schwanz in die Luft. Da blieb in seiner Hand nichts übrig als der Schwanz des Tigers, der Körper war irgendwohin geflogen und verschwunden. Ins Dorf zurückgekommen, erzählte er, was ihm widerfahren. Die Leute aus dem Dorf liefen zum Hügel hin – der Tiger war weit, weit von dem Ort entfernt, wo Kaejoji seine Notdurft verrichtet hatte, hingefallen und gestorben. Kaejoji war so kräftig wie ein Riese!

Obwohl er stark war wie ein Riese, seinem Herrn gegenüber hat er seine Kraft niemals ausgespielt. Auch sonst hat er niemandem Gewalt angetan, so treu war er.
Wenn man in alten Tagen nach Muju und weiter in die Kyóngsang-Provinz gehen wollte, da gab es keinen anderen Weg als über Mup'ung. Deshalb sind viele Beamte dort vorbeigekommen, und diese Beamten sind hoch zu Roß dort hindurchgeritten – das hat Kaejoji überhaupt nicht gefallen. ›Wie kann man durch ein Dorf wie das, wo mein Herr lebt, einfach so durchreiten?‹ – so dachte sich Kaejoji, und wenn so ein Beamter mit seinem Gefolge vorbeikam, hat er üble Dinge angestellt. Das tat er öfter, so daß die Beamten, die er so belästigte, dem Herrn Ha einen Brief schrieben und ihn aufforderten, etwas zu unternehmen, damit sein Diener so was nicht mehr tun könne. Viele, viele solche Briefe sind gekommen, aber der Herr konnte gar nichts machen, als Kaejoji immer wieder zu sich zu rufen und ihn aufzufordern, das doch zu unterlassen.
Doch Kaejoji hat nie darauf gehört. Wie zuvor hat er sich einen Spaß daraus gemacht, wenn ein Beamter mit seinem Gefolge vorbeikam, sie zu belästigen. Deshalb konnte sein Herr vielen Freunden nicht mehr unter die Augen kommen, und schließlich sind die Freundschaftsbande zerrissen.
Der Herr wollte nun Kaejoji töten, aber weil der so ein kräftiger Kerl war, fürchtete er, selbst totgeschlagen zu werden, wenn er das nicht ganz geschickt anstellte. So ließ er eines Tages den Diener sich mit berauschendem Wein voll und ganz betrinken, und als er dann in seinem Rausch eingeschlafen war, ließ er ihn von den drei stärksten Dienern fesseln. Kaejoji erwachte dabei. »Was soll denn das?« fragte er. Der Herr sagte: »Ich hab dir oft genug gesagt, du sollst meine Freunde nicht belästigen, aber du wolltest nicht hören. Deshalb mußt du sterben!« Kaejoji sagte: »Das alles ist gar nicht nötig – wenn Ihr sagt, ich soll sterben, dann werde ich sterben. Ihr könnt mich noch so sehr binden und schlagen, dadurch werde ich

nicht ums Leben kommen. In meinen Achselhöhlen, da gibt es Flügel, und unter den Flügeln, wenn Ihr da was Spitzes hineinbohrt, dann werde ich sterben.«
Der Herr ließ die Diener in den Achselhöhlen von Kaejoji nachsehen – und wirklich, da gab es kleine Flügel. Und als sie unter diesen Flügeln hineinstachen – da war Kaejoji tot. Den Körper des Kaejoji hat man drüben auf dem Berg begraben, und das Grab dort, das ist das Grab des Kaejoji. Auch wenn man heute noch dorthin geht, findet man immer noch das Grab des Kaejoji.

## *43. Vom Vogel, dessen Schwanz fünf Fuß lang und dessen Eier fünf Fuß groß waren*

In alten Tagen lebten in einem Bauernhaus Großeltern, Eltern und drei Töchter zusammen. Eines Tages ging der Großvater zum Holzmachen in die Berge, die Großmutter zum Wasserholen, der Vater zur Feldarbeit, und die Mutter ist zum Waschplatz gegangen.
Plötzlich ist ein Vogel geflogen gekommen, dessen Schwanz fünf Fuß lang und dessen Eier fünf Fuß groß waren, und der setzte sich vor die drei Schwestern, die miteinander spielten. Der Vogel fing an zu fragen: »Wo ist der Großvater hingegangen?« – »Holz machen.« – »Die Großmutter?« – »Wasser holen.« – »Der Vater?« – »Aufs Feld.« – »Die Mutter?« – »Ist zum Waschplatz gegangen.«
Das alles fragte er und dann: »Ganz gleich, ob es der Großvater oder die Großmutter oder die anderen sind, wenn sie zurückkommen, werde ich sie fangen!« sagte er und flog davon.
Als die drei Schwestern das hörten, fingen sie bitterlich zu weinen an. Wenig später kam der Großvater zurück. »Warum heult ihr denn?« – »Wir heulen, weil ein Vogel da war mit fünf Fuß langem Schwanz und fünf Fuß großen Eiern, und der hat gesagt, daß er unseren Großvater fangen will.« – »Keine

Angst, der Kerl von Vogel soll nur kommen. Mit meiner Tabakspfeife werde ich ihm den Schädel einschlagen!«
Die drei Mädchen hörten auf zu heulen. Da kam der Vogel geflogen. »Was willst du hier?« fragte der Großvater ganz harmlos. »Ich bin nur so vorbeigekommen«, tat der Vogel auch ganz harmlos. »Komm doch rein!« – »Nein, ich muß gleich zurückfliegen«, er tat, als ob er nur sprechen wollte, doch schon hatte er sich den Großvater gekrallt. Der Großvater schlug ihm die Tabakspfeife auf den Kopf, der Vogel schwankte. Großvater meinte: »So ist es richtig«, und wollte den Vogel fangen, aber der riß ihn plötzlich fest an sich und flog mit ihm davon.
Die drei Schwestern waren zu Tode erschrocken. Sie heulten wieder. Wenig später kam der Vater zurück. »Warum heult ihr denn?« fragte er. Sie erzählten ihm genau, was geschehen war. »So was! Aber macht euch keine Sorgen, wenn er diesmal wiederkommt, kriegt er eins mit dem Knüppel drauf.«
Da kam der Vogel wieder. Wie schon beim Großvater sprach er ein paar Worte, dann sprang er den Vater an. Der Vater schlug mit dem Knüppel, den er eingesteckt hatte, auf den Vogel los. Der Vogel schwankte, aber der Vater paßte nicht so gut auf, und da riß ihn der Vogel fest an sich und flog mit ihm davon.
Die Schwestern fingen wieder zu heulen an. Die Großmutter kam zurück. »Keine Sorgen! Beim Reiskochen mach ich den Feuerhaken richtig heiß, damit können wir den Vogel fangen.«
Der Vogel kam geflogen, gleich sprang er die Großmutter an. Die schlug mit dem heißen Feuerhaken nach ihm, aber trotzdem flog der Vogel mit der Großmutter davon.
Die Mutter kam zurück. Auch sie sagte: »Keine Sorge!« – aber sie wurde genauso vom Vogel mitgenommen.
Nun konnten die Töchter nur jeden Tag heulen, sie wußten nicht, wie sie alles zum Guten wenden konnten. Aber man kann nicht immer heulen. Die älteste Schwester schlug vor:

»Wir wollen das Nest des Vogels suchen und ihm die Sache heimzahlen!« Und sie machten sich auf den Weg.
Sie liefen einfach ins Blaue, wohin, das war ihnen völlig schleierhaft. Am ersten Tag waren sie schon sehr müde, irgendwo in den Bergen fielen sie hin und weinten. Da erschien ein Alter mit weißem Haar. »Was heult ihr denn so?« Die drei erzählten, was sich bis dahin ereignet hatte. »Dieser Vogel lebt dort hoch oben am Götterberg, in einer Höhle unter einem zehntausend Jahre alten Maulbeerbaum.«
Nur das sagte er, und schon war er wieder verschwunden, der Alte. Die drei Schwestern faßten neuen Mut und suchten nach dem so beschriebenen Ort. Es war nicht schwer, den zehntausendjährigen Maulbeerbaum zu finden. Sie gingen in die Höhle hinein. Der Vogel war nicht zu sehen, nur das, was ein Vogel so zum Leben braucht, lag schmutzig überall herum. Sie wollten warten, bis der Vogel wieder zurückkam. Sie verwandelten sich in Fliegen und versteckten sich unter der Decke.
Wenig später kam der Vogel zurück – nein – ein Vogelpärchen. »Wieder ein Tag, an dem wir uns vergeblich abgemüht haben«, sagte das Männchen. »Mein Lieber, aus welchem Topf möchtest du heute essen?« fragte das Weibchen. »Aus dem obersten, wo wir den Vater und den Sohn zusammen haben verfaulen lassen.« Die beiden holten das Eingelegte aus dem Topf heraus und verzehrten es. Nachdem sie fertig waren, sagte sie: »Das Eisenzimmer ist wohl zu kalt, wir müssen im Holzzimmer schlafen« – und sie gingen zu Bett.
Das, was sie Zimmer nannten, war ein großer Holzkessel. Die drei Schwestern dachten: ›Da ergibt sich eine gute Gelegenheit!‹
Die älteste und die zweite Schwester hielten den Deckel auf dem Kessel fest, während die jüngste darunter Feuer machte. Im Kessel wurde es den Vögeln heiß, sie führten sich wie verrückt darin auf. Aber bald wurden sie ruhig. Die drei Schwestern gingen in die Höhle hinein. Dort fanden sie Töpfe,

in denen etwas eingelegt war. Drei Töpfe waren es, um genau zu sein. Einer davon war leer, in einem waren nur Knochen – und im letzten, da war das Fleisch noch nicht verfault. Sie sahen genau hinein, und da sahen sie die Augen ihrer Mutter. Deshalb meinten sie, daß das andere der Großvater, die Großmutter und der Vater waren – und alle zusammen haben sie dann begraben.

## *44. Fasan, Taube und Elster*

Irgendwo in den Bergen lebten ein Fasan, eine Taube und eine Elster friedlich zusammen. Ein schlechtes Jahr traf sie schwer, sie hatten nichts mehr zu essen, nichts war zu finden. Sie beratschlagten miteinander und beschlossen, die Mäuse aufzusuchen.

Zuerst ging der Fasan fort, um sie zu besuchen. Doch der Fasan hatte die Mäuse immer verachtet. Nach seiner Gewohnheit sprach er nicht besonders höflich mit ihnen: »He, ihr! Seid ihr noch nicht Katzenfutter geworden? Jetzt ist der Fasan gekommen, gebt was zu essen raus!«

Ein Mäusemädchen, das gerade in der Küche aufs Feuer aufpaßte, wurde ärgerlich. Also rannte sie hinaus, und mit der ganz schön heißen Feuerzange schlug sie dem Fasan auf die Backen.

»Kommen und von anderen was zu essen verlangen und dann so reden – ist das eine Art? Selbst wenn ich was zum Wegwerfen hätte – für dich habe ich nichts!«

Der Fasan fühlte seine Backen an, wo er eins draufbekommen hatte, schmachvoll mußte er das Feld räumen. Was noch heute auf der Backe des Fasans rot ist, das ist nichts anderes als die Narbe von damals, als er von der Maus geschlagen wurde.

Als zweite ging die Taube, die Mäuse aufzusuchen. Aber auch die Taube dachte genauso schlecht über die Mäuse. »Ihr Mäusegesindel! Ihr habt doch Reis zusammengestohlen! Ich

bin gekommen, ein wenig davon abzubekommen, gebt was her!« schrie die Taube.
Das Mäusemädchen wurde wieder ganz schön ärgerlich, mit der Feuerzange schlug sie der Taube fest auf den Kopf. Was heute am Kopf der Taube blau ist, das ist der blaue Fleck von diesem Schlag damals, der ist nicht mehr weggegangen.
Als dritte sollte die Elster gehen. Sie dachte darüber nach, wie es denn zu machen sei, um nicht etwas wie der Fasan und die Taube abzubekommen. Vor der Tür zum Mäusehaus zog die Elster den Kopf ein und bat ganz unterwürfig: »Hallo! Eure Exzellenz, Herr Mäuserich! Dieses Jahr ist ein schlechtes Jahr, der Mühsale sind nicht wenige. Wenn Ihr etwas zu essen habt, könnt Ihr nicht vielleicht ein wenig abgeben davon?« Aus dem Haus kam eine Maus heraus. »Es ist zwar nicht so, daß wir nichts geben könnten, aber man sagt, du lebst mit dem Fasan und der Taube zusammen, dann gibt es nichts!« – »Aber was sagt Ihr denn da?« unterbrach sie die Elster. »Von so jemand habe ich noch nie gehört!«
»Wenn das so ist, dann komm rein!« sprach die Maus zufrieden und gab der Elster was zu essen heraus. Nicht nur das, das Mäusemädchen lachte. »Du siehst nicht nur gut aus, deine Art zu sprechen ist auch ganz süß!«

## *45. Feueraufpasser*

In alter Zeit lebte eine Witwe mit ihrem einzigen Sohn zusammen in völliger Armut. Dem Alter nach war der Sohn wirklich so weit, daß man ihn verheiraten mußte. Also suchte sie hier und da und dort Heiratsvermittler auf, aber sowie sie davon sprach, daß es um den Sohn einer Witwe ohne Geld ging, schenkte ihr niemand auch nur die geringste Aufmerksamkeit.
Die Mutter machte sich ernsthaft Sorgen. Der Sohn konnte das nicht mit ansehen, und so sprach er eines Tages zu ihr:

»Mutter, mach mir bitte nur einen seidenen Mantel, ich will irgendwie mit eigener Kraft versuchen, ein Mädchen zu finden.«
Die Mutter erschrak, und gleich fragte sie: »Was sagst du da?« – »Kann ich denn nicht selbst ein Mädchen suchen?« – »Dummes Gerede!« meinte sie und schüttelte den Kopf. Aber der Sohn war starrköpfig, er blieb dabei. Für die Witwe überstieg es ihre Kräfte, ihn umzustimmen. »Mach es, wie du willst!«, und sie nähte ihm einen seidenen Mantel.
Und sogleich machte der Sohn sich auf, trieb sich hier und dort, kurz – überall – herum. Den seidenen Mantel hatte er sorgfältig in ein Einschlagtuch gepackt und trug statt dessen schäbige Kleider. Ohne sich weiter um ein Ziel zu kümmern, führten ihn seine Schritte in ein Gasthaus. Seinem Äußeren nach hätte das durchaus ein Haus sein können, in dem es eine Tochter gab. Er suchte den Hausherrn auf, und wegen seiner Notlage – er wußte ja wirklich nicht wohin – bat er ihn darum, wenigstens auf das Feuer aufpassen zu dürfen, wenn es gar nichts anderes zu tun gebe. Von da an nannte man ihn nur »Feueraufpasser«.
In diesem Haus gab es drei Töchter. Eines Tages kämmte die älteste ihr Haar, als Feueraufpasser den Kopf hereinsteckte. »Mädchen, leiht mir doch bitte Euren Kamm ein wenig. Ich konnte mich so lange Zeit nicht mehr kämmen«, aber die älteste Tochter schneuzte sich laut die Nase und sagte: »Ein Kerl wie du und kämmen, was soll denn das?« und schlug die Tür zu.
Er suchte die zweite Tochter. Da geschah genau das gleiche. Er suchte dann auch noch die dritte Tochter, und das Mädchen gab ihm, kaum zu glauben, seinen Kamm.
An diesem Tag ging die ganze Familie hinaus, um einen Ausflug an die frische Luft zu machen. Allein mußte er zu Hause zurückbleiben, und da zog Feueraufpasser seine alten Kleider aus und dafür seinen Mantel ganz sorgfältig an. Nun war sein Aussehen das eines jungen Herrn aus vornehmem Hause. Er hatte Spaß daran, in der Nähe seiner Herrschaft rund und rund

im Kreis herumzulaufen, und er sah ganz anders aus als damals, als er zum ersten Mal in das Haus seines Herrn gekommen war.

Die anderen der Familie schöpften keinen Verdacht, nur die jüngste Tochter nickte ihm mit dem Kopf zu. Und zwar deshalb, weil das vielleicht ein junger Herr aus vornehmem Haus sein könnte, der sich da im Freien vergnügte, ja, und weil er wie Feueraufpasser aussah. Aber sie ließ sich sonst nichts anmerken.

Dann, ein anderes Mal, gab es in der Nähe im Haus von Verwandten eine Hochzeit, und die ganze Familie verließ das Haus. Feueraufpasser zog das weiße Pferd seines Herrn heraus, malte es mit Tusche schwarz an, und so bekam er ein schwarzes Pferd. Und dann machte er sich mit seinem Mantel hübsch.

Wenig später kam in das Haus, wo man das Fest feierte, ein vornehmer Herr, und allgemeines Gerede begann. Eine gut gewachsene Gestalt, mit einem seidenen Mantel angetan – der Feueraufpasser hatte ganz das Aussehen eines Adligen, zumal er ja noch ein Pferd bei sich hatte. Die Töchter seines Hausherrn, die dort den Gästen aufwarteten, stritten sich miteinander, jede wollte dem Gast seinen Eßtisch bringen. Sie hatten nicht die geringste Ahnung, daß das der Feueraufpasser aus ihrem Hause war. Die jüngste Tochter aber hieß den vornehmen Herrn willkommen und bediente ihn, die beiden älteren Schwestern kochten vor Zorn.

Der Gast brach schon bald wieder auf – es blieb ihm ja auch nichts anderes übrig. Kaum war er zurück, so mußte er seinen Mantel ausziehen, vom Pferd die schwarze Farbe wieder abwaschen und es in ein weißes Pferd zurückverwandeln – deshalb seine Eile.

Wieder einmal wollte Feueraufpasser von der jüngsten Tochter den Kamm ausleihen. Sie war freundlich zu ihm wie nie zuvor. Er tat aber so, als ob er überhaupt von nichts etwas wüßte. Dann sagte die jüngste Tochter zu ihren Eltern: »Mir scheint es fast, der junge Edelmann, der neulich zur Hochzeit gekommen ist, war unser Feueraufpasser« – die Eltern lachten sie aus und meinten, sie solle doch solch dummes Gerede lassen.

Auch an diesem Tag kam Feueraufpasser, um den Kamm auszuleihen. Die jüngste Tochter rief ihn in ihr Zimmer. »He, ich habe Euch was zu fragen. Seid Ihr nicht vielleicht vor ein paar Tagen zur Hochzeit gegangen? Bist du nicht vielleicht auf dem schwarzen Pferd geritten?« Das Mädchen war zwar verlegen, aber seine Stimme klang hell und klar. Er leugnete erst alles ab, aber sie ließ nicht nach mit ihrem Fragen. Sie ging sogar so weit zu sagen, daß ihr das alles schon seit dem Ausflug verdächtig vorgekommen sei.

Jetzt oder nie, hatte sie sich vorgenommen, sollte ihr Plan Früchte tragen. Ja, und schließlich gab Feueraufpasser alles, alles zu. »Ach, wollt Iht Euch nicht noch einmal so herausputzen wie neulich und zu mir kommen? Wenn Ihr es tut – ich schenke Euch diesen Kamm!« Während sie so sprach, glänzte ihr Gesicht. Feueraufpasser antwortete lachend: »Nur wenn Ihr es nicht dem Vater sagt ...« – »Ich verspreche es!« – »Niemandem?« – »Niemandem!«

In der nächsten Nacht klopfte er, angetan mit seinem seidenen Mantel, an des Mädchens Zimmertür. Und am nächsten Tag stellte die jüngste Tochter den Eltern Feueraufpasser als ihren Bräutigam vor. Die Eltern waren wegen seiner feinen Erscheinung aufs angenehmste überrascht. Sie dachten, er könne wirklich nur ein Sohn einer vornehmen Familie sein. Und als die jüngste Tochter bat, Feueraufpasser heiraten zu dürfen, hatten sie keine Einwände – die beiden wurden Mann und Frau. Feueraufpasser hatte mit einem Mantel eine Frau gefunden, und zusammen mit ihr kehrte er zurück zu seiner Mutter.

## *46. Die Wein-Murmel*

In alten Tagen lebte ein Mann, der hatte keine Frau und keine Kinder, ganz allein lebte er mit einem Hund und einer Katze, für die er sorgte. Den Wein schätzte er über alles, es gab keinen Tag, an dem er nicht betrunken gewesen wäre.

Es war in einer milden Herbstnacht. Der leuchtende Mond stand hoch am Himmel, es war fast so hell wie am Tag, das klagende Zirpen der Zikaden erfüllte die Luft ringsum. Den Alten überfiel ein Gefühl der Einsamkeit. Einen Krug Wein in der Hand ging er hinaus, den Mond zu betrachten und seinen Wein zu trinken. Der Wein schmeckte ihm zu gut, er trank, sang sich ein Liedchen dazu, schaute sich den Mond an. So wurde es spät in der Nacht, ehe der Alte sich anschickte, nach Hause zurückzugehen.

Da lief ein alter Mann hinter ihm her. »He, Ihr, warum wollt Ihr denn schon gehen? Laßt uns zusammen noch ein wenig vergnügt sein!« sprach er. Unser Alter war glücklich darüber, vielleicht einen Freund finden zu können. »Was Ihr da sagt, ist wirklich eine Freude für mich, aber der Wein, den ich mitgebracht hatte, der ist alle geworden, nur der leere Krug ist übriggeblieben. Wein muß man doch haben. Wenn es keinen Wein gibt, wie kann man da Spaß haben?« antwortete er.

»Ja, keine Angst, auch wenn es nicht Euer Wein ist – es gibt schon einen Weg, Wein zum Trinken zu bekommen« – und der Mann holte aus seiner Tasche eine große Murmel hervor, bat um den leeren Krug, tat die Murmel hinein, schüttelte nur ein wenig – und gleich kam köstlicher Wein, mehr als genug, heraus.

Die beiden Alten fingen an zu trinken, schenkten sich gegenseitig ein, sie waren vergnügt und hatten viel Spaß miteinander. Eine ganze Zeit ging das so, sie wurden betrunken, verabschiedeten sich schließlich voneinander. Der Alte mit der Murmel schenkte sie dem Alten mit dem Weinkrug. »Ich laß Euch die Murmel als Freundschaftsgabe. Nehmt sie mit nach Haus, steckt sie in den Krug, und wenn Ihr Lust habt auf Wein, dann schüttelt einfach, und Ihr könnt trinken«, sagte er und verschwand. Dankbar nahm der andere die Murmel entgegen, ging nach Hause zurück und bewahrte die Murmel gut auf.

Später dachte er sich, daß man ja damit auch Geld verdienen könnte, und er fing an, mit Hilfe der Murmel einen Weinhandel zu betreiben. Weil der Wein wirklich gut war, kamen viele zum Trinken, und schon in ein paar Tagen hatte er eine Menge Geld verdient. Aber die Leute meinten, es sei doch eigenartig, daß der Alte plötzlich Weinhändler geworden war, sie beobachteten ihn ganz genau.

Eines Tages fand einer heraus, daß der Wein durch die Zauberkraft einer Murmel entstand, auf ganz geschickte Weise gelang es ihm, die Murmel zu stehlen.

Der Alte wollte weiter Wein verkaufen, schüttelte seinen Krug, schüttelte und schüttelte, aber es kam kein Tropfen Wein mehr heraus. ›Seltsam‹, dachte er sich, sah in den Krug – die Murmel war verschwunden. Viele Gäste waren da, die alle Wein kaufen wollten, er mußte sie alle wieder wegschicken. Dann legte er sich in seine Kammer, er hatte Sorgen, seufzte. Er versuchte nachzudenken, warum denn das so gekommen war. Hund und Katze sahen, wie der Alte so dalag, sie beratschlagten, was denn nun zu tun sei. »Weil unser Herr seine Murmel verloren hat, macht er sich Sorgen. Wir wollen in den Nachbarhäusern nachsuchen, und wenn wir die Murmel finden, können wir sie ihm zurückbringen«, und sie gingen, die Murmel zu suchen.

Sie suchten in allen Nachbarhäusern, ließen kein einziges aus – aber sie fanden nichts. Sie gingen auch ins Dorf auf dem anderen Ufer des Flusses, suchten auch dort in jedem Haus. Die Katze fand schließlich die Murmel, schnell nahm sie die in ihr Maul und wollte nach Hause zurückeilen. Aber sie kam an den Fluß, mußte das Wasser überqueren. Die Katze, nun, die konnte nicht schwimmen, der Hund aber, der konnte das gut.

So behielt die Katze die Murmel in ihrem Maul, der Hund nahm sie auf seinen Rücken und schwamm mit ihr über den Fluß.
Beide machten sich Sorgen, daß irgend etwas schiefgehen könnte, und als sie so durchs Wasser schwammen, fragte der Hund die Katze dauernd: »Hältst du sie gut fest?« – »Ja, ganz fest!« antwortete sie. Wieder und wieder ging es so: »Hältst du sie gut fest?« – »Ja, ganz fest!« Sie schwammen und schwammen, hatten fast das andere Ufer erreicht, als die Katze nur einen Augenblick lang nicht aufpaßte und die Murmel ins Wasser fallen ließ. Sie erschrak ganz schön. »Ja, was machen wir denn jetzt?«, auch der Hund war erschrocken. »Ja, was machen wir denn jetzt?«, und gleich tauchte er ins Wasser und suchte herum, aber vergebens. Nichts war zu finden. Hund und Katze waren völlig zerschlagen. Sie krochen ans Ufer und setzten sich, ratlos starrten sie auf das Wasser und beklagten ihr Unglück.
Gerade da waren am Flußufer ein paar Männer, die angelten. Einer von ihnen fing einen Fisch, er wollte ihn als kleinen Happen zum Trinken zubereiten, schnitt ihm den Bauch auf, holte die Innereien heraus und warf sie weg. Er merkte nicht, daß da etwas wie eine Murmel drin war, er warf einfach alles weg. Das sahen Hund und Katze, sie waren glücklich. »Gutgegangen! Das ist die Murmel, die wir verloren haben. Der Fisch da hat sie verschluckt, und jetzt ist er an die Angel gegangen.« So schnell konnten die Männer gar nicht gucken, sie rannten hin, bissen in den Abfall und machten sich mit der Murmel davon.
Als sie nach Hause zurückkamen, konnten sie dem Alten seine Murmel überreichen. Der Alte, der war ganz verzweifelt liegengeblieben, seit er die Murmel verloren hatte, nun faßte er neuen Mut. Liebevoll streichelte er Hund und Katze, durch ihre Hilfe konnte er wieder mit seinem Weinhandel anfangen.

## *47. Der junge Zauberer*

In alten Tagen lebte in einem armen Haus ein junger Mann, der dachte lange darüber nach, wie er es denn anstellen müsse, reich zu werden. Da kam irgendein Alter zu dem jungen Mann. »Hast du schon was gelernt?« fragte der, und der junge Mann antwortete: »Natürlich!« Da sagte der Alte nur ärgerlich: »Ach...«, und verschwand.
Der junge Mann konnte sich nicht denken, warum der Alte eigentlich ärgerlich geworden war, er stieg auf einen Berg und setzte sich dort nieder, um in aller Ruhe zu überlegen. Da kam der Alte wieder und fragte ihn noch einmal: »Hast du schon was gelernt?«, und diesmal antwortete der junge Mann: »Nein, ich habe noch nichts gelernt, aber ich möchte gern viel lernen.« Der Alte gebot ihm, mit ihm mitzugehen.
Sie kamen in einen Tempel, dort folgte er dem Alten in ein Zimmer. Vom Tisch dort nahm der ein Buch, das sollte der junge Mann sorgfältig studieren. Drei Jahre las er darin, dann dachte er: ›Jetzt habe ich genug gelernt‹, und wollte dem Alten seinen Abschiedsgruß entrichten und ihn verlassen. Der aber sagte: »Ich will dich noch etwas viel Besseres lehren.« Von da an übte sich der junge Mann in der Zauberkunst. In nur drei Monaten hat er ganz leicht alles gelernt.
Nun sagte er wirklich dem Alten Lebewohl und kehrte nach Hause zurück. Überglücklich empfing ihn der Vater. »Wir haben geglaubt, du seist gestorben, und jetzt bist du doch lebend zurückgekommen.« Freudentränen rannen seine Wangen hinunter.
In der Zwischenzeit aber, das mußte der junge Mann nun erfahren, war die Mutter verstorben. Wie hart traf das den jungen Mann! »Mutter, Mutter!« schluchzte er, stürzte zu Boden und beweinte sie lange.
Als es Abend wurde und er sich zum Schlafen hinlegen wollte, da sah er erst, wie arm das Haus war: In der Decke war ein Loch, durch das der Himmel hereinschaute, und an der Wand

konnte man sehen, daß es hereingeregnet hatte. Der junge Mann sprach zum Vater: »Ich will mich morgen in ein paar Schüsseln verwandeln, die bringt zum Markt und verkauft sie dort.« Der Vater schimpfte ihn ganz schön aus. Da berichtete er seinem Vater von Anfang bis Ende, was mit ihm geschehen war, und dann meinte der Vater: »Ja, wenn das so ist, will ich schon machen, was du sagst.«

Als der Morgen dämmerte, brach der Vater auf, um auf dem Markt seine Schüsseln zu verkaufen. Viel Geld erlöste er dafür, damit kehrte er zurück, baute sein Haus neu, kaufte viel zu essen und neue Kleider, die zog er an.

Dann tauchte der Sohn wieder auf und machte noch einmal den gleichen Vorschlag. Der Vater bekam Spaß an der Sache, wieder ging er zum Markt, verkaufte seine Schüsseln und wurde so langsam ein steinreicher Mann. So trieben es die beiden, bis eines Tages jemand, der eine solche Schüssel gekauft hatte, herumschrie und heulte: »Ich bin betrogen worden!« Gerade da kam – welch ein Zufall – der Alte vorbei, und er fragte nach dem Grund.

Als er die Geschichte gehört hatte, meinte er: »Ich weiß Bescheid!«, kaufte sich auch gleich eine solche Schüssel, nahm sie mit in eine Schmiede, dort band er sie fest, machte Eisen heiß und wollte es gerade in die Schüssel gießen, aber da verwandelte sich die Schüssel in einen Kranich, der davonflog. Der Alte verwandelte sich in einen Adler und verfolgte den Kranich – der aber verwandelte sich in ein winziges Reiskorn, das in irgendeinem Haus zwischen den Brettern des Fußbodens verschwand. Der Alte verwandelte sich in ein Huhn, kkok kkok machte das, schlüpfte unter die Bretter – da verwandelte sich das Reiskorn in einen goldenen Ring, der stak an der Hand der Tochter dieses Hauses. Der Alte verwandelte sich in einen Mann, sagte: »Gib gleich den Goldring her!« – da wurde aus dem Goldring wieder ein kleines Reiskorn, das rollte über den Boden. Der Alte wurde wieder ein Huhn und suchte nach dem Reiskorn.

Da, blitzschnell, wurde aus dem Reiskorn ein Adler, der schnappte sich das Huhn, in das sich der Alte verwandelt hatte, und tötete es. Dann wurde aus dem Adler wieder der junge Mann von früher, er ging zu seinem Vater nach Hause, und die beiden lebten glücklich und zufrieden miteinander.

## *48. Der Tiger aus den Diamantbergen*

Es lebte einmal ein Jäger, der war berühmt dafür, daß er mit seiner Büchse gut schießen konnte. Er brauchte nur auf einen Vogel zu zielen, der vorbeiflog, und schon stürzte der getroffen zu Boden – so ein geschickter Jäger war er, fast unglaublich. Ganz gleich, ob es ein Reh war oder ein Igel, hatte der Jäger sie nur erspäht, war es aus mit ihnen. Er war ein Jäger, der nie vorbeigeschossen hat.

Damals gab es in den Diamantbergen noch Tiger in Hülle und Fülle. Auch sind die Tiger aus den Bergen in die Dörfer heruntergekommen und haben Schweine, Rinder, ja, und auch Menschen gefressen. Aber es hat keinen Menschen gegeben, der je einen Tiger gefangen hätte. Zwar gab es Jäger, die groß angaben: »Ich werde einen Tiger fangen!« – aber ganz das Gegenteil traf immer ein, statt einen Tiger zu fangen, wurden sie selbst von den Tigern aufgefressen. Viele Jäger waren es, die in die Berge gegangen waren, aber kein einziger ist lebend wieder zurückgekommen.

»Ja, diesmal werde ich meine Geschicklichkeit erproben!« sprach unser berühmter Jäger. Ein paar Leute wollten ihn davon abbringen, er aber hörte nicht auf sie und stieg guter Dinge in die Berge hinauf. Nach einiger Zeit kam er an den Eingang zu den Inneren Diamantbergen. Dort gab es eine Schenke. Die Großmutter aus der Schenke sah den Jäger. »He, du, Jägersmann! Willst du auch vom Tiger gefressen werden? Wenn dir dein Leben lieb ist, gib schnell dein Vorhaben auf! Ich sag dir die Wahrheit, hör auf mich!« bat sie ihn. Doch er hörte sie gar nicht richtig an, bei sich dachte er: ›Ich verlaß mich auf meine Geschicklichkeit, dann wird es mit so einem Tiger schon keine Schwierigkeiten geben, meine Hände ...‹, dann sagte er zu ihr: »Großmütterchen, macht Euch keine Sorgen. Ich werde Euch zeigen, was ich kann. Ich bin bald mit einem großen Tiger auf dem Rücken wieder hier«, er lachte dazu, und dann stieg er geradenwegs in die Berge. Lange, lange fehlte von dem Jäger jede Nachricht, fünf Jahre vergingen, zehn Jahre gingen vorbei, und er war noch immer nicht zurückgekommen.

Als der Jäger damals sein Haus verlassen hatte, war gerade sein einziger Sohn zur Welt gekommen. Jetzt war der herangewachsen und selbst ein berühmter Jäger geworden. Mit der Büchse konnte er sehr gut schießen, in nichts stand er hinter seinem Vater zurück. Der Sohn des Jägers wußte nur zu gut, warum der Vater nicht bei ihm und der Mutter weilte. Als er fünfzehn Jahre alt geworden war, trat er vor die Mutter. »Verzeiht mir, Mutter, aber ich will in die Diamantberge gehen.« Aber die Mutter stimmte nicht zu. »Was schwätzt du denn da? Wenn selbst jemand, der als Jäger so berühmt war wie dein Vater, vom Tiger gefressen worden ist, wie willst du es denn da dem bösen Tier heimzahlen? Wenn du einmal fort bist, kommst du nie mehr zurück. Schlag dir so was aus dem Kopf, bleib schön bei deiner Mutter!« Obwohl die Mutter ihn unter Tränen bat, der Sohn wollte nicht hören. »Ich will den Tiger töten, ihm alles heimzahlen!«

So sehr bat der Sohn seine Mutter, daß sie zu ihm sagte: »Wenn du unbedingt gleich gehen willst, dann mach, was du willst. Aber dein Vater, der hat mich mehr als zehn Meilen entfernt hingestellt und dann vom Wassertopf auf meinem Kopf nur den Henkel heruntergeschossen, so geschickt war der. Und du, kannst du das auch?« Der Sohn dachte sich, das müsse er auch einmal versuchen.

Er ließ die Mutter den Wassertopf auf den Kopf stellen, versuchte dann, aus einer Entfernung von zehn Meilen zu schießen, aber die Kugel ging vorbei, der Henkel fiel nicht herunter. So gab er, wie die Mutter es gesagt hatte, seinen Plan auf. Drei Jahre übte er sich weiter in der Schießkunst.

Die drei Jahre waren vergangen, er stellte sich noch einmal dieser Prüfung, diesmal war es keine Schwierigkeit, der Wassertopf zerbrach nicht, nur den Henkel schoß er ab. Wieder hatte die Mutter Einwände. »Der Vater hat aus zehn Meilen Entfernung ein Nadelöhr getroffen – das kannst du noch nicht.« Der Sohn ließ seine Mutter eine Nähnadel festhalten, aus zehn Meilen Entfernung zielte er darauf. Aber er hatte nicht die Geschicklichkeit, nur das Loch des Nadelöhrs zu treffen.

Also entschloß er sich, noch einmal drei Jahre lang sich in der Schießkunst zu üben. Wieder waren die drei Jahre vergangen. Als er es jetzt versuchte, konnte er das Nadelöhr ganz gut treffen. Ping machte es, das Nadelöhr fiel herunter.

Was die Mutter aber zu ihm gesagt hatte, das war alles gelogen. Sie hatte das getan, weil sie hoffte, wenn sie nur so was erzählte, dann würde ihr Sohn seinen Plan aufgeben. Aber am Ende hatte der Sohn nur noch besser schießen gelernt. Die Mutter konnte nun auch nichts mehr ändern, sie bewunderte sogar insgeheim, wie ernst ihr Sohn die Aufgabe nahm, und ließ ihn fortziehen, den Tiger aus den Diamantbergen zu fangen. Der Sohn war überglücklich, traf seine Vorbereitungen und machte sich auf in die Diamantberge.

Schließlich erreichte er den Eingang zu den Inneren Diamantbergen. Diesmal sagte die Großmutter aus der Schenke: »He, du! Dein Vater war der beste Jäger der Welt. Siehst du den hohen Baum dort? Dein Vater hat sich nur herumgedreht, und zack! das letzte Blatt am äußersten Ende des höchsten Zweiges war getroffen. Wenn du das nicht kannst, wirst du es nicht schaffen, dich am Feind zu rächen. Geh lieber nach Hause zurück, wenn dir dein Leben lieb ist!«

Gleich drehte sich der Sohn des Jägers um, legte an, drückte ab – aber seine Kugel traf nicht. Er dachte selbst, daß er so nichts erreichen könne, und er bat die Großmutter, bleiben zu dürfen. Nur das eine hat er geübt. Drei Jahre vergingen. Mit Mühe und Not konnte er jetzt, wenn er sich herumdrehte, das allerletzte Blatt herunterschießen.

Doch da sprach die Großmutter wieder zu ihm: »Wenn du nur das kannst – kannst du dich noch immer nicht mit deinem Vater vergleichen. Wenn auf einem Felsen, zehn Meilen entfernt, eine Ameise gesessen hat, konnte dein Vater sie treffen, ohne daß es auf dem Felsen auch nur einen einzigen Kratzer gegeben hätte. Eine solche Geschicklichkeit hast du doch sicher nicht, oder?«

Der Jägerssohn versuchte gleich, was die Großmutter gesagt hatte – aber es war ihm unmöglich, nur die Ameise zu treffen. Wieder übte er, wieder vergingen drei Jahre, bis er auch diese Fähigkeit erlangte. Ja – alles, was die Großmutter ihm gesagt hatte, das war auch gelogen! Trotzdem konnte der Jägerssohn nun alles, was sie erzählt hatte. Sie bewunderte seinen Eifer, hatte nun auch keine Einwände mehr. »Deine Fähigkeiten sind wirklich großartig. Wenn dein Vater so geschickt gewesen wäre, er hätte den Tiger gefangen und wäre heute noch am Leben!«, so sprach sie, dann machte sie viele Reiskuchen und packte sie ihm ein. Er bedankte sich, dann stieg er tief in die Diamantberge hinein.

Er aß die Reiskuchen, die die Großmutter aus der Schenke für ihn gemacht hatte, und durchstreifte wochenlang die Berge. In den Diamantbergen, das muß man wissen, gibt es zwölftausend Bergspitzen, so groß und weit sind die. Er konnte nicht wissen, wo der Kerl von Tiger war, der seinen Vater gefressen hatte. In seinem Innersten bat er: »Ach, laß mich doch diesen Tiger finden, der meinen Vater aufgefressen hat«, aber er wußte nicht, wohin, wanderte nur in den Bergen hin und her.

An einem solchen Tag saß er auf einem Felsen, um seinen Beinen ein wenig Ruhe zu gönnen. Da kam ein Mönch vorbei. »Hallo, Ihr! Wenn Ihr einen Feuerstein habt, leiht ihn mir ein

wenig«, bat der. Der Jägerssohn holte aus seinem Tabaksbeutel den Feuerstein heraus und reichte ihn dem Mönch. Der schlug damit Feuer und zündete seinen Tabak an. Dabei konnte der Jägerssohn ganz kurz in den Mund des Mönchs hineinschauen – und da war im Mund des Mönchs etwas zu sehen, was wie eine ganze Reihe Tigerzähne aussah. »Wenn der ein Mensch wäre, hätte der nicht solche Zähne. Es ist ganz klar, das muß ein Tiger sein.« Ja, da gab es kein Zögern, ohne daß der Mönch etwas merkte, zog der Sohn des Jägers seine Büchse hervor. ›Was mach ich aber, wenn es nun tatsächlich doch ein Mönch ist?‹ dachte er bei sich, er zweifelte, überlegte noch einmal. Bumm – machte es, er hatte dem Mönch genau in die Brust geschossen. Was war das? Wo bis jetzt ein Mönch gestanden hatte, gab es ein Gebrüll – »Ururong!«, und der Körper eines großen Tigers stürzte dort zu Boden. Als der Jägerssohn feststellte, daß er wirklich einen Tiger erlegt hatte, machte er sich frohgemut wieder auf den Weg.
Ein Stück war er gelaufen, als er eine Alte traf, die auf dem Feld Kartoffeln ausmachte. Weil er ein wenig Hunger hatte, rief er der Alten zu: »Großmutter, Großmutter, gebt mir bitte nur eine Kartoffel!« – »Hab keine Zeit!« antwortete die. »Gerade eben ist mein Mann von einem bösen Burschen getötet worden, nun ist sein Geist gekommen und hat mich gebeten, Kartoffeln auszugraben und ihn damit zu retten. Wie hätte ich da Zeit, Euch etwas abzugeben?« – »Das ist wirklich zu seltsam ...«, und als er die Hand betrachtete, mit der die Alte Kartoffeln ausmachte, war das eine Tigerpfote, auf der da und da und da Haare wuchsen. Der Jägerssohn zielte gleich, bumm – hallte ein Schuß, und die Alte fiel als Tigerweibchen zu Boden.
Er ging weiter. Diesmal traf er eine junge Frau, die einen Wassertopf auf dem Kopf trug. Ja, er hatte Durst. »Hallo, du, gib mir einen Schluck Wasser!« bat er sie. Aber die Frau sagte: »Ich hab's eilig, kann dir nichts geben. Gerade eben sind die Geister meines Schwiegervaters und meiner Schwiegermutter

gekommen, ein übler Bursche hat sie umgebracht. Sie haben mich gebeten, schnell Wasser für sie zu holen. Ich muß ihnen nun wirklich das Wasser bringen, wenn ich sie noch retten will«, und sie wollte weitergehen. Von vorne hatte sie ausgesehen wie eine Frau, doch als er sie nur einen Augenblick von hinten sah, wußte er – das ist ein Tiger. Bumm – tönte ein Schuß, ein junger Tiger stürzte tot zu Boden.

Der Jägerssohn setzte seinen Weg fort. Er war noch nicht weit gekommen, da rannte diesmal ein junger Mann auf ihn zu. »He, Ihr! Ruht Euch doch ein wenig aus, laßt uns ein Schwätzchen halten!« rief er ihm zu. Doch der junge Mann antwortete: »Hab keine Zeit! Gerade eben sind meine Eltern und meine Frau gestorben, ihre Geister sind gekommen und haben um Hilfe gebeten. Wenn ich mich nicht beeile, ist es vielleicht zu spät.« Das hörte er, und da sah er auch, daß der junge Mann einen langen Tigerschwanz hatte. Die Büchse angelegt und bumm war eins – der fiel tot zu Boden.

Daß er immer nur einfach seines Weges gegangen war und doch einen Tiger nach dem anderen zum Tode befördert hatte, das ließ die Stimmung des Jägerssohnes himmelhoch ansteigen.

›Ja, mal sehen, was mir nun noch widerfährt‹, dachte er sich und stieg mühsam weiter einen Bergpfad hinan.

Eine Weile war er gelaufen, offensichtlich in die passende Richtung – da sah er etwas, groß wie ein Haus, zusammengekauert sitzen. Das war ein riesengroßer Königstiger, der mochte gut und gern tausend Jahre alt sein oder gar noch mehr, ein uralter Tiger mit weißem Fell, ein Tiger war das, gewiß unter allen Tigern der höchste Herrscher. Dieser Königstiger riß sein Maul auf, als wollte er den Jägerssohn mit einem Biß verschlingen.

Blitzschnell zielte der, drückte auf das riesige Maul ab – der Tiger bewegte sich nicht vom Fleck, er gähnte nur. Noch einmal und noch einmal und wieder und wieder schoß er, aber der Königstiger fing die Kugeln mit den Zähnen auf und

spuckte sie aus. Weiter schoß der Jägerssohn, ohne Pause, aber nicht einmal traf er, jede Kugel sprang wieder heraus.
Am Ende hatte er alle Kugeln verbraucht, mit der Büchse in der Hand wurde er vom Tiger verschlungen. Der Schlund des Tigers war dunkel wie eine Höhle. In dieser Dunkelheit kroch er weiter und kam an einen Ort, der weit war, so weit wie ein Marktplatz. Das war im Bauch des Königstigers. Die Knochen der Menschen, die der Tiger bis dahin gefressen hatte, lagen häufchenweise hier und da und dort herum. Der Jägerssohn dachte sich: ›Ob da nicht vielleicht auch die Gebeine meines Vaters zu finden sind?‹ und suchte überall herum. Und tatsächlich, er fand sie, weil sie neben einer Büchse lagen, in die der Name seines Vaters eingeritzt war, er wußte gleich – das ist Vater. Er sammelte seine Gebeine auf, packte sie zusammen und steckte sie gut in einen Beutel, der an seinem Gürtel hing. Weiter blickte er sich um, hierhin und dorthin. Da, da lag ein junges Mädchen, bewußtlos, das entdeckte er. Der Jägerssohn versuchte ihr schnell zu helfen, und schon nach kurzem begann sie wieder zu atmen. Das junge Mädchen, das war die Tochter aus dem Haus eines berühmten Ministers in der Hauptstadt. Sie hatte letzte Nacht im Hof hinter dem Haus ihr Haar gewaschen und war dabei von diesem Königstiger gefressen worden.
Gemeinsam überlegten die beiden, wie sie aus dem Bauch des Tigers entkommen könnten. Der Jägerssohn zog zuerst einmal sein Messerchen heraus und begann, damit in Richtung auf den Schwanz des Tigers zu schneiden und zu bohren. Ein Loch machte er, gerade groß genug, um ins Freie schauen zu können.
Sie sahen hinaus und wußten nun, ob der Tiger auf einem Feld, einem Hügel oder am Meeresstrand herumlief. Nun schnitt der Jägerssohn im Bauch des Tigers hin und her. Weil das Fleisch dort im Bauch sehr zäh war, er auch nur ein kleines Messerchen hatte, konnte er nicht viel schneiden, schon drohten ihm die Kräfte zu erlahmen. Aber er schnitt doch weiter, und was er da

herausschnitt, immer ein bißchen, Stück für Stück, das wurde mehr und mehr. Der Tiger fühlte Schmerzen in seinem Bauch. Schlimmer und schlimmer wurde es, er konnte es bald nicht mehr aushalten. Er suchte einen Bären auf, der für seine Heilkunst bekannt war. »Du, mein Bauch tut so weh, ich glaube, ich muß sterben. Hast du nicht eine gute Medizin?« fragte der Tiger. Der Bär antwortete: »Natürlich gibt es eine gute Medizin! Mach dir keine Sorgen, wenn du nur viele Früchte ißt, wirst du dich gleich besser fühlen.« Der Bauch des Tigers wurde bald zu einer Art Obstmarkt, hundert oder zweihundert Früchte mochte er gefressen haben. Ohne sie zu kauen, hatte er Äpfel und Birnen geschluckt, und die beiden Menschen in seinem Bauch, die verzehrten nun die Früchte und bekamen so neue Kraft, gestärkt schnitten die beiden nun um so eifriger im Bauch des Tigers herum.
Als seine Leibschmerzen nicht aufhörten, obwohl er doch so viele Früchte gefressen hatte, fragte der Tiger den Bären noch einmal: »Es ist kein bißchen besser geworden, es tut mir nur immer noch mehr weh, was soll ich denn nur machen?« Diesmal belehrte ihn der Bär: »Ja, also, wenn du nur frisches Quellwasser trinkst, wird das sicherlich eine gute Wirkung haben.« Der Königstiger lief zur nächsten Quelle und, gluck, gluck, soff er das Wasser.
Die beiden Menschen in seinem Bauch, die nahmen das Wasser dankbar entgegen, tranken es – und wurden noch stärker. Noch eifriger schnitten sie im Bauch des Tigers herum. Der Königstiger, das war das Ergebnis, konnte es gar nicht mehr ertragen, ihm war, als ob er sterben müßte. Wie toll sprang er herum, aus den Bergen hüpfte er ins Tal hinunter, wie ein Blinder lief er im Kreis herum, nur um seine Schmerzen loszuwerden, aber es wurde und wurde nicht besser. Obwohl er der Königstiger war, verließen ihn schließlich seine Kräfte, er konnte sich nicht mehr bewegen. Das junge Mädchen sah nach draußen. Sie waren gerade in einer großen weiten Ebene. Den Bauch des Tigers hatten sie nun genug aufgeschnitten, ohne

Mühe konnten sie ins Freie schlüpfen. Der Jägerssohn zog dem Tiger das Fell ab und nahm es als Geschenk mit, zusammen mit dem Mädchen kehrte er nämlich in die Heimat zurück, wo seine Mutter noch immer auf ihn wartete. Daß ihr Sohn wohlbehalten zurückkehrte, machte seine Mutter so glücklich, sie weinte vor Freude. Die Gebeine des Vaters bekamen ein würdiges Grab.
Dann brachte der Jägerssohn das Mädchen, das er im Bauch des Tigers gefunden hatte, zu den Eltern in die Hauptstadt. Daß seine Tochter, die der Tiger gefressen hatte, nun wieder lebte, machte den Minister unendlich glücklich. Der Jägerssohn gefiel ihm sehr, und so wurde der sein Schwiegersohn. Seine Mutter holte er aus der Heimat zu sich, und die Großmutter aus der Schenke holte er auch, und zusammen haben sie noch lange glücklich gelebt.

## *49. Großvater und der Kam-Baum*

In alten Tagen waren einmal ein prächtiges Haus, in dem ein Staatsminister lebte, und eine strohgedeckte Hütte, in der ein alter Großvater wohnte, einander so benachbart, daß die Gärten nebeneinanderlagen. Im Garten des Großvaters wuchs ein Kam-Baum, der schon ein paar Jahrzehnte lang gewachsen war. Wenn es Herbst wurde, waren seine Zweige überreich behängt mit Kam-Früchten, die rot und reif wurden.
Der Großvater pflückte diese Früchte, brachte sie zum Markt und verkaufte sie, davon lebte er. Nach einigen Jahren fing der Kam-Baum an, seine Zweige in den Garten, der zum Haus des Staatsministers gehörte, hineinzustrecken. Ja, und dann trug er mit einem Mal an seinen alten Zweigen keine Früchte mehr, nur noch an den neu gewachsenen Zweigen.
Im Haus des Staatsministers gab es eine recht boshafte Dienerschaft, die dachten alle, es sei ein großes Glück für sie, daß die Zweige vom Kam-Baum des Großvaters zu ihnen herüber-

wuchsen, und ohne Grund rissen sie die Kam-Früchte ab, lange bevor sie reif waren. Dem Großvater tat das weh, aber er konnte überhaupt nichts unternehmen. Weil es die Diener aus dem Haus eines Staatsministers waren, hatte er Angst, auch nur ein Wort zu sagen – ein falsches Wort, und es wäre gewiß auf ihn selbst zurückgefallen. Der Großvater war traurig über solches Unrecht, er ging ins Haus und legte sich in seine Ecke.

Im nächsten und übernächsten Jahr war es ganz genau dasselbe. Drei Jahre hindurch konnte er keine Kam-Früchte ernten – geschweige denn verkaufen. Daher wurde sein Haus nur noch ärmer. Der Großvater konnte es nicht mehr länger ertragen, manchmal dachte er daran, den Kam-Baum zu fällen, doch dann sah er wieder nur am Baum hoch und seufzte.

Da kam ein zehnjähriger Knabe zum Spielen zu ihm. Er hatte den Großvater sehr gern, obwohl er ein Schlingel war und der Anführer der Kinder in der ganzen Gasse; es gab in der Nachbarschaft niemanden, der seinen Namen nicht gekannt hätte.

Als dieser Junge nun merkte, daß der Großvater ein so besorgtes Gesicht bekommen hatte, fragte er: »Großvater, worüber macht Ihr Euch denn solche Sorgen?« – »Ich habe keine besonderen Sorgen.« – »Warum seufzt Ihr dann immer so?« – »Ja, ja«, nickte der nur mit dem Kopf und lächelte. »Um die Wahrheit zu sagen – weil der Kam-Baum mir nur Ärger macht, habe ich daran gedacht, ihn zu fällen.« Der Knabe wußte nicht, um was es ging, er bohrte weiter. Immer dringender fragte er: »Warum sagt Ihr, der Kam-Baum ärgert Euch?« – »Wegen des Kam-Baums bin ich ärgerlich. Aber das ist nicht weiter schlimm. Willst du nicht ein paar Früchte pflücken, sie sind zwar noch nicht ganz reif, aber ...« – »Nein, ich habe keine Lust. Jetzt erzählt mit lieber, warum Ihr den Kam-Baum fällen wollt.«

Der Großvater konnte nicht ausweichen, er erzählte dem Knaben alles. Da wurde es ihm selbst ein wenig leichter ums

Herz. »Weil er mich zu sehr gequält hat, deshalb dachte ich daran, ihn zu fällen.«

Der Junge dachte einen Augenblick nach. »Keine Sorge mehr, ich werde die Sache schon zu einem guten Ende bringen«, sagte er voll Selbstvertrauen. »Vielen Dank für deinen Trost«, sagte der Großvater unter Tränen, »auch wenn du sagst, es ist dir etwas Gutes eingefallen – denkst du auch daran, daß das Haus da einem Staatsminister gehört?« sagte er und lächelte schon wieder sanft.

Es geschah in der nächsten Nacht. Der Junge ging allein zum Haus des Staatsministers. Er stellte sich vor die Tür, hinter der der Minister ein Buch studierte. Groß fiel der Schatten des Ministers auf die mit Papier beklebte Tür. Mit geballter Faust schlug der Junge in das Papier.

»Was für ein Kerl ist denn da?« rief der Minister erschreckt. Der Knabe draußen nannte seinen Namen. »Weißt du denn, wer ich bin? Was soll das hier?« Der Minister kannte den Namen des Knaben wohl, er fragte weiter: »Warum machst du denn so ein dummes Spiel?« – »Das ist kein Spiel! Ich bin gekommen, weil ich Euch etwas zu sagen habe«, antwortete der Junge, die Faust steckte noch immer in der Tür. »Was willst du denn nun eigentlich?« – »Wem gehört diese Faust?« – das war alles, was er hatte fragen wollen. »Ohne Zweifel ist es deine Faust, warum fragst du so was?« – »Ohne Zweifel also, das ist meine Faust?« – »Das sag ich doch, ohne Zweifel!« – »Wenn nun irgend jemand behauptet, das sei seine Faust, nicht meine, was soll ich denn dann machen? Muß ich mir so was gefallen lassen?« – »Wo gibt's denn das? Wer sagt denn so was?« – »Aber das gibt es, ich lüge nicht!« Der Staatsminister dachte nach, was denn das bedeuten sollte, und so ließ er zuerst einmal den Jungen zu sich ins Zimmer kommen. Er fragte ihn freundlich, wer denn so etwas behauptet hatte.

Der Knabe erzählte dem Staatsminister die ganze Geschichte vom Kam-Baum des Großvaters. Er erzählte auch, daß der Großvater deshalb in Not geraten war. Der Minister

streichelte ihm den Kopf. »Jetzt weiß ich Bescheid. Ich verspreche dir, ich werde die Kerle bestrafen«, so gab er seine Zusage. Der Knabe verbeugte sich und ging hinaus.
Am nächsten Tag rief der Minister seine Dienerschaft zusammen und schimpfte sie fürchterlich aus. Beim Großvater entschuldigte er sich und gab ihm das Zweifache des Wertes seiner Kam-Früchte der letzten drei Jahre.
Später, wenn die Leute zusammenkamen und über den Jungen, der mit der Faust in die Tür geschlagen hatte, sprachen, sagten sie: »Da haben wir noch einen guten Staatsminister mehr«, und sie freuten sich, als ob es ihr eigenes Kind wäre. Und tatsächlich – dreißig Jahre, nachdem das alles geschehen war, wurde der Junge wirklich ein großartiger Staatsminister.

## *50. Das Bärenweibchen vom Ponghwa-Berg*

Oben auf dem Ponghwa-Berg gibt es einen großen, flachen Platz. Heute wächst dort nur Unkraut in Hülle und Fülle, niemand verliert auch nur ein Wort darüber, man scheint die alten Tage vergessen zu haben. Früher einmal soll hier eine große Kiefer gestanden haben, ein paar hundert Jahre alt. In dieser Geschichte geht es um eben diesen Baum.
In alten Tagen lebte hier eine Bärin, die wünschte sich nichts mehr, als in ein menschliches Wesen verwandelt zu werden. Hundert Tage lang betete die Bärin, dann endlich ging der Wunsch in Erfüllung. Sie wurde in ein hübsches junges Mädchen verwandelt. Und noch mehr – das junge Mädchen hatte die Fähigkeit, sich nach eigenem Belieben wieder in eine Bärin zurückzuverwandeln, immer wenn es etwas zu essen suchte. Diese Bärin lebte in der Nähe der Kiefer auf dem Ponghwa-Berg.
Eines Tages im dritten Frühlingsmonat war ein Jäger unterwegs. Er kam vom Wege ab, irrte ein paar Tage hin und her, bis er das Mädchen entdeckte. Der Jäger war inzwischen schon

fast verhungert in den Bergen, wo nicht einmal der Schatten eines Menschen, geschweige denn ein Mensch zu sehen ist. Als er dann doch einen Menschen traf, war er so erleichtert, daß ihm die Sinne schwanden und er zu Boden fiel.

Das Mädchen sah das mit an, schnell holte sie Wasser herbei und flößte es ihm ein, nun wartete sie, daß er die Augen öffnete. Als er dann nach einer Weile zu sich kam und die Augen aufschlug, sah er in die Augen des Mädchens, das ihn umsorgte. Völlig sprachlos machte ihn ihre Schönheit, immerfort sah er das Mädchen nur an.

Dann öffnete er den Mund. »Wenn du vielleicht etwas zu essen hast für mich? Ich wäre dir wirklich sehr dankbar.« Sie antwortete: »Wenn du etwas zu essen haben willst, gedulde dich, bitte, nur einen Augenblick«, sie zögerte, dann fuhr sie fort: »Aber wenn du ißt, was ich dir bringe, dann mußt du dein ganzes Leben mit mir zusammenbleiben. Wenn du das nicht willst, dann mußt du sterben!« Als er das hörte, dachte er an Vater und Mutter daheim, an seine Geschwister, an Frau und Kinder, unmöglich, dachte er, aber wenn er nicht sein Leben verlieren wollte, blieb ihm doch nichts anderes übrig, als zuzustimmen. Das Mädchen wurde rot, verlegen lächelte sie. »Warte nur einen Augenblick!«, sie verschwand irgendwohin, im Nu war sie wieder zurück mit einem Korb, gefüllt mit allerbesten Speisen. So kam es, daß der Jäger und das Mädchen beide ihre Vergangenheit vergaßen und in einer Höhle in der Nähe ein glückliches Leben miteinander begannen.

Ein Jahr war vergangen, der Frühling kam wieder, und an einem solchen Frühlingstag sehnte sich der Jäger plötzlich so sehr nach seinem Zuhause. Zwar lebte er mit seiner neuen Frau sehr glücklich zusammen, aber die Sehnsucht nach seiner ersten Frau und den Kindern war zu stark. Er war sogar bereit, dafür zu sterben, nur um sie noch einmal wiedersehen zu können.

Seine neue Frau war gerade weggegangen, um etwas zu essen zu holen, beim Weggehen hatte sie ihm noch gedroht: »Wenn

du nur die Höhle verläßt, mußt du sterben!«, aber er ging einfach hinaus und lief den Berg hinunter.
Frohen Herzens kehrte seine Bärenfrau in die Höhle zurück, sie brachte ihm gutes Essen mit, aber wie sehr erschrak sie! Ganz hoffnungslos war sie, lief aus der Höhle, lief überall herum, um ihren geliebten Mann zu suchen, aber sie konnte ihn nirgends finden. Ein paar Tage lief sie so ohne zu essen herum, immer wieder rief sie nach dem geliebten Mann. Doch dann verließen sie ihre Kräfte, sie kehrte zurück zu der alten Kiefer und erhängte sich dort.

## *51. Der grüne Frosch*

Irgendwo lebte einmal ein grüner Frosch, der gar nicht gehorsam war; wenn ihm die Froschmutter irgend etwas befahl, machte er gleich genau das Gegenteil. So brachte er seine Mutter zur Verzweiflung. Hieß sie ihn nach Osten gehen – er lief nach Westen. Hieß sie ihn in die Berge gehen und Holz machen – er spazierte zum Flußufer hinunter und spielte den ganzen Tag im Wasser. Das war die Art dieses ungezogenen Sohnes. Hieß sie ihn am Fluß Fische fangen – er stieg bestimmt in die Berge und lungerte dort den ganzen Tag herum, kam erst, wenn die Dunkelheit einbrach, zurück. Immer wieder ermahnte ihn die Mutter, redete ihm gut zu, aber er hörte überhaupt nicht auf sie.
Die Froschmutter wurde alt, eine Krankheit befiel sie, es sah so aus, als ob sie bald sterben müßte. Sie selbst wußte, daß der Tod nahe war, und machte sich nur noch über eines Sorgen. ›Was ich ihm auch gesagt habe, dem Kerl, immer hat er genau das Gegenteil gemacht. Wenn ich ihm sage, er soll mich nach meinem Tod auf einem Berg begraben, dann wird er mich sicher unten am Fluß beisetzen ...‹, solche Gedanken quälten sie.
Dann rief sie den Sohn herbei. »Du, wenn ich einmal tot bin, dann begrabe mich ja nicht oben auf dem Berg, setzt mich

unten am Fluß bei«, so bat sie ihren Sohn. Wenige Tage später starb sie wirklich.

Der Sohn besann sich darauf, worum die Mutter ihn vor ihrem Tod gebeten hatte. Daß er zu ihren Lebzeiten immer das Gegenteil von dem getan hatte, was sie von ihm wollte, bedauerte er jetzt zutiefst, wie sehr schmerzte ihn das! Er dachte sich: ›Wenigstens ihren letzten Wunsch muß ich befolgen‹ – und so begrub der grüne Frosch seine Mutter am ruhig fließenden Strom.

Ein paar Tage später gab es einen Regentag, voll Schmerz dachte er an seine verschiedene Mutter, er machte sich Sorgen, das Regenwasser könnte vielleicht das Grab der Mutter wegschwemmen. »Kaegol, kaegol«, weinte er.

Immer in der Regenzeit machen sich die Froschkinder Gedanken darüber, das Grab ihrer verstorbenen Mutter könne weggeschwemmt werden. »Kaegol, kaegol«, weinen sie. Das hat seine Ursache darin, daß es diesem einen grünen Frosch zu spät leid tat, daß er, solange seine Mutter lebte, nie auf ihr Wort gehört hatte.

## *52. Der vertauschte Leichnam*

Früher einmal lebte an der Grenze von Sangju ein Herr Yi, der ging jedes Jahr in die Kangwón-Provinz hinauf und handelte mit Makrelen. Er machte gute Geschäfte. In der Nachbarschaft lebte eine Familie Kim, die zählte viele Köpfe. Frau Kim meinte nun: »Wenn so ein vornehmer Herr mit Makrelen handelt und seine Familie davon ernähren kann, warum sollen wir es dann nicht auch einmal versuchen mit dem Makrelenhandel?« So ging diese Frau Kim ins Haus der Familie Yi. »Wie wäre das, wenn euer Hausherr unseren mal mitnähme zum Makrelenhandel?« fragte sie dort. »Warum nicht?« antwortete der Herr Yi.

Also gingen sie beim nächsten Mal zusammen. Kaum in der Kangwón-Provinz angekommen, wurde der Herr Kim krank,

bald war alles Reisegeld, das die beiden mit sich führten, ausgegeben. Das Geld war weg – und der Herr Kim, der starb dort. Herr Yi kehrte in die Heimat zurück, um der Frau Kim zu berichten, daß sie Witwe geworden war. »Was sagt Ihr da?« – sie wollte es nicht glauben. »Dann bringt mir den Leichnam meines Mannes hierher, wenn Ihr seinen Leichnam bringt, dann weiß ich genau, daß er hier oder dort gestorben ist.«
Ja, dem Herrn Yi blieb nichts anderes übrig, als den ganzen Weg in die Kangwón-Provinz noch einmal zu machen. Dort ließ er den Leichnam seines Begleiters ausgraben und nahm ihn mit in die Heimat. Aber als er dort ankam – lag ein fremder weißhaariger Alter im Sarg!
»Das ist ja gar nicht der Leichnam meines Mannes! Was soll denn das? Wenn Ihr nicht den Leichnam meines Mannes bringt, dann werdet Ihr sterben und ich auch. Geht, bitte, bringt meinen Mann heim!«
Wieder machte sich Herr Yi auf, den falschen Leichnam nahm er mit und suchte den Wirt auf, wo er zuletzt gewohnt hatte. »Der ist doch damals hier gestorben, und ich selbst habe ihn begraben. Später bin ich dann wieder gekommen und habe den Sarg ausgraben lassen und in die Heimat mitgenommen, aber als ich dort angekommen bin, lag ein weißhaariger Alter darin. Wie kommt denn das?« beklagte er sich. Der Wirt dachte nach. »In der Zeit, zu der Ihr hier wart, ist ein reicher Mann hierhergekommen, um Medizin zu nehmen, der ist damals doch auch gestorben. Wir haben ihn neben Eurem Freund begraben. Kann sein, daß beim Ausgraben die beiden verwechselt worden sind.«
Als sie die Sache noch einmal besprachen, meinten sie, der Sohn des reichen Mannes, ein Herr Pak, habe die beiden vertauscht, als er seinen toten Vater heimholen wollte. Auch der hatte zu spät bemerkt, daß er den Falschen ausgegraben hatte. So konnte er ihn nicht selbst beisetzen, sondern mußte andere Leute darum bitten.
Doch der Herr Pak machte sich große Sorgen, weil sein Vater

kein würdiges Begräbnis bekommen hatte. Herr Yi aber wußte nicht, wo denn die Familie Pak zu Hause war. Den Sarg mit dem weißhaarigen Alten begrub er gleich neben dem Dorfeingang.

Später geriet er zufällig doch in das Haus der Familie Pak. Er kam herein, entbot seinen Gruß, blieb dort über Nacht. Vorm Einschlafen erzählte man sich was, und Herr Yi berichtete: »Ja, ich bin ein Makrelenhändler, bin immer von dort hierhergekommen, bis mir das widerfahren ist ...« – »Ach, was habt Ihr denn mit dem weißhaarigen Alten gemacht?« – »Ich habe ihn gleich neben dem Dorfeingang begraben«, sagte der Herr Yi.

So fand Herr Pak dann doch noch seinen verstorbenen Vater; wie glücklich war er, daß er doch noch die vorgeschriebenen Bestattungsriten nachträglich vollziehen konnte. Dann begleitete er den Herrn Yi bis hinunter in dessen Heimat, dort entlohnte er den Makrelenhändler reich. Mitleid hatte er auch mit der armen Frau Kim, für sie kaufte er einen Acker und gab ihr noch Geld dazu.

## *53. Gelehrter und Geomant*

In alten Tagen lebte im oberen Haus ein Schönschreiber, der den ganzen Tag nur schrieb, im unteren Haus aber ein Geomant. Der Geomant, der gute Plätze für Gräber und dergleichen aussuchte, führte ein gutes Leben, während der, der immer nur schrieb, es ziemlich schwer hatte herumzukommen.

Deshalb sprach die Frau des Schönschreibers eines Tages zu ihrem Mann: »Der im unteren Haus ist Geomant, der kann gut leben, du aber guckst immer nur in deine Bücher. Kann man da Reis essen? Kann man da seinen Brei verdienen? Versuch du doch auch mal, ob du nicht mit der Geomantik unseren Lebensunterhalt verdienen kannst.« Er antwortete – da es sich so gehörte: »Aber da braucht man einen Kompaß!« Als seine Frau ihn nun fragte: »Wenn du nun einen Kompaß bekommst, wirst du es dann machen?« – da blieb ihm nichts anderes übrig, als ja zu sagen. »Ich such dir einen Kompaß, dann fängst du damit an«, sagte sie und ging hinaus.

Die Frau hatte immer, wenn sie im Nachbarhaus war, im Besucherzimmer dort unter einer Kleiderstange etwas hängen sehen, und sie war entschlossen, das zu stehlen. Wirklich, es gab im unteren Haus zwei Kompasse, einer war kein guter Kompaß, den konnte man nicht gebrauchen, der andere war der, den der Geomant immer mit sich nahm. Die Frau hat das alles nicht gewußt, sie hat einfach einen gestohlen, den hat sie dann ihrem Mann gebracht und ihn zur neuen Arbeit weggeschickt.

Der Mann war ganz ahnungslos, ob das ein guter Kompaß oder ein schlechter war, er band ihn an einem Kleiderband fest und brach auf. Einmal aus dem Haus heraus, lief er gleich ein paar Tage herum, hier und da und dort, trotzdem kam niemand zu ihm, der seine Dienste in Anspruch nehmen wollte. Er dachte sich: ›Vielleicht muß ich den Kompaß außen festbinden, damit die Leute ihn sehen und wissen, daß ich ein Geomant bin. Vielleicht kommt dann endlich jemand, der sich von mir einen Grabplatz aussuchen lassen will.‹ Also hat er seine Jacke aufgebunden und den Kompaß außen festgemacht.

Er kam in ein Dorf, dort saßen ein paar alte Leute im Schatten eines Baumes und erzählten sich was. Er wollte sich auch ein wenig ausruhen und trat zu ihnen, da sahen sie seinen Kompaß. »Es sieht so aus, als ob du ein Geomant bist? Warum läufst du dann in unserer Gegend herum? Dort drüben in dem großen Dorf, das du da siehst – wenn du dahin gehst, findest du ein großes Haus, dort ist jemand gestorben. Zwölf Geomanten sind da schon am Werk, da mußt du auch hingehen!«

Weil er Hunger hatte, suchte er das beschriebene Haus auf, und dort saßen tatsächlich in einem großen Zimmer zwölf

Geomanten und redeten laut durcheinander. Er ging hinein und setzte sich hin. Die anderen sagten: »Da ist noch einer gekommen«, und ließen ihm einen Tisch mit Speisen bringen. Er aß alles auf, saß aber allein in einer Ecke, als ob er gar nicht dazugehörte. Die anderen zwölf redeten weiter laut durcheinander: »Ich habe da und da einen guten Platz gefunden, der ist wirklich glückverheißend«, jeder erzählte so was.

Unser Gelehrter, der wußte von nichts, er hatte zwar viel studiert, aber auf diesem Gebiet hatte er keine Ahnung. Also blieb er wie geistesabwesend in seiner Ecke sitzen, doch da trat der Haupttrauernde zu ihm. »Warum sagt Ihr denn kein einziges Wort?« – »Was soll ich denn schon sagen?« – »Alle anderen schreien wild durcheinander, wer weiß was für einen guten Grabplatz sie gefunden haben, Ihr aber sagt kein Wort.« – »Was nützt denn ein guter Platz, den einmal früher einer gefunden hat?«, und er meinte damit, das wichtigste sei, jetzt einen guten Platz zu finden. Der Haupttrauernde dachte nach, ihm schien das ein wahres Wort zu sein, heimlich zog er ihn mit sich hinaus in eine kleine Kammer, dort blieben sie allein. Nochmals setzte er ihm zu essen vor, und so viel futterte der ausgehungerte Gelehrte, daß er davon Durchfall bekam.

In der Nacht konnte er nicht schlafen, zu sehr zwickte es ihn, eilig lief er zum Örtchen und wollte sich erleichtern. Da hörte er vom Haus her Frauenschritte näher kommen, genau bis vor die Tür, hinter der er hockte. Er wollte sich nicht lächerlich machen, wußte nicht, was er denn und wie er es denn jetzt anstellen sollte. Da sprach leise die Frau vor der Tür: »Sie! Hören Sie?« – der Stimme nach mußte es eine junge Frau sein. »Bitte, nehmt mir eine große Last ab! Wenn Ihr mir helft, werde ich auch für Euch etwas Gutes tun können!« Der Geomant fragte: »Was für eine Last ist das denn?« – »Nichts so Schlimmes. Ich habe nur schon sieben Monate nach der Hochzeit ein Kind zur Welt gebracht, und weil man sich im Haus so vornehmer Leute wegen so was schämt, sollten die Nachbarn und die Leute im Dorf nichts davon erfahren. Deshalb hat man

mich mitsamt dem Kind in ein Hinterzimmer gesteckt und uns da mit Reisbällchen, nichts sonst, gefüttert. Nun, mein Bruder, der hat auch die Kunst der Geomantik studiert, und ich habe dabei auch ein wenig mitbekommen. Bitte, macht Ihr nur das, was ich Euch sage!« – »So, was soll ich denn machen?« fragte er. »Wenn morgen der Tag anbricht, wird man sicher zuerst hingehen, wo schon Vorfahren der Familie begraben sind, und fragen, wie denn dieser Platz sich auf das Schicksal der Familie ausgewirkt hat. Bitte, sagt, daß dies ein Platz ist, der unter Tigereinfluß steht, sagt, daß wegen dieses Grabplatzes sicher in der Familie einmal ein Siebenmonatskind zur Welt gekommen ist, das späterhin die Familie sehr reich machen wird. Sagt ihnen, daß die Familie aussterben muß, wenn es kein Siebenmonatskind gegeben hat. Dann wird man Euch zu dem Platz führen, den man schon früher für dieses Begräbnis jetzt ausgesucht hat. Wenn Ihr dorthin kommt, dann sagt, daß dies ein Platz ist, wo Feen Tuch weben. Davor ist ein Teich. Nur wegen dieses Teiches haben alle anderen Geomanten gemeint, es sei das ein schlechter Platz. Ihr aber müßt sagen, daß die Feen das Wasser des Lotosteiches brauchen, um ihre Fäden anzufeuchten. Sagt ihnen, daß man diesen Platz ruhig benutzen soll!«
Noch auf dem Örtchen prägte sich der Gelehrte diese Worte genau ein, auswendig lernte er sie. Dann schlich er sich in sein Zimmer zurück, wo er die Geschichte mehrmals vor sich hinsagte. Die Frau aber ging schnell in ihr Hinterzimmer zurück.
Wie vorhergesagt, gingen am nächsten Morgen die Geomanten, der Haupttrauernde und ungefähr zwanzig Leidtragende hinaus. Unser Gelehrter sagte: »Zuerst müssen wir uns den Platz ansehen, wo schon früher Mitglieder der Familie begraben worden sind«, und alle gingen dorthin.
Der Gelehrte, der von Geomantik überhaupt keine Ahnung hatte, holte seinen schlechten Kompaß heraus, stieg auf die Hügelkuppe, stellte seinen Kompaß auf, las ihn ab. Nach allen

Seiten sah er sich um. »Dieser Berg steht unter Tigereinfluß.« Die anderen Geomanten waren entsetzt. »Das ist ja ganz falsch! Was für einen Tigereinfluß soll es denn hier geben?« schimpften sie. Später fragte der Gelehrte den Haupttrauernden: »Sagt mal, hat es da etwa in Eurer Familie ein Siebenmonatskind gegeben? Wenn es nämlich kein Siebenmonatskind gegeben hätte, wäre sicher Eure Familie schon längst zugrunde gegangen.«

Der Haupttrauernde erschrak ganz schön, als er das hörte. ›Der weiß ja etwas, was nicht mal unsere Nachbarn wissen! Der muß ja ganz ungewöhnliche Kenntnisse haben‹, dachte er sich und sagte: »Tatsächlich, als unsere Schwiegertochter sieben Monate im Haus war, hat sie ein Kind zur Welt gebracht. Weil wir uns geschämt haben, versteckten wir sie mit dem Kind in einem Hinterzimmer.« Der Gelehrte ermahnte ihn: »Schnell, geht hin und holt Mutter und Kind da heraus! Sorgt nur gut für sie! Wenn das Kind einmal ausgewachsen sein wird, dann wird es eine ganz bedeutende Persönlichkeit werden.« Da waren die anderen Geomanten ganz sprachlos, sie hörten nur zu. Er sprach weiter: »In einem großen Haus wie dem Euren ist es üblich, schon bevor jemand stirbt den besten Platz für ein Begräbnis für ihn auszusuchen. Habt Ihr das nicht auch so gemacht?«, und als man das bejahte, meinte er, als nächstes müsse man dann wohl dahin gehen.

Dort angekommen, holte er wieder seinen Kompaß hervor, legte ihn auf den Boden, sah sich nach allen Seiten um, alles ohne die geringste Ahnung, warum er das so tun mußte. »Hier weben die Feen Tuch, das ist ein Platz, den Ihr benützen müßt!« Wieder schimpften die übrigen Geomanten ihn aus: »Wie kann man das als Grabplatz benutzen, wenn davor ein Teich ist?« – »Wenn man Tuch webt, muß man die Fäden in Wasser legen, nur dann kann das Werk gelingen. Wie kann man an einem Platz weben, wo es kein Wasser gibt?« Und er empfahl dem Haupttrauernden, diesen Platz zu nehmen.

Als die anderen Geomanten das hörten, zogen sie einer nach

dem anderen den Schwanz ein, heimlich, still und leise verschwanden sie.

Als man dann nach Hause zurückkam, holte man als erstes die Schwiegertochter aus ihrem Hinterzimmer und kochte Seetangsuppe für sie. Der Geomant meinte dann: »Wenn Eure Schwiegertochter was sagt, dann tut das, hört gut auf sie, sie ist eine ganz kluge Frau.«

Als die Begräbnisfeierlichkeiten zu Ende waren, mußte man dem Geomanten seine Mühe entlohnen, aber niemand hatte darüber nachgedacht, was man ihm denn geben sollte. Sie fragten die Schwiegertochter: »Meinst du, es geht, wenn wir dem Geomanten für seine Mühe eine Ladung Geld geben?«, aber sie meinte, das gehe wohl nicht. Sie sagte: »Haben wir nicht ein Reisfeld, das im Jahr tausend Sack Reis einbringt? So viel, daß er zweihundert Sack im Jahr hat, soll ihm gehören, über den Rest soll er Oberaufseher werden, und was die Frage nach einem Haus für ihn betrifft, so kann er doch in das Aufseherhaus einziehen?« – »Aber wenn er nicht hierherziehen will?« Die Schwiegertochter meinte: »Wenn man sieht, was er für Kleider angezogen hat, dann scheint er ziemlich arm zu sein«, und sie ging hinaus zu ihm und fragte, ob er da wohnen wolle. »Ich habe doch hier kein Haus, dann kann ich auch nicht hierherkommen.« – »Um ein Haus macht Euch keine Sorgen, kommt nur einfach her!«

Und wirklich, der Geomant, der keiner war, zog in das Aufseherhaus ein. Von seinem Land und den zweihundert Sack Reis, die er davon ernten konnte, lebten er und seine Frau hinfort ganz gut.

## *54. Der Feuergeist der Schwiegertochter*

Seit alten Tagen hat man in unserem Land ein Feuer im Haus dauernd brennen, und man glaubt, daß, wenn dieses Feuer einmal verlöscht, dann die Familie aussterben wird. Wenn

wirklich einmal dieses Feuer ausgegangen war und man bei den Nachbarn um Feuer zu betteln mußte, dann hielt man es für nicht mehr wiedergutzumachen.
Einmal hat in unserem Kreis in der Gegend, die die Leute das Kaji-Tal nennen, eine Schwiegertochter mit ihrem Mann im Hause der Schwiegermutter gelebt; die war starrköpfig und streng, diese Schwiegermutter. Es waren noch keine paar Monate vergangen, seit die Schwiegertochter in dieses Haus geheiratet hatte. Sehr fleißig war sie. Wie sie die Schwiegermutter und ihren Mann aufmerksam bediente, das war einfach unvergleichlich.
Als sie eines Tages nach dem kostbaren Feuer sah, fuhr sie zurück – das Feuer hatte kurz zuvor noch schön geflackert, jetzt war es ganz schwach geworden und drohte ganz zu erlöschen. Sie war wirklich froh darüber, daß sie das vor der Schwiegermutter entdeckt hatte, mit aller Kraft versuchte sie, das Feuer neu zu entfachen. Aber sosehr sie sich auch Mühe gab, es war alles umsonst, das Feuer ging endgültig aus.
Sie wußte sich keinen Rat mehr, wohl oder übel mußte sie nun der Schwiegermutter berichten, was geschehen war. Ganz zornig war die Schwiegermutter, sie schrie die Schwiegertochter an, die zitternd vor ihr stand, schimpfte sie tüchtig aus. Still hörte sich die Schwiegertochter diese Schimpferei an, sie hatte die Familie ihres Mannes und auch ihre eigene Familie beschämt, nun war sie entschlossen, das durch ihren Tod wiedergutzumachen.
Wenn heutzutage ein Mädchen gerade in ein Haus eingeheiratet hat und einen kleinen Fehler macht, dann werden alle gern darüber hinwegsehen, früher aber hat man eine Schwiegertochter auch wegen eines kleinen Fehlers schwer bestraft, selbst wenn sie erst vor ein paar Tagen ins Haus gekommen war.
Die Schwiegertochter hat sich sauber gewaschen. Die Seidengewänder, die sie getragen hatte, als sie nach der Hochzeit ins Haus gekommen war, stopfte sie ins Feuerbecken hinein, sagte

ein einsames Lebetwohl. Zum Fluß ging sie hinunter und ertränkte sich an einer tiefen Stelle.
Aber ist der letzte Wunsch, der einzige, den sie noch hatte, in Erfüllung gegangen? Rock und Jacke, die sie in das Feuerbecken gestopft hatte, fingen tatsächlich zu brennen an! Ihr Mann und die Schwiegermutter wußten von alldem nichts. Voll Sorgen sahen sie, als sie aufwachten, wie im Hof Flammen hoch aufloderten, es nach verbrannter Seide roch. Von der Schwiegertochter war nichts zu sehen, nur ihre aufrechte Seele blieb übrig, sie war ein ewig brennendes Feuer geworden.
Noch heute, wenn man tief in der Nacht ins Kaji-Tal hineingeht, gibt es irgendwo dort im Dorf ein schwachglimmendes Feuer, ganz gleich, ob es Sommer ist oder Winter, immer ist es zu sehen, und alle Leute erzählen, daß dies die Seele der Schwiegertochter ist, die damals aus dem Leben geschieden.

## *55. Die Emillae-Glocke*

In alten Tagen, in der Silla-Zeit, hat ein König einem Glokkengießer befohlen, für den Tempel des Buddhalandes eine Glocke zu machen. Überall im Land wurde dafür Metall gesammelt.
Einer kam in ein Haus, wo eine Mutter mit ihrer Tochter im Arm saß. »In unserem Haus gibt es nichts. Wenn Ihr was mitnehmen wollt, müßt Ihr schon unsere Tochter nehmen«, so scherzte die.
Später hat man dann aus dem Metall, das überall im Land gesammelt worden war, die Glocke gegossen, aber, seltsam, sie gab keinen Ton von sich. »Das muß doch einen Grund haben«, meinten alle, und man fragte herum, ob es beim Sammeln des Metalls irgend etwas Besonderes gegeben hatte. Einer stand auf. »Ja, als ich in ein Haus kam, scherzte die Hausfrau, sie habe nichts, sie könne mir nur ihre Tochter mitgeben!« Als er das hörte, schickte der Abt des Tempels Leute, diese Tochter

herzuholen. Aber die Mutter weinte fürchterlich, wollte ihr Kind nicht hergeben, mit Gewalt entriß man ihr das Mädchen. Die Glocke wurde zerschlagen und eingeschmolzen, in das flüssige Metall stieß man das Mädchen und goß eine neue Glocke. Diesmal gelang sie wirklich gut. Als man die Glocke anschlug, hörte man bis in die Stadt Kyóngju den Glockenklang. Immer, wenn man die Glocke anschlug, tönte sie: »Emillae, Emillae!«, das heißt: »Mutter, deinetwegen!« So fand der Schmerz des Mädchens seinen Ausdruck, und bis zum heutigen Tag ist es zu hören: »Emillae! Emillae!«

### *56. Die Kwanúm aus der Podók-Höhle*

Das ist die Geschichte, die sich vor ungefähr tausend Jahren zugetragen hat. In den Diamantbergen gab es zu Füßen der Kiefer-Netz-Spitze die Kiefer-Netz-Einsiedelei. Dort lebte ein junger Mann, gerade in voller jugendlicher Kraft, das war der spätere Meditations-Meister Hoejóng. Tausend Tage lang blieb er in Versenkung. Als nur noch ein paar von den tausend Tagen seiner Meditation übriggeblieben waren, erschien ihm ein Bodhisattva und sprach: »In der Präfektur Yangu im Kreis Haean lebt in der Pangbu-Gasse ein Mann namens Molgolongch'ósa. Schnell, mach dich nach diesem Ort auf, dort vertiefe dich weiter in die Lehre!«

Das hörte der junge Mönch, und gleich brach er auf, diesen Ort zu suchen. Dort gab es einen dichten Wald, aber er konnte ein winziges Haus finden. Er öffnete das Hoftor, rief laut – heraus kam ein hübsches Mädchen von achtzehn, neunzehn Jahren, außer ihr war niemand da.

Der junge Mönch zögerte einen Augenblick. »Du, Mädchen, gibt es hier jemanden, der Molgolongch'ósa heißt?« Da schien das Mädchen ein wenig zu erschrecken. »Ich weiß zwar nicht, wer Ihr seid, aber wenn Ihr schon fragt – Molgolongch'ósa, das ist mein Vater.« – »Ach so! Weil der Bodhisattva es mich

geheißen, bin ich aus den Diamantbergen hierhergekommen, um bei deinem Vater die Lehre zu studieren.« – »So? Sicher habt Ihr lange gebraucht, uns hier zu finden, aber ich fürchte, die Suche war vergeblich.«
Der junge Mönch, wegen des hübschen Mädchens neugierig, wollte nicht so leicht umkehren, wieder weggehen, er trat näher auf das Mädchen zu und fragte weiter: »Wieso?« – »Wirklich, es ist keine Frage, mein Vater, der kann Euch gar nichts lehren. Im Gegenteil, er ist von Natur aus so bösartig, wenn er jemanden sieht, den er nicht kennt, macht er immer ganz dumme Sachen. Bei Tag geht er immer zum Jagen hinaus, die Sonne geht schon unter, er wird bald zurückkommen. Wenn es nur für eine Stunde ist, bitte, geht schnell weg!« – »Dann hätte ja der Bodhisattva gelogen! Jedenfalls, wenn ich jetzt wegginge, würde ich unterwegs in die dunkle Nacht kommen, also, bitte, leg beim Vater ein gutes Wort für mich ein.«
So sehr bedrängte er das Mädchen, daß sie gar nicht mehr wußte, was sie mit dem jungen Mönch anfangen sollte. Doch da, ganz unerwartet, lächelte sie ihn an. »Es ist schon schwer. Wenn mein Vater dich sieht, wird er dich kaum so einfach wieder ziehen lassen.« – »Ich weiß Bescheid. Wenn es nur um deinen Vater geht, sehe ich der Gefahr gefaßt entgegen. Da ich das alles auf Geheiß des Bodhisattva tue, vertraue ich darauf, daß er mir helfen wird.« – »Ja, aber, das ...« – »Ich sage es noch einmal – gegen den Willen des Bodhisattva darf und kann ich nicht verstoßen!«
Es war dem jungen Mönch schon längst selbst klargeworden, daß er sich in das junge Mädchen verliebt hatte. Er dachte: ›Wenn das der Bodhisattva gemeint hat, daß ich vom Vater des Mädchens getötet werden soll, auch dann will ich zufrieden sein.‹ Der Mönch glaubte fest, nicht mehr zurückzukönnen, so wurde schließlich von seinem Bitten und Flehen auch das Herz des Mädchens bewegt. »Also, wir wollen es so machen – wenn ich dem Vater sage, daß ich Euch gern habe, dann wird er Euch

nichts antun. Ich will eine gute Gelegenheit abwarten und ihm zureden. Ich werde ihm sagen, daß wir Mann und Frau werden wollen.« – »Wenn das so ist! Ach, du, meine Liebste!« – »Wenn nur diese Nacht gut vorübergeht, bis der Vater morgen früh wieder zum Jagen in die Berge geht, will ich ihm nach und nach alles erzählen.« – »Wirklich, ich bin dir so dankbar! Auf jeden Fall, rede ihm gut zu.« – »Überlaß das nur alles mir.« Das junge Mädchen legte die Hand auf die Brust und sah den Mönch liebevoll an. Sein Gesicht war voll Freude. »Wie heißt du eigentlich?« – »Ja, ich heiße Podók.«

Als der Mönch Podók zum ersten Mal erblickt hatte, war er tief beeindruckt, jetzt brannte sein Herz wie Feuer. Sie hatte gesagt, sie wolle ihn heiraten, sie wollte beim Vater ein gutes Wort für ihn einlegen, das alles war wie ein Traum. Das mußte doch wahre Liebe sein! Für eine Frau war das alles noch viel schwerer zu entscheiden – solche Gedanken hatte der junge Mönch, wirklich, er konnte nicht anders als nur glücklich sein. Es war wirklich wie verhext – das Mädchen ging dem Mönch nicht mehr aus dem Kopf. Am nächsten Tag ging er auch nicht weg, blieb einfach da. Eines Tages wollte er sogar dem Mädchen Gewalt antun. In dem Augenblick, da er Podók umarmen wollte, schwanden ihm die Sinne. Als er wenig später wieder zu sich kam, so, wie man aus einem Traum erwacht, versuchte er seine Sinne zu sammeln, aber er konnte einfach nicht unterscheiden, ob das alles Traum oder Leben gewesen war.

Von Liebe trunken suchte der junge Mönch, die geliebte Podók zu finden. Seltsam genug, wie ein Schatten hatte sie keine Spuren hinterlassen, neben ihm, seiner eigenen Gestalt gleich, ragte nur hoch ein Felsen auf. Wie ein Verrückter sprang er herum, suchte sie überall. Merkwürdigerweise ging er dabei denselben Weg zurück, den er auch gekommen war, und gelangte wieder zu den Diamantbergen.

Bis er sich endlich besann und aufhören wollte, einem Mädchen nachzulaufen, hierhin und dorthin zu wandern, war

der junge Mönch schon weit in die Berge gekommen. Als er gerade wieder eine Bergspitze erkletterte und sich anschickte, wieder ins Tal abzusteigen, sah er drüben – welch eine Freude – Podók, wie sie in einem Bergbach ihr Haar wusch. Er sah sie, er folgte ihr – doch einem Vogel gleich flog sie auf und war spurlos verschwunden.
Als der junge Mönch ins Tal kam – da stand plötzlich das Mädchen, das er suchte, dort hoch über einem Lotosteich. »Oh, du ...«, rief er, wollte ihren Spuren folgen. Und da erblickte er die Bergspitze vor sich – dort stand nicht etwa seine geliebte Podók, nein, dort stand zu seiner Verwunderung Kwanúm selbst in all ihrer Würde. Das war wirklich ein Wunder. »Das hat doch wie Podók ausgesehen« – wieder blickte er zum Lotosteich hinüber, das Bild, das wie Podók ausgesehen hatte, war in das Bild der Kwanúm verwandelt. Schnell ging der junge Mönch in die Knie, beugte den Rücken. »Ach, ich habe gefehlt! Die Frau, die ich als Podók sah, war eine Verkörperung der Kwanúm.« Den ganzen Körper des jungen Mönchs überzog eine Gänsehaut. Die Kwanúm hatte sich, um seine geistige Reife zu prüfen, in Podók verwandelt! Jetzt sah er, daß sie sein Herz genau kennen mußte, und als er selbst sein Herz prüfte, da sah er ein, wie sehr er, ein Schüler, ein Nachfolger Buddhas, gefehlt hatte. Er erkannte seine Schwächen, er bereute alles mit ganzem Herzen, widmete sich nur noch dem rechten Lebenswandel; er wurde ein sehr berühmter Mönch, von der ganzen Mönchsgemeinde hoch geachtet.
Später, als er längst ein Meditationsmeister geworden war, baute er dort, wo er die Erscheinung der Podók – der Kwanum – gesehen hatte, in halber Höhe des Berges das, was heute die Podók-Höhle genannt wird. Hier ließ er ein Standbild der Kwanúm aufstellen, und dort soll er dann auch die wahre Erleuchtung erlangt haben.

## *57. Wie die Schildkröte eine Schuld abtrug*

In alten, ganz alten Tagen lebte einmal ein Mann, der mit Pfeil und Bogen umgehen, aber genauso gut seinem Vergnügen nachgehen und Geld ausgeben konnte. Eines Tages schlenderte er am Meeresstrand herum, als er in der Ferne Burschen aus dem Dorf zusammenstehen sah, die schrien sich laut an. Er wollte gern wissen, was da los war, trat darum herzu. Sieben Burschen stritten miteinander um eine große Schildkröte, die drei Schwänze hatte. Jeder wollte die Schildkröte für sich haben, aber weil sie alle gemeinsam das Tier gefangen hatten, sah es nicht so aus, als ob sie irgendwie übereinkommen könnten. Da meinte einer von ihnen: »Zu siebt haben wie sie gefangen, es wird uns nichts anderes übrigbleiben, als sie unter uns sieben aufzuteilen« – und er zog sein Messer heraus und schickte sich an, die Schildkröte in sieben Teile zu zerschneiden.

Den sicheren Tod vor Augen blickte die Schildkröte sie alle an, so, als ob sie um etwas bitten wollte. Das sah der, der da am Meeresstrand spazierengegangen war, ihm erschien die Schildkröte ganz bedauernswert, er gab den Burschen Geld, kaufte die Schildkröte und ließ sie im Meerwasser wieder frei. Sie war ihm sehr dankbar. »Ich bin der Drachenkönig vom Meeresgrund. Gerade als ich heute endlich einmal aus dem Meer herausgekommen bin, um mir das feste Land anzusehen, bin ich gefangen worden. Durch deine Freundlichkeit bin ich noch einmal davongekommen. Wenn du hinfort in Gefahr gerätst, dann komm hierher und suche nach mir. Dann werde ich dir helfen und die Schuld, in der ich bei dir stehe, abtragen« – sprach's und schwamm ins Meer hinein.

Später einmal unternahm der Mann eine weite Reise. An einem Abend war er noch unterwegs, aber weil es dunkelte, trat er in eine Herberge ein, um dort zu übernachten. Die Großmutter in der Herberge begrüßte ihn ganz erfreut. Nach dem Abendessen erzählten sie sich diese Geschichte und jene Geschichte, und dann erzählte der Mann auch, daß er nur so zu seinem Vergnügen herumwandere und am nächsten Morgen auch mal auf den Berg hinter der Herberge steigen wolle. Als die Großmutter das hörte, suchte sie ihm davon abzuraten, sie sagte: »Ich bin eigentlich der Geist dieses Berges dort hinten. Von einem bösen Weib, das jetzt den Berg beherrscht, bin ich verjagt worden. Deshalb siehst du mich jetzt hier in der Herberge. Wenn du auf den Berg hinaufsteigst, wird dir Schlimmes widerfahren. Es ist noch niemand lebend zurückgekehrt von denen, die es gewagt haben, auf den Berg zu steigen.« Er aber gab an: »Ich bin doch ein großer und kräftiger Mann, wie kann ich denn vor so was Angst haben? Ist man dann noch ein richtiger Mann?«

Am nächsten Morgen kletterte er wirklich auf den Berg hinauf, wo nun das böse Weib anstelle des wahren Berggeistes regierte. Als er oben ankam, wurde es schon dunkel. Tief im Wald sah er ein Feuer brennen. Er marschierte in diese Richtung. Da trat ein junges und hübsches Mädchen zu ihm und hieß ihn höflich willkommen. Er bat um ein Nachtlager, und gern stimmte sie zu. Sie brachte ihm zu essen, der Tisch war reich gedeckt mit köstlichen Speisen.

Spät am Abend wollte er endlich schlafen gehen, doch da bat sie, mit ihm das Bett teilen zu dürfen. »Ich bin der Berggeist hier, willst du mit mir zusammenleben?«

Der Mann hatte schon so etwas geahnt, bei sich dachte er: ›Jetzt scheint sie was Schlimmes mit mir vorzuhaben‹ – und er antwortete ihr: »Du scheinst wohl Sitte und Anstand nicht zu kennen! Mit mir kannst du das nicht machen!«, ganz fest lehnte er alles ab.

Sofort wurde sie zornig, weißer Schaum stand ihr vor dem Mund. »Wenn du sagst, du willst mich nicht …? Wart, du wirst was erleben!« Und sie fing an, ihre Zauberkräfte einzusetzen: Eine Zauberformel schrieb sie auf ein Stück Papier, verbrannte es, blies den Rauch in die Höhe, murmelte noch einen Zauberspruch vor sich hin – und mit einem Mal war die ganze Welt, Himmel und Erde, so schwarz, als hätte man alles mit Tusche angemalt. Blitze zuckten, Donner krachte. Die Blitze sahen aus, als ob jemand mit dem Messer herumfuchtelte. Der Mann geriet ganz durcheinander, ihm wurde klar, daß er gar keine Aussicht hatte, diesem bösen Weib zu entgehen.

Plötzlich aber fiel ihm die Schildkröte ein, der er das Leben gerettet hatte. Er bat die Frau, ihm einen Aufschub zu gewähren, er wollte die Sache erst noch einmal überdenken. Das böse Weib glaubte ihn schon ein wenig gewonnen zu haben, sie lachte ihn aus und gab ihm sieben Tage. Aber sie drohte ihm: »Wenn du mich irgendwie hereinlegen willst, dann werde ich dich töten!«

Der Mann ging ans Meer, dorthin, wo er der Schildkröte das Leben gerettet hatte, und rief nach dem Drachenkönig. Aus dem Wasser kam ein hübscher Knabe, der brauchte nur einen Zauberspruch zu sagen, und schon teilten sich die Fluten. Auf diesem Weg zwischen den Wassern folgte der Mann ihm hinunter zum Drachenkönig. Der hörte sich an, in welcher schlimmen Lage der Mann war, dann beorderte er drei seiner Generale herbei und befahl ihnen, gemeinsam das böse Weib anzugreifen.

Mit den drei Generalen trat der Mann wieder aufs feste Land, und sie marschierten los, um das böse Weib zu bekämpfen. Wer weiß durch welche Zauberkraft – Himmel und Erde verdunkelten sich, Sturm und Regen kamen auf, nichts konnte dem widerstehen. Aber als das böse Weib das sah, lachte sie nur. »So, du hast dir Hilfe vom Drachenkönig geholt. Aber der vermag nichts gegen meine Zauberkraft!«, wieder schrieb sie eine Zauberformel auf ein Papier, verbrannte es, blies den Rauch in die Luft und – wie konnte das nur geschehen? – die Generale starben einen grausamen Tod.

Der Mann stand völlig regungslos, es blieb ihm nun wohl nichts anderes übrig, als dem bösen Weib seinen Wunsch zu erfüllen. Aber er bat sie noch einmal um Bedenkzeit. Das böse

Weib erwiderte: »Was du auch für einen Plan hast, es wird nichts herauskommen dabei«, aber sie gewährte ihm noch einmal, diesmal sogar einen Monat, Aufschub.
Wieder sprach er beim Drachenkönig vor. Der sorgte sich ernstlich, er meinte, da müsse man wohl den Höchsten Jadekaiser im Himmel selbst um Hilfe angehen, und stieg dorthin auf. Der Höchste Jadekaiser sandte drei Generale zur Erde hinunter, die benutzten ihre Zauberkraft, machten Sturm und Regen, ließen Blitze zucken. Das böse Weib lachte nur. »Hast du sogar den Beistand des Himmels gewonnen! Jetzt sollst du mal sehen, wie mächtig ich bin!«, wieder schrieb sie ihre Zauberformel auf ein Stück Papier, verbrannte es, blies es in die Luft. Aber nichts, gar nichts änderte sich: Sturm und Regen, Blitze tobten wie zuvor. Und dann, zuletzt, kam ein gewaltiger Donnerkeil vom Himmel herunter, der traf das böse Weib und erschlug sie.
Und als sie den Leichnam des bösen Weibes betrachten wollten, da war der in einen riesigen alten Fuchs verwandelt. Dieser Fuchs hatte als Berggeist den Menschen so viel Schlimmes gebracht. – Der Mann bedankte sich bei den drei Himmelsgeneralen, auch der Großmutter in der Schenke entbot er seinen Gruß, dann suchte er noch einmal den Drachenkönig im Drachenpalast auf. Danach kehrte er wohlbehalten nach Hause zurück.

## *58. Der Affenteich*

Dies ist eine Geschichte aus der Paekche-Zeit. In der Nähe des Affenteichs, von dem hier erzählt wird, lebte ein Jäger. Jeden Tag streifte er in den Bergen umher und jagte.
Eines Tages sah er im Schatten eines Baumes ein seltsames Tier, und als er das genauer betrachtete, war es ein Affe. Er legte einen Pfeil auf seinen Bogen, zielte und wollte gerade schießen, da bemerkte er, daß es ein Weibchen war, und neben

ihr – da saß ein Affenkind und weinte. Er fing die beiden mit einem Netz und nahm sie mit sich nach Hause. Dort zog er den kleinen Affen auf, so lange pflegte er ihn, bis der Affe sich gut an ihn gewöhnt hatte und ihm überallhin nachlief. Sogar das kleine Kind des Jägers, das noch an der Mutterbrust trank, trug der Affe in seinen Armen und auf dem Rücken herum. Als einmal die Jägersfrau zum Wäschewaschen hinausgegangen war, wollte der Affe auch so etwas wie Wäsche waschen. Er ging zum Ofen, holte einen Topf mit heißem Wasser herunter und goß das Wasser über das kleine Kind. Als das fürchterlich zu schreien anfing, halbtot war es, erschrak der Affe, nahm das Kleine auf den Arm und verschwand mit ihm irgendwohin. Als der Jäger und seine Frau nach Hause zurückkamen, waren ihr Kind und der Affe verschwunden. Überall liefen sie herum und suchten die beiden, aber es war alles umsonst, sie konnten sie nicht finden.

Ein paar Tage vergingen, da hörte der Jäger in einem Bergtal seltsame Stimmen. Schnell lief er dorthin – es gab da einen kleinen Teich, an dessen Ufer sah er viele, viele Affen dicht beieinandersitzen. Das Kind des Jägers hielten sie im Arm und spielten mit ihm. Im Augenblick sprang der Jäger herzu, riß sein Kind an sich. Die Affen glaubten sich angegriffen, verschreckt stoben sie auseinander und liefen davon.

Seltsam – die schweren Brandwunden des Kleinen waren alle verheilt, wie war das möglich, dachten sich Vater und Mutter. Doch als sie das Wasser des Teichs genau untersuchten, da fanden sie, daß das heilkräftiges Wasser war. Der Affe hatte, als er das Kind mit dem heißen Wasser begoß, gleich gemerkt, daß er einen Fehler gemacht hatte, schnell war er mit dem Kind zu dem von Natur aus heilkräftigen Teich gelaufen und hatte es dort in dem Wasser gebadet. So konnte das Kind wieder genesen. – Deswegen haben die Leute später diesen Teich den Affenteich genannt.

## 59. *Wie einer mit einer Schüssel Hundesuppe sein Glück machte*

In alten Tagen lebte einmal ein alter Holzfäller. Er hatte keine Eltern mehr, auch keine Geschwister, lebte ganz allein. Sein Herz war gut, er war ein Mensch ohne jede Habgier. Jeden Tag fällte er Bäume, verkaufte das Holz und konnte immer nur geradeso seinen Hunger stillen. Viel Mühsal hatte er zu ertragen, aber er machte sich keine Gedanken darüber. An einem Tag nun fiel dicker Schnee, er dachte sich zwar: ›Das ist ja ein Wetter, bei dem man am besten zu Hause bleibt‹ – aber so was konnte er sich einfach nicht leisten, weil es sonst nämlich zu schwer würde, die nächste Mahlzeit zu verdienen.

In den Bergen war es noch kälter, er trotzte allem Wind und Wetter, machte eine Last Holz und schickte sich an, wieder ins Tal hinabzusteigen. Doch – stand da nicht am Berg, da, wo der Wind am schlimmsten blies, ein alter Mann? Er besah ihn sich genau. Der Holzfäller dachte sich, der Alte muß doch ganz schön frieren. »Ihr, warum bleibt Ihr denn an einem so kalten Platz stehen? Geht doch dahin, wo es ein wenig wärmer ist!« – »Ich bin ein Mensch, der sich nicht hinstellen kann, wo kein Wind weht.«

Der Holzfäller dachte darüber nach, was der Alte ihm da gesagt hatte. ›Ach, da gibt es doch tatsächlich Menschen, die ein noch kläglicheres Schicksal tragen müssen als ich! Auch wenn ich nur ein armer Holzfäller bin, kann ich doch wenigstens, wenn es Nacht wird, unter einem Dach der Kälte entgehen.‹

Er kam zum Marktplatz und verkaufte all sein Holz zu einem guten Preis. Doppelt so viel als sonst erlöste er dafür. Frohen Mutes machte er sich auf den Heimweg. Unterwegs kehrte er in einem Gasthaus ein, das bekannt war für seine gute Hundesuppe. Früher hatte er nicht einmal an so etwas zu denken gewagt, aber heute, hatte er nicht etwa viel Geld eingenommen? Eine Schüssel Hundesuppe ließ seinen Körper, der fast zu Eis gefroren war, langsam warm werden. Da dachte er an

den Alten auf dem Berg, kaufte noch eine Schüssel Hundesuppe und trug sie ihm hin.
»Mein Herr, eßt das!«, aber es sah so aus, als ob der Alte sich nicht einmal besonders darüber freute. »Für mich ist das keine bekömmliche Kost, aber stell es einfach da drüben hin!« – seltsam, dachte sich der Holzfäller, aber er machte es so, wie der Alte gesagt hatte, und ging nach Hause.
Es geschah in der nächsten Nacht – als er gerade einschlafen wollte, suchte ihn jemand auf. Der Holzfäller ging hinaus, da stand der Alte vom Berg. »Ich bin ein Geist. Ich weiß, daß du ein kärgliches Leben führst und dennoch ein gutes Herz hast. Ich will deine Mühsal zu einem guten Ende bringen. Morgen gibt es in einem Haus im Dorf gegenüber ein Fest, da sollst du hingehen« – nur das sprach er und verschwand, bevor der Holzfäller auch nur ein Wort sagen konnte.
Der dachte, er habe geträumt, und kniff sich in den Schenkel – das schmerzte ganz ordentlich. Da wußte er, daß er wach war, nicht geträumt hatte. Das Haus, wo es am nächsten Tag das Fest geben sollte, das kannte er genau. Es war das ein Haus, dessen Feldarbeiter ihn einmal, als er vom Holzfällen kam und seine Last Holz auf dem Rücken hatte, um Haaresbreite in große Schwierigkeiten gebracht hätten. Weil das dies Haus war, konnte er sich kaum vorstellen, was der Alte mit ihm vorhatte. Aber der mußte seine Gründe haben, also entschloß er sich, doch hinzugehen.
Dieser Alte aber ist vom Haus des Holzfällers geradenwegs zu diesem Festhaus gegangen. Er rief nach dem Hausherrn. »Morgen wird der Holzfäller hierherkommen, nehmt ihn ja gut auf, sonst werde ich dafür sorgen, daß Euch etwas Schlimmes widerfährt!« Und bevor der Hausherr auch nur fragen konnte, was das denn solle, war er verschwunden. Das ist recht eigenartig, dachte der Hausherr, aber er rief seine Feldarbeiter zusammen und befahl ihnen: »Wenn morgen der und der Holzfäller kommt, bringt ihn gleich zu mir!«
Am nächsten Morgen ging der Holzfäller, eine Last Holz auf

dem Rücken, zum Festhaus. Die Feldarbeiter empfingen ihn ganz zuvorkommend. Er fürchtete, das dicke Ende könnte ganz schnell kommen, aber bewahrte trotzdem Haltung. Der Hausherr hatte sich schon überlegt, was er denn mit dem Holzfäller anfangen sollte. »Bleib du hier, ich will dir so viel Land geben, daß du einen Sack Reis für dich hast.« Der Holzfäller hielt das für eine leichtere Arbeit als die, die er bis dahin getan; gleich sagte er zu.

Sehr fleißig arbeitete er, und weil er sich viel Mühe gab, erntete er doppelt so viel wie die anderen. Drei Jahre ging das so, er wurde ein wohlhabender Mann. Überall in der Nachbarschaft sprach man davon, daß er so schnell reich geworden war.

In dieser Gegend gab es einen habgierigen reichen Kerl, als der auch davon hörte, hatte er keine ruhige Minute mehr, er suchte den ehemaligen Holzfäller auf und fragte, wie er denn das geschafft hatte.

Arglos erzählte der alles von Anfang an. Als der Habgierige nach Hause zurücklief, dachte er bei sich: ›Wenn man schon für eine Schüssel Hundesuppe soviel zurückbekommt, was muß da erst herauskommen, wenn man einen reichgedeckten Tisch dorthin bringt!‹

Zu Hause jagte er seine Frau herum, ließ sie alle möglichen Speisen vorbereiten, die brachte er an die windige Ecke dort am Berg. »Stell alles hin und geh!« sagte der Alte zu dem Habgierigen und nicht mehr. Der hatte sich für seine Speisen so viele Wohltaten erhofft. Ganz in Gedanken über das viele Glück, das nun über ihn kommen mußte, kehrte er zu seinem Haus zurück.

Am Abend, es war ja auch nicht anders zu erwarten gewesen, kam der Alte. »Hast du mir die Speisen gebracht, weil du keinen Sohn hast? Oder weil du nicht genug Felder hast? Was fehlt dir denn? Was willst du denn noch mehr? Bis jetzt hast du gut gelebt, aber dein Herz ist schlecht. Von nun an will ich dir dein Glück wegnehmen!«

Statt ihm die erhofften Wohltaten zu bringen, hat der Alte so den Habgierigen verflucht, gleich war er wieder verschwunden. Alles wendete sich zum Schlimmen, die Kinder starben eines nach dem anderen, die ganze Familie, alle an einer Krankheit, deren Namen keiner kannte.

## *60. Der gutmütige Gelehrte*

Dies ist eine Geschichte von einem hochgelehrten Herrn. Einmal saß er bis tief in die Nacht über seinen Büchern, als ein Räuber hereinkam und die beiden sich wohl oder übel miteinander unterhielten.

Vielleicht fünfzig Jahre mag es her sein, daß im Kreis Yangbuk in der Nähe von Kyóngju ein Gelehrter namens Ch'oe in seinem Haus studierte. Eines Nachts kam ein Räuber, eine Maske über dem Gesicht und ein Messer in der Hand, in sein Studierzimmer herein. »Was du an Geld hast, das rück heraus!« schrie er, fuchtelte dem Gelehrten mit dem blitzenden Messer vor den Augen herum.

Aber der Herr Ch'oe tat so, als ob er gar nicht hörte, gab ihm keine Antwort und las nur einfach weiter in seinen Büchern. Da brüllte ihn der Räuber an: »Du Kerl du, gib das Geld her, rück alles heraus, was du hast!« und setzte ihm die Messerspitze auf die Nase. Da erst wandte sich Herr Ch'oe um und sah den Räuber an. »Lieber Gast! Habt Ihr viel zu tun? Setzt Euch doch ein wenig! Woher kommt Ihr des Weges?« sprach er. Wieder brüllte der Räuber: »Du Kerl! Was soll das Geschwätz? Rück dein Geld heraus, ich sag dir doch, daß ich dein Geld haben will!« Diesmal sprach Herr Ch'oe: »Setzt Euch doch. Ich hab nicht mehr Geld als das hier. Ob Ihr damit zufrieden seid?« Und er holte 5300 Wón aus seinem Schreibtisch – ob das damals viel Geld gewesen ist? – und gab das alles dem Räuber.

Der riß das Geld schnell an sich, wollte zur Tür hinausstürzen. Da meinte der Hausherr: »Seid Ihr nicht zufrieden mit dem,

was ich Euch gegeben habe? Das kann ich ja nicht wissen, aber ich habe Euch alles gegeben, was da ist. Wenn man von jemandem Geld bekommt, kann man dann so einfach ohne ein Wort davonlaufen? Wäre es nicht höflich, danke zu sagen, oder daß Ihr es gut brauchen könnt, oder daß Ihr noch einmal kommen wollt?« Als der Räuber das hörte, machte er die Tür noch einmal auf, sagte tatsächlich: »Danke!« und lief davon.
Als etwa ein Monat vergangen war, wurde der Räuber gefaßt und mit gefesselten Händen an den Ort seiner Tat, in das Haus des Herrn Ch'oe, gebracht. Einer der Polizisten sagte: »Dieser Räuber hat gestanden, daß er aus Eurem Haus, Herr Ch'oe, Geld gestohlen hat.« Da sagte der Herr Ch'oe: »Mir hat noch nie jemand Geld gestohlen.« Er betrachtete sich noch einmal den gefesselten Räuber. »Du, komm mal her!« sagte er. Die Polizisten sahen verwirrt den Räuber an. Zu ihnen sprach der Herr Ch'oe: »He, ihr! Wenn ein Räuber mir Geld wegnimmt – wie kann er sich dann bei mir bedanken? Ich weiß von nichts. Sehe ich aus wie einer, der aus Angst vor einem Räuber zitternd sein Geld herausrückt? Seht euch die Leute erst mal genau an, bevor ihr was redet!« Und zum Räuber sagte er: »Du, hast du vergessen, daß du dich bei mir bedankt hast? Hat dir das Geld gereicht?« Und er schien ganz froh zu sein.
Selbstverständlich mußte man dem Räuber seine Fesseln lösen, Aussagen und Beweise stimmten nicht überein, der Vorfall konnte nicht aufgeklärt werden – so wurde der Räuber freigelassen. Er brach in Tränen aus, heulte richtig, sein Herz wurde wieder redlich. Der Herr Ch'oe, der war für ihn so etwas wie ein Vater. Der Räuber wurde ein anderer Mensch und tat hinfort nur noch Gutes.

## *61. Die Wette*

Geht man aus der Stadtmitte von Kongju etwa zwanzig Meilen nach Norden, stößt man auf einen hohen Berg, den Musóng-Berg. Steigt man auf die Bergspitze hinauf, findet man eine alte, ganz alte Festungsmauer. Daß sie an einigen Stellen ziemlich verfallen ist, fällt ins Auge. Über diese Festungsmauer nun berichtet die folgende Geschichte.

In ganz alten Tagen lebte in diesen Bergen ein Jüngling mit Namen Hong Kildong zusammen mit seiner Mutter und einer älteren Schwester. Kildong und seine Schwester waren bärenstark. Die beiden prahlten immer mit ihrer Stärke, und sie liebten es, miteinander zu kämpfen. Diese Zwietracht zwischen den beiden war einfach nicht auszurotten, so entschlossen sie sich eines Tages, nun wirklich in einem Wettkampf ihre Kräfte zu messen. Das taten sie, damit alles, was Zwietracht verursachen konnte, verschwinde. Durch Sieg und Niederlage sollte besiegelt werden, wer recht und wer unrecht hatte. Alle Meinungsverschiedenheiten sollten in Zukunft vermieden werden.

Kildong zog aus Eisen gegossene Schuhe an, er wollte damit in die Hauptstadt laufen und zurück, dabei noch ein Kalb mitnehmen. Seine Schwester wollte auf einer Bergspitze eine Festung errichten. Wer zuerst sein Werk vollendet, der sollte Sieger sein – der Unterlegene aber, der sollte sterben. Eine solch grausame Verabredung trafen sie miteinander.

Kildong machte sich wohlvorbereitet auf den Weg zur Hauptstadt; seine Schwester begann, ihre Festungsmauer zu bauen. Für Kildong war es ganz schön hart, in die Hauptstadt hin- und zurückzulaufen, das ist ein Weg von sechshundert Meilen, und das mit Schuhen aus Eisen an den Füßen und einem Kalb am Seil. Auf dem Weg brach er mehr als einmal zusammen, so erschöpft war er, er mußte sich immer wieder erst einmal erholen. Das Kalb war auch ein ziemliches Hindernis für ihn. Wenn er unterwegs an die Verabredung dachte, die er mit seiner Schwester getroffen hatte, schien es ihm völlig klar, daß sein Leben verwirkt war. Aber er biß fest die Zähne zusammen, es galt nur eins, diese Schwierigkeiten zu überwinden. Obwohl er für seine Körperkraft berühmt war – jetzt reute ihn die Verabredung, die er so leichtfertig getroffen hatte.

Seine Schwester aber, die schleppte in ihrer Schürze große Steine herbei, setzte sie aufeinander, holte wieder neue Steine. Alle Kraft wandte sie auf, und so ging ihr Werk gut voran. Die Mutter der beiden stand dabei, sie mußte mit ansehen, wie die Tochter allem Anschein nach den Wettkampf gewinnen würde. Ihr Herz verkrampfte sich. Alles mögliche tat sie, um die Bauarbeiten zu behindern. Sie wünschte sich nur eins – ihr Sohn sollte den Wettkampf gewinnen, nicht die Tochter. Sie hielt die Tochter fest, schwätzte dummes Zeug, ermahnte sie immer wieder, sich doch zu schonen und ein wenig auszuruhen. Unbedingt wollte sie einen Sieg der Tochter verhindern. Dabei hatte sie nur den einen Gedanken, ihrem Sohn das Leben zu retten. Doch – Stein für Stein, die Mauer schien bald fertig zu werden. Sooft sie auch nach Norden in Richtung Hauptstadt Ausschau hielt, der Sohn war noch nicht zu sehen. Die Mutter konnte sich bald nicht mehr beherrschen, wie verrückt lief sie herum. Dann kam ihr ein guter Einfall. »Ich will meiner Tochter eine Schüssel mit heißer Suppe bringen!« Eine Menge Holz sammelte sie, machte Feuer und kochte darauf eine Suppe. »He, du! Deine Mauer ist bald fertig, Kildong ist noch nicht zu sehen. Wie wäre das, wenn du erst mal deine Suppe ißt?«, ganz freundlich sprach sie, mit zarter Stimme, zu ihrer Tochter. »Ich will erst den Bau vollenden, dann kann ich essen, Mutter. Iß du ruhig zuerst!«, sie sah die Mutter an, ließ sie merken, daß sie nicht essen wollte. Die Mutter wurde unruhig, das konnte sie nicht mehr verbergen.

Die Tochter war zwar müde und hungrig, aber es war nicht mehr viel zu tun an ihrer Mauer, sie wollte die Arbeit erst vollenden. Schließlich erhob sich die Mutter, ging zu der

Tochter hin, zog sie am Arm. »So, du, jetzt ißt du wirklich zuerst mal deine Suppe!« Ob sie auf die freundlichen Worte der Mutter hören wollte oder ob der Hunger sie trieb – jedenfalls fing die Tochter an, ihre Suppe zu löffeln, die die Mutter für sie gekocht hatte.
Gerade in diesem Augenblick erschien Kildong. Lange und ohne ein Wort zu wechseln, starrten sich Kildong und seine Schwester in die Augen. Im Innersten seines Herzens war Kildong sehr froh – und sehr traurig zugleich. Tief seufzte die Mutter der beiden, sie war zwar glücklich, daß ihre List gelungen war, aber sie wußte auch sehr wohl, daß nun die Tochter sterben mußte. Was geschehen sollte, geschah, die Schwester Kildongs nahm sich das Leben, sie wurde ein einsamer Geist in den Bergen.

## *62. Hundert-Tage-Rot*

In alten Tagen lebte irgendwo am Meeresstrand ein armer Fischer mit seiner einzigen Tochter. Jeden Tag bestieg er sein Fischerboot, um zum Fang hinauszufahren, aber er brachte immer nur so viel, daß es gerade für den Tag reichte. Eines Tages ging die Tochter, so wie sie es jeden Tag machte, mit ihrem Vater, der zum Fischfang ausfahren wollte, zum Strand hinunter. Dort sprach sie zu ihm: »Vater, fangt doch heute mehr!« Doch als es Abend wurde und die Zeit gekommen war, zu der sie ihren Vater zurückerwartete, kam er, niemand weiß warum, nicht zurück. Die Tochter machte sich große Sorgen, sie fürchtete, der Vater hätte bei Wind und Wellen den Weg verloren, irrte jetzt da draußen herum. Deshalb ging sie von nun an jede Nacht auf einen hohen Berg hinauf, suchte Holz zusammen und entzündete ein Feuer, um den Vater wissen zu lassen, wo sie war. Auch als sie immer weniger zu essen hatte – das Feuer zündete sie an. Als es genau hundert Tage waren, daß die Arme so lebte, ohne richtig

gegessen noch richtig geschlafen zu haben, da fand ihr Leid ein Ende, sie starb.
Die Leute aus dem Dorf beklagten sie, begruben das arme Mädchen auf dem Hügel hinter dem Dorf. Im Sommer des nächsten Jahres sahen die Dorfleute, daß auf ihrem Grab eine rote Blume blühte, deren Namen niemand kannte. Sie dachten, das müsse die Seele des armen Mädchens sein, das gestorben war, weil es den Vater vermißte, und man nannte diese Blume Hundert-Tage-Rot.

## *63. Die Koralle und der Pockengeist*

Dies ist eine außergewöhnliche Geschichte von den Meer-Frauen, die so tapfer ihren Lebensunterhalt in der See verdienen. Mit Korallen haben sie den Pockengeist verjagt. Eine Geschichte ist das, die beispielhaft ist für die Insel, auf der drei Dinge reichlich vorhanden sind: Wind, Steine – und Frauen. Weil die Seele einer der tapfersten Meer-Frauen in die Koralle eingegangen ist, glaubt man noch heute, daß jede Meer-Frau, wenn sie auch nur ein kleines Stück davon bei sich trägt, jeden bösen Geist damit verjagen kann.
Der Pockengeist liebte den Wind über alles. Von den ersten warmen Frühlingstagen an bis in den Herbst hinein setzte er sich, immer wenn der Wind wehte, auf dessen Rücken und ließ sich spazierentragen. Die Menschen mußten, ganz gleich, ob sie etwas hatten oder nicht, immer den Pockengeist mit einem reichgedeckten Tisch empfangen. Wenn man ihn gar nicht bewirtete oder dabei auch nur den kleinsten Fehler machte, dann griff der Pockengeist in seinen Zauberbeutel, holte ein paar Pockensoldaten heraus – und ganz schnell verbreitete sich die Krankheit. Also blieb den Menschen eigentlich nichts anderes übrig, als den Pockengeist, der jedes Jahr wiederkam, gebührend zu empfangen. Dazu mußten sie oft ihren gesamten Besitz verschwenden. Aber ganz gleich, wie reich man

ist – der Reichtum hat doch seine Grenzen. Nichts ist daran zu ändern.
So kam es eines Tages dazu, daß sich die Leute im Dorf alle versammelten und miteinander beratschlagten, was man denn gegen den Pockengeist unternehmen könnte. Schließlich wollten sie hohe Steinmauern errichten, die sollten den Wind abhalten. Aber das war ein Fehlschlag. Weil durch die Ritzen zwischen den Steinen der Wind hindurchwehte, konnten auch die Pockensoldaten nach Belieben eindringen.
Nochmals versammelte man sich. Jetzt wollte man tiefe Löcher in die Erde graben und darin versteckt leben. Aber auch das war ein Fehlschlag – überall, wohin der Wind kam, konnten auch die Pockensoldaten nach Belieben schalten und walten. Die Menschen waren allesamt voller Sorge – einer nach dem anderen, alle nach und nach wurden krank, bekamen Pockennarben und schiefe Gesichter. Schlimmes machten sie mit, solange sie krank waren.
Nichts war zu machen, aber sie versammelten sich aufs neue. Alles Getreide im Dorf holten sie zusammen, damit bereiteten sie viele Speisen vor, so wollten sie den Pockengeist besänftigen. Der fraß, bis sein Bauch voll war, dann tat er ganz ahnungslos: »Wann habt ihr mir denn zuletzt was zu essen gegeben?« – und alles ist nur noch schlimmer geworden.
Die Leute machten alle betroffene Gesichter. Alles, was sie zu essen gehabt hatten, war vom Pockengeist aufgefressen worden, gar nichts übriggeblieben. Ein letztes Mal wollten sie sich versammeln. Unter Tränen beschlossen sie, die Heimat, an der sie so sehr hingen, zu verlassen, irgendwohin zu flüchten.
Aber der Pockengeist blieb ihnen auf den Fersen, er verfolgte die Menschen und quälte sie weiter. Alle aus dem Dorf kamen schließlich doch noch einmal zusammen, nun waren sie entschlossen, gegen den Pockengeist zu kämpfen. Aber sie wußten, der Pockengeist, das war ein mächtiger Geist, und ihm standen auf dieser Seite nur schwache Menschen gegen-

über. Wenn der Pockengeist wirklich entschieden kämpfte, dann war es mehr als wahrscheinlich, daß alle Menschen ausgerottet würden. Es gab einfach keinen Ausweg. Jeden Tag sprachen die Menschen nur über diese eine Sorge. Als letztes glaubten sie, keine andere Wahl zu haben, als den Drachenkönig im Meer um Hilfe zu bitten.

Alle baten die beste Taucherin unter den Meer-Frauen des Dorfes darum, sie dabei zu unterstützen. Sie sollte dem Drachenkönig den Wunsch aller überbringen, im Drachenpalast Zuflucht suchen zu dürfen, um dem Pockengeist zu entgehen. Denn dorthin konnte der Pockengeist bestimmt nicht kommen.

Die Meer-Frau ging gleich zum Strand hinunter. Sie suchte nach einem Weg, der sie hinunter in den Palast des Drachenkönigs führen konnte. Hin und her lief sie am Meer, so wie auch sonst, wenn sie zur Arbeit ging, nur daß sie jetzt den Weg zum Drachenpalast suchte. Aber sie konnte ihn nicht finden. Ihr Herz war voller Sorgen, immer wieder quälte sie sich ab, unbedingt den Weg zu finden, hin und her lief sie. Aber es schien aussichtslos zu sein; mit Tränen in den Augen bat sie schließlich eine Schildkröte, die sie am Meeresstrand traf, ihr zu helfen. Die aber schüttelte nur mit dem Kopf. »Ich kenne den Weg zum Palast des Drachenkönigs selbst nicht!«

Dann bat sie einen Felsen-Geist. Als der die Geschichte der bedauernswerten Meer-Frau hörte, da gab er ihr Auskunft, ganz heimlich, wie sie den Weg zum Palast des Drachenkönigs finden konnte. Die Meer-Frau war glücklich. Der Weg zum Drachenpalast, den sie bis dahin trotz aller Mühe nicht hatte finden können, der führte durch eine Höhle im Meeresgrund. Tief holte sie Luft und tauchte gleich ins Wasser. Die Beine streckte sie aus, schneller als ein Fisch schwamm sie. Aber so lang sie auch schwamm, die Höhle schien kein Ende zu nehmen. »Eigenartig, so was kann es doch nicht geben«, sie ertrug die angestaute Luft, mit letzter Kraft versuchte sie weiterzukommen. Aber noch immer hatte sie das Ende der

Höhle nicht erreicht. Ihre Atemluft war verbraucht, sie sah dem Tod ins Auge. Es blieb ihr nichts anderes übrig, sie mußte an die Oberfläche zurück.
Aber sie gab nicht auf. Tief holte sie Luft, tiefer als zuvor, und tief, so tief tauchte sie wieder hinunter. Doch auch diesmal war es vergebens. Ganz erschöpft war sie. Aufgeben? Das gab es nicht, weiter tauchte sie ins Meer hinunter. Wenn sie daran dachte, daß auf dem Land so viele Menschen vom Pockengeist gequält wurden, dagegen war ihre Erschöpfung nichts. Wieder holte sie tief Luft, wieder tauchte sie tief, so tief hinunter. Noch mehr gab sie sich Mühe, sie hoffte, diesmal das Ende der Höhle zu erreichen. Aber auch diesmal reichte die Luft nicht aus, bis ans Ende der Höhle zu gelangen. Völlig erschöpft, mit allerletzter Kraft preßte sie heraus: »Felsen-Geist! Felsen-Geist!« – und so, als ob der von ihrer Tapferkeit bewegt worden wäre, plötzlich befand sich die Meer-Frau in einer hellen, freundlichen Welt. Endlich trat sie vor den Drachenkönig und berichtete ihm von den Leiden der Menschen auf der Erde.
Der Drachenkönig sandte dem Felsen-Geist viele seiner Soldaten, er erteilte den Befehl, den Pocken-Geist zu vernichten. Der Felsen-Geist nahm den Befehl entgegen, schickte die Soldaten aus, den Pockengeist zu bekämpfen. Aber der griff in seinen Zauberbeutel, schickte seine eigenen Soldaten aus, die kämpften gegen die Truppen des Felsen-Geistes. Ein großes Gefecht entbrannte. Gegen die Soldaten des Pockengeistes, die auf dem Wind angeritten kamen, sollten die Soldaten des Felsen-Geistes mit bloßen Fäusten angehen. Die anderen aber hatten lange Hellebarden, Schwerter, Pfeile und Bogen, wild stürmten sie gegen die Truppen des Felsen-Geistes an. Wie viele Soldaten des Felsen-Geistes sind da nicht von den Hellebarden, Schwertern und Pfeilen durchbohrt worden! Aber wie es ihre Art ist, bissen die Soldaten des Felsen-Geistes ihre Zähne zusammen, und einen nach dem anderen vernichteten sie die Soldaten des Pockengeistes. Drei

Monate und zehn Tage dauerte der Kampf, hundert Tage sind das. In dieser Zeit war die Meer-Frau, die zum Drachenkönig hinuntergetaucht war, in einen Korallenzweig verwandelt und vom Meer ans Ufer gespült worden. Kaum daß sie diesen Korallenzweig erblickten, sind die letzten Soldaten des Pockengeistes tot zu Boden gefallen, der Pockengeist selbst entfloh.

Der Felsen-Geist sah eine gute Gelegenheit, er verfolgte den Pockengeist, fing und tötete ihn auf der Stelle.

An diesem Tag türmten sich pechschwarze Wolken am Himmel auf, gleich ergoß sich ein Regenguß, ein Wolkenbruch auf die Erde. Die Menschen jubelten auf. Mit dem Regenwasser haben sie die Soldaten des Felsen-Geistes gewaschen, aber die Wunden und Narben konnten sie nicht wegwaschen.

Auf der Erde kehrte nun der Frieden wieder ein. Alle Menschen dankten der tapferen Meer-Frau, die sich für sie geopfert hatte. Alle gingen wieder an ihre Arbeit. Besonders die Freude der jungen Meer-Frauen war übergroß, eine nach der anderen sprangen sie ins Wasser und spielten dort ein Korallenspiel. Ihr ganzes Leben blieben sie vom Leiden der Pockenkrankheit frei.

Dem Drachenkönig bereiteten die Menschen viele Speisen und brachten sie ihm als Opfer dar, seitdem feiert man das Drachenkönigsfest. Wegen dieser Geschichte, die aus alten Tagen überliefert ist, glauben noch heute die Meer-Frauen auf der Insel Cheju, daß sie alle bösen Geister fernhalten können, wenn sie nur ein Stück Koralle an ihrem Körper tragen.

## *64. Das Fuchsgericht*

In alten Tagen war einmal ein Mann auf einem Bergpfad unterwegs, als plötzlich irgendwoher eine Stimme ertönte: »Hilfe!« Er blickte sich nach allen Seiten um, aber nichts war zu sehen. »Ich werde mich wohl verhört haben«, meinte er und wollte gerade weitergehen, als es wieder zu hören war: »Hilfe!« Er ging in die Richtung, aus der das so ertönte – da war ein Tiger in eine Falle gegangen, der bat um Hilfe.

Als der Mann näher kam, verlangte der Tiger: »He, Ihr, junger Herr! Helft mir doch ein wenig, ich würde Euch das nie vergessen. Bitte, helft mir!« Der Mann aber dachte sich, es könne übel ausgehen, wenn er einer so wilden Bestie Hilfe leistete, er schickte sich an, weiterzugehen. Aber der Tiger bat noch einmal: »Bitte, bitte, junger Herr! Helft mir, dann geht Eures Weges. Wenn Ihr nur einen großen Ast in die Falle hereinlegt, ist es genug.«

Da befielen den Mann doch ein wenig mitleidige Gedanken. »Aber wenn ich so einem Kerl wie dir helfe, dann werde ich doch selbst gleich gefangen und aufgefressen?« – »Was sagt Ihr denn da? Wie könnte ich jemandem, der mir Gutes getan hat, so etwas zufügen? Macht Euch nur keine Sorgen, wenn Ihr mir helft, werde ich Euch diese Freundlichkeit niemals vergessen. Bitte, schnell, helft mir!« bat der Tiger mit Tränen in den Augen.

Als der Tiger so sehr bat, konnte der Mann nicht mehr einfach so weitergehen, er suchte einen großen Ast und legte ihn in die Falle hinein, darauf konnte der Tiger aus der Falle herausklettern.

Aber – was war das? Was für ein Schreck, der Tiger machte alles ganz anders als versprochen. »Du Kerl du! Wer mich da in dieses Loch gebracht hat, wo ich sterben sollte, das war so ein Mensch wie du. Also bist du mein Feind. Schon den dritten Tag konnte ich keinen Bissen bekommen, mein Bauch hungert, ich sterbe bald. Auch wenn du mir geholfen hast, das ändert nichts, ich werde jetzt als erstes dich auffressen« – und er riß sein Maul weit auf und wollte den Mann verschlingen. Der dachte sich: ›Bin ich ein dummer Kerl! So einer Bestie, die keine Gerechtigkeit kennt, zu helfen!‹ Er bedauerte es zutiefst, suchte nach einer Möglichkeit, dieser Gefahr zu entkommen.

»Ach, Tiger! Hör mir mal zu! Du wärst fast vor Hunger gestorben – und dann willst du ausgerechnet dem, der dir geholfen hat, ans Leben?« schalt er den Tiger aus. »Da ist nichts zu machen. Wenn man solchen Hunger hat, muß man das erste beste fressen, da kann man keinen Unterschied machen, ob das ein Wohltäter ist oder nicht«; wieder wollte er den Mann anfallen. Der versuchte mit dem Tiger über dieses und jenes zu reden, aber alles hatte keinen Sinn. Doch dann fiel ihm etwas ein. »Du, Tiger! Wir haben nun alles mögliche versucht, allein kommen wir zu keiner Lösung. Laß uns doch einen Dritten fragen, wer recht hat und wer nicht. Wenn du recht bekommst, dann sollst du mich ruhig fressen.«
Der Tiger war einverstanden. Sie fragten eine Kiefer in der Nähe. Die hörte sich an, was die beiden vorzubringen hatten, dann sprach sie: »Überhaupt sind die Menschen schlechte Kerle. Uns Kiefern hacken sie blindlings ab, machen Feuerholz aus uns, benutzen uns zum Häuserbauen. Wenn man so jemanden frißt, was macht das schon?« Der Tiger war es zufrieden. »Da hörst du es! Auch die Kiefer meint, es sei gut, dich aufzufressen«, und riß wieder sein Maul auf.
»Was die Kiefer da sagt, ist nicht nach richtigen Grundsätzen geurteilt. Laß uns noch jemanden fragen.« Wieder war der Tiger einverstanden, so gingen die beiden zu einer Kuh, der legten sie dar, warum sie gekommen waren, und baten um eine gerechte Entscheidung.
Die Kuh sprach: »Den Menschen fehlt doch jedes Gefühl der Barmherzigkeit. Uns durchbohren sie die Nasen, ziehen uns, wie es ihnen gefällt, auf die Reisfelder, beladen uns mit schweren Lasten, nutzen uns aus bis zum bitteren Ende. Und wenn wir tot sind, was machen sie dann? Sie fressen unser Fleisch! Warum soll man so einem das Leben erhalten? Tiger, ohne zu zögern, friß den Kerl auf!« Höhnisch lachte der Tiger. »Da siehst du's. Auch die Kuh hält es für mehr als gerecht, wenn ich dich auffresse!«
Der Mann aber meinte, es könne doch nicht schaden, noch ein

drittes Urteil zu hören. Da es ja zweimal einen Spruch zu seinen Gunsten gegeben hatte, war auch der Tiger ganz damit einverstanden.

Diesmal fragten sie einen Fuchs. Als der ihre Geschichte gehört hatte, schien er noch Zweifel zu haben. »Schön und gut, was ihr mir da erzählt, aber so was muß man mit seinen eigenen Augen sehen. Laßt uns doch zu der Falle gehen.« Dort angekommen, wollte er es genau wissen. »So, Tiger. Wo warst denn du?« Ohne Zögern sprang der wieder in die Falle hinunter. Als der Fuchs das sah, schien ihm die Sache ganz einfach. »Aha, jetzt weiß ich Bescheid. Du, Tiger, du bleibst schön da unten. Wenn du in der Falle sitzt, wie kannst du dann den Mann fressen? Wärst du geblieben, wo du warst, der ganze Streit wäre nicht aufgekommen!«

## *65. Die Fee und das Federkleid*

In alten Tagen lebte in der Provinz Kangwón, im Dorf Onjóng in den Diamantenbergen, ein ganz armer Holzfäller. Er ging jeden Tag zur Arbeit in die Berge. Eines Tages bat ein Reh, das vom Jäger verfolgt wurde und nicht mehr aus noch ein wußte, den Holzfäller, der gerade dabei war, seine Arbeit abzuschließen, um Hilfe. Der Holzfäller hatte Mitleid, er versteckte das Reh und rettete es vor dem Jäger.

Später wollte das Reh ihm diese Freundlichkeit vergelten. »Durch deine Gnade bin ich nicht gestorben, bin ich noch am Leben. Deshalb will ich dich etwas lehren. Auf den Höhen dieser Diamantberge ist ein allen unbekannter Lotosteich, dorthin kommen oft Feen vom Himmel herunter, baden und machen sich schön. Geh dorthin, versteck einer der Feen ihr Federkleid, das sie abgelegt hat. Wenn du das so machst, kann sie nicht wieder zum Himmel aufsteigen und muß dann, wie du willst, deine Frau werden und ein ganzes Leben zu deiner Bequemlichkeit mit dir verbringen. Aber, bitte, bis sie dir drei

Söhne geboren hat, darfst du ihr auf keinen Fall ihr Federkleid zurückgeben«, sagte das Reh, und es erklärte ihm auch ganz genau, wo der Lotosteich war.
Der Holzfäller war froh. Am nächsten Tag ging er dann zu diesem Teich, und tatsächlich, es kamen acht wunderschöne Feen zum Lotosteich heruntergeflogen, zogen ihre Federkleider aus, hängten sie an Baumzweige. Sie dachten gar nicht daran, daß ein Mensch sie beobachten könnte, sie zögerten kein bißchen, ihre schneeweißen Körper tauchten sie ins Wasser, wuschen sich und machten sich schön, immer wieder blickten sie dabei in das spiegelnde Wasser.
Diese Zeit nutzte der Holzfäller. Ein Federkleid nahm er von den Zweigen, legte es zusammen und versteckte es. Eine Weile später waren die Feen ihr Spiel müde, ganz schön hatten sie sich gemacht, die acht Feen, und nun wollten sie wieder zum Himmel auffliegen. Als sie die Federkleider anziehen wollten, konnte eine Fee ihr Kleid nicht finden. Weil sie ohne das Federkleid nicht zum Himmel fliegen konnte, weinte sie bitterlich, und da trat der Holzfäller zu ihr. Er tröstete die Fee, nahm sie mit sich nach Hause, und die beiden lebten zusammen und wurden Mann und Frau. Glücklich lebten sie, und zwei Söhne kamen zur Welt.
Der Holzfäller war sich ganz sicher. ›Jetzt kann ich mein ganzes Leben lang glücklich und zufrieden sein‹, dachte er und war dem Reh unendlich dankbar. Aber eines Tages, als seine Frau ihn immerzu danach fragte, holte er doch das Federkleid und zeigte es ihr. Kaum hatte die Frau das Federkleid gesehen, riß sie es an sich, nahm ihre beiden Söhne unter die Arme und flog zum Himmel.
Weh, so weh tat das dem Holzfäller! Er hatte verstoßen gegen das, was das Reh von ihm verlangt hatte. »Bis sie dir drei Söhne geboren hat, darfst du ihr auf keinen Fall ihr Federkleid zurückgeben«, hatte es gesagt. Es war sein Fehler, daß er sich schon mit zwei Söhnen so sicher gefühlt hatte.
Zwar waren es Menschenkinder, aber weil sie selbst diese Kin-

der zur Welt gebracht hatte, konnte sie auch als Fee nicht einfach ihre Kleinen auf der Erde zurücklassen und zum Himmel zurückfliegen. Wenn es nur zwei waren – die konnte sie unter den Armen festhalten und zum Himmel mitnehmen. Aber weil auch Feen nur zwei Arme haben, hätte sie drei Söhne nicht so weit zum hohen Himmel mitnehmen können. Deshalb hatte das Reh ihm gesagt, er solle warten, bis drei Söhne da wären.

Aber der Holzfäller hatte nicht begriffen, warum da von drei Söhnen die Rede war. Er erfüllte den Wunsch seiner Frau schon, als sie erst zwei Söhne geboren hatte – das war sein Fehler.

## *66. Der törichte Bräutigam*

In alten Tagen sollte einmal eine Tochter aus reichem Hause verheiratet werden. Ihre Familie war zwar wohlhabend, aber nicht von besonderer Herkunft, deshalb wählte man einen Schwiegersohn aus einer armen, aber vornehmen Familie. Der Tag der Hochzeit kam. Was man sich leisten konnte, hatte man getan, ein Festmahl mit allen nur möglichen Leckereien war vorbereitet, ganz groß wurde gefeiert. Dem Bräutigam hatte seine Familie gesagt, er brauche gar nicht zurückhaltend zu sein – für ihn aber, der ja aus ärmlichen Verhältnissen stammte, gab es viele, viele Speisen, die er zum ersten Male kostete. So gut schmeckte es ihm, daß er bald nicht mehr konnte. Besonders in Salzwasser eingelegte Rettiche hatten es ihm angetan.

Es wurde Nacht, Braut und Bräutigam legten sich unter derselben Decke zum Schlaf. Der Bräutigam dachte aber überhaupt nicht an die reizende Braut an seiner Seite, nein, die Rettichbrühe, die er am Abend gegessen hatte, die ging ihm nicht aus dem Kopf, er mußte sie einfach noch einmal kosten.

Er wartete, bis die Braut eingeschlafen war, dann stahl er sich

in die Küche. In der Dunkelheit versuchte er, den Topf mit den eingelegten Rettichen zu finden, aber keine Spur davon. Nach einer Weile fand er aber doch heraus, daß die Rettiche in einem großen Steinguttopf waren. Er streckte die Hand hinein, fischte ein paar Rettichstückchen heraus und verspeiste sie – aber mehr als das hatte ihm die Brühe geschmeckt, die wollte er unbedingt noch einmal kosten. Aber der Topf war viel zu groß, als daß er ihn hätte hochheben und daraus trinken können. In der Dunkelheit schien es ihm auch ganz aussichtslos, einen zweiten Topf zu finden und daraus zu trinken.
Am Ende seiner Weisheit angelangt, steckte er einfach den Kopf in den Topf und trank, bis es ihm fast zu den Ohren herauskam. Als er dann genug getrunken hatte, wollte er den Kopf wieder herausziehen, doch das war schwer, mit dem Kinn blieb er hängen, er bekam den Kopf einfach nicht heraus. Hin und her überlegte er – es blieb ihm nichts anderes übrig, als ins Zimmer zurückzugehen und seine Frau um Hilfe zu bitten.
Vorwärts tastete er sich, versuchte zu ihr zu krabbeln, aber da stieß er mit dem Topf auf dem Kopf gegen einen Pfosten. Einen dumpfen Schlag gab es – die ganze Familie wachte von diesem Geräusch auf. Alle meinten, ein Dieb sei im Haus, sie machten Lampen an und kamen in die Küche – da war wirklich einer, völlig nackt, nur den Steinguttopf auf dem Kopf. »Fangt den Dieb!« schrie der Schwiegervater und schlug mit einem dicken Prügel auf den Topf, der zersprang.
Der Schwiegersohn hatte sein Gesicht verloren, und die Schwiegermutter – die heulte darüber, daß sie einen so törichten Schwiegersohn bekommen hatte.

## *67. Der Drachenbrunnen*

In alten Tagen lebte im Kreis Yongjóng in der Präfektur Changyón, die in der Provinz Hwanghae liegt, in der Nähe des Drachenbrunnens ein Mann namens Kim Sóndal, der als Militärbeamter berühmt war.

Eines Nachts erschien ihm im Traum ein weißhaariger Alter. »Ich bin der grüne Drache, der im Brunnen hier in der Nähe lebt. Jetzt ist irgendwoher plötzlich ein gelber Drache aufgetaucht, der mir meine Wohnstatt wegnehmen will. Morgen werde ich mit dem gelben Drachen kämpfen. Wenn dann sein Schwanz aus dem Wasser herauskommt, dann erschieß du ihn für mich!« sagte er und war im Nu verschwunden.

Kim Sóndal erwachte aus seinem Traum. Seltsam, dachte er, aber am nächsten Tag nahm er Pfeil und Bogen und ging zu dem Brunnen. Mit einem Mal stiegen aus dem Brunnen dunkle Wolken auf, ringsum wurde es düster, und da war in den Wolken der Schwanz des gelben Drachen zu sehen. Es war das erste Mal, daß Kim Sóndal so etwas zu Gesicht bekam, er erschrak und verpaßte deshalb die Gelegenheit zum Schuß. Nicht mehr lange dauerte es, die Wolken verzogen sich, der klare Himmel war wieder zu sehen, und der Schwanz des gelben Drachen tauchte nicht noch einmal auf.

In der Nacht erschien Kim Sóndal wieder der weißhaarige Alte, er bat noch einmal um Hilfe, und Kim sagte für den nächsten Tag zu. Gesagt, getan. Am nächsten Morgen ging Kim Sóndal wieder mit Pfeil und Bogen bewaffnet zum Brunnen hin. Wie am Tag zuvor stiegen auf einmal dunkle Wolken auf, die beiden Drachen kämpften miteinander, und der Schwanz des gelben Drachen kam aus dem Wasser heraus. Kim Sóndal spannte mit aller Kraft seinen Bogen, schoß ab – und der Pfeil traf den Drachen genau, rotes Blut färbte den Brunnen.

In dieser Nacht erschien der weißhaarige Alte ihm nochmals im Traum, sein Gesicht war zufrieden, und er bedankte sich.

»Ich will dir vergelten, was du für mich getan. Was auch immer du wünschst, sag es mir!« sagte er.
Für Kim Sóndal gab es gar nichts, was er sich besonders gewünscht hätte, das sagte er auch, und da sprach der weißhaarige Alte: »Also, ich will das Brachland hier in der Nähe in fruchtbares Ackerland verwandeln, das vererbe du an deine Kinder und Kindeskinder« – und er verschwand.
Am nächsten Tag blitzte es und donnerte es, vom Morgen an begann es in Strömen zu gießen, und aus dem Brunnen stieg das Wasser, überflutete das Brachland, und in kürzester Zeit war es in Ackerland verwandelt.
Kim Sóndal nahm das alles in Besitz, bestellte das Feld und wurde einer, der zehntausend Sack Reis erntet. Von da an nannte man den Brunnen Drachenbrunnen und das Dorf in der Nähe das Drachenbrunnendorf, und die Straße, wo die Nachfahren des Kim Sóndal lebten, die nannte man Zehntausend-Sack-Gasse.

## *68. Der Dank einer Schlange*

In alten Tagen besuchte ein junger Bursche die Dorfschule. Eines Tages, als er auf dem Weg in die Schule war, traf er viele andere Kinder, die eine Schlange gefangen hatten und mit Steinen auf sie einschlugen. Er sah die Schlange, die sich unter den Schlägen hin und her wand, Mitleid hatte er mit ihr, er nahm den Kindern die Schlange weg und warf sie ins Wasser, so rettete er ihr das Leben.
Ein paar Jahre waren vergangen, aus dem Burschen war ein junger Mann geworden, der bald heiraten sollte. In der Nacht vor dem Hochzeitsfest träumte er einen Traum, eine Schlange erschien ihm. »Ich will es gutmachen, daß du mir früher einmal das Leben gerettet hast«, sagte sie, »solltest du morgen, in der Hochzeitsnacht, deinen Kopf mit Öl beschmieren, wisch es ja nicht ab!« ermahnte sie ihn und verschwand.

Am nächsten Tag, als das Hochzeitsfest zu Ende war, die Gratulanten sich alle empfohlen hatten, ging er ins Brautgemach. Als der Bräutigam seine Kleider auszog, paßte er nicht auf, er stieß gegen die Hängelampe, und sein Kopf wurde ganz mit dem Lampenöl beschmiert. Da fiel ihm ein, was die Schlange im Traum zu ihm gesagt hatte, er wischte das Öl nicht ab, ließ alles, wie es war.

Es wurde spät, tief in der Nacht hörte er, halb im Schlaf, nebelhaft, wie sacht die Tür geöffnet wurde – herein kam ein Mann, neun Fuß groß, eher noch größer! Zuerst betastete der vorsichtig den Kopf des Bräutigams, aber weil der mit Öl beschmiert war, dachte er, es sei die Braut. Die Braut, die in Wirklichkeit danebenlag, schrie er an: »Wer wagt es, mir meine Geliebte zu rauben!«, stach mit einem Messer auf sie ein und entfloh. Durch den plötzlichen Tod seiner Braut war der Bräutigam in einer dummen Lage.

Alle waren sich einig – der Bräutigam selbst nur konnte der Mörder sein. Er wurde festgenommen und zum Amtshaus geführt. Einige Tage hielt man ihn dort gefangen, dann sollte er hingerichtet werden.

Am Morgen, an dem das Todesurteil vollstreckt werden sollte, wusch sich einer der Beamten – da wehte ihm der Wind ein Pappelblatt in seine Waschschüssel. Eine seltsame Ahnung beschlich den Beamten. Das Pappelblatt war in der Mitte mit Löchern übersät. Gleich ließ er die Vollstreckung des Todesurteils aufschieben.

Am nächsten Tag rief er berühmte Wahrsager aus allen acht Provinzen des Landes zusammen. Sie bat er zu klären, was denn das Pappelblatt für eine Bedeutung haben könne, das Pappelblatt mit den Löchern, das in seine Waschschüssel gefallen war.

Einer der Wahrsager trat vor. »Wenn es in einem Pappelblatt ein Loch gibt, dann heißt das auf Chinesisch Yu Yóphwan. Also ist Yu, das heißt Pappel, ein Familienname und Yóphwan, das heißt Loch im Blatt, ein Vorname – genauso, nämlich Yu Yóphwan, muß der wirklich Schuldige in diesem Mordfall heißen!«

Der Beamte schickte Leute aus, den zu fangen, der Yu Yóphwan hieß. Schließlich fand man in einem Tempel, weit hinten in den Bergen, unter den Mönchen einen, der hieß Yu Yóphwan. Als man ihn ein wenig hart anfaßte, legte er ein Geständnis ab. »Ich habe das Mädchen lange Zeit schon geliebt. Als es dann soweit war, daß ich mein Ziel nicht erreichen konnte, wollte ich den Bräutigam umbringen. Aber an seiner Statt habe ich die Braut ermordet.«

So hat eine Schlange, nicht ein Mensch, als die Zeit reif war dafür, eine alte Schuld abgetragen.

## *69. Der Trocken-Kam und der Tiger*

In alten Tagen lebte irgendwo in den Bergen ein Tiger. Es hungerte ihn, und so ging er in tiefer Nacht ins Dorf hinunter und schlich sich in den Garten eines Hauses, um sich wenigstens ein Kalb zu fangen und zu fressen.

Gerade da weinte in einem Zimmer dieses Hauses ein kleines Kindlein steinerweichend. Die Mutter des Kindleins sagte, um es zur Ruhe zu bringen: »Ein Gespenst kommt!«, doch es heulte wie zuvor. Da sagte die Mutter: »Ein Schakal kommt!« – doch das Kindlein heulte weiter. Auch als sie sagte: »Der Tiger ist gekommen!« schrie das Kind. Ein wenig später sagte sie: »Da ist ein Trocken-Kam!« – und tatsächlich, das Heulen des Kindleins hörte gleich auf.

Der Tiger, der das alles von draußen mit angehört hatte, dachte sich: ›Ich bin doch unter den wilden Tieren dieser Welt der König, aber dieses Kindlein da hat nicht aufgehört zu heulen, als die Mutter ihm drohte, der Tiger sei gekommen. Doch als sie vom Trocken-Kam sprach, hat es nicht mehr geheult. Wenn ich es genau überlege – sollte vielleicht der Kerl, der Trocken-Kam heißt, eine noch schrecklichere Bestie sein als

ich?‹ Und er schlich sich in den Stall und legte sich ganz betrübt auf den Bauch. Gerade da schlich sich auf allen vieren ein Dieb in den Stall, um eine Kuh zu stehlen. Er betastete den Tiger, hielt ihn für eine Kuh, zog ihn am Schwanz hinaus und bestieg ihn. Der Tiger dachte sich dabei: ›Sollte dieser Kerl vielleicht der Trocken-Kam sein? Er fürchtet sich gar nicht vor mir, steigt einfach auf mich. Das ist wirklich eine üble Sache!‹ Um den Trocken-Kam, der auf seinem Rücken saß, abzuwerfen, hüpfte der Tiger mit wilden Sprüngen fort. Der Dieb, um nicht vom Rücken herunterzufallen, klammerte sich verzweifelt fest. Der Tiger sprang schnell wie ein fliegender Pfeil durch überflutete Reisfelder, über Trockenfelder und rannte auf die Berge zu. Aber auch als er in die Berge kam, in dieses Tal, in jenes Tal, hierhin und dorthin sprang, um den auf seinem Rücken geradezu festgeklebten Trocken-Kam abzuwerfen – alles war umsonst, der Dieb hielt sich nur um so mehr fest, um nicht herunterzufallen.
Die ganze Nacht über sprang er so herum, bis es schließlich mit der Morgendämmerung hell wurde. Als der Dieb dann sah, auf was er ritt, daß das nicht, wie er gedacht, eine Kuh war, sondern ein großer Tiger, in dem Augenblick wurde er von Furcht befallen und wäre zu gern heruntergesprungen, aber weil der Tiger zu schnell rannte, konnte er das einfach nicht wagen.
Doch gerade im rechten Augenblick lief der Tiger unter einem mächtigen alten Baum hindurch, und so entkam der Dieb – er faßte nach einem Ast und hielt sich daran fest. Da dachte der Tiger bei sich: ›Diesen schrecklichen Trocken-Kam habe ich abgeworfen, für diesmal bin ich mit dem Leben davongekommen‹, und damit der sich nicht noch einmal festklammern konnte, lief er gleich, ohne sich erst zu besinnen, weiter. Als er ein gutes Stück entfernt war, tauchte ein Bär auf. Der hatte gesehen, wovor der Tiger in großen Sätzen flüchtete. »He, Tiger! Warum machst du dich so schnell davon?« fragte er. Der Tiger keuchte: »Keine Worte! Es ist eine üble Sache. Ich

bin von einem Kerl, der Trocken-Kam heißt, gefangen worden und wäre fast ums Leben gekommen. Und damit er sich nicht noch einmal in mir festkrallen kann, mache ich mich möglichst schnell aus dem Staub.«
Der Bär verstand nicht so recht, was der Tiger da erzählte. Daß der Trocken-Kam von so schrecklicher Gestalt war, daß man vor ihm flüchten mußte, daß es überhaupt ein wildes Tier gab, das Trocken-Kam hieß, das alles hörte der Bär zum ersten Mal, und so sagte er: »Erzähl mir das doch ein bißchen genauer!« – und da erzählte ihm der Tiger die ganze Geschichte, wie er, kaum daß er ein Kalb fangen und fressen wollte und in einen Bauernhof eingedrungen war, von diesen und jenen Ereignissen betroffen, schließlich auf der Flucht gewesen sei.
Als der Bär den Bericht des Tigers ganz gehört hatte, lachte er schallend. »Du hast dir da selbst unnötig Angst gemacht, so ist das. Was da auf deinem Rücken gesessen hat, war nichts anderes als ein Mensch. Wenn wir uns beeilen, können wir den Kerl noch fangen und fressen.« Aber der Tiger hatte Angst. »Den Kerl fangen und fressen? Das könnte uns schlecht bekommen! Ich, ich geh nicht«, und er schickte sich an, weiter zu flüchten. Da sagte der Bär: »Wie wäre das wohl, wenn ich zuerst dahin gehe, wo der Kerl ist, und du hinter mir herkommst?« Und sie machten sich auf den Weg.
Der Dieb war mit knapper Not vom Rücken des Tigers heruntergekommen, hatte sich so gerettet und war in ein Loch des alten Baumes geklettert, um dort versteckt zu beobachten, was der Tiger weiter unternahm. Mit ansehen mußte er, wie der Tiger dabei war, zusammen mit einem Bären zurückzukommen. Angst befiel ihn, todesstarr verharrte er.
Als der Bär und der Tiger den alten Baum erreicht hatten, in dem sich der Dieb versteckt hielt, entdeckten sie ihn zwar bald in seinem Baumloch und wollten ihn fangen, sie wußten aber nicht, wie sie das anstellen sollten.
Der Bär sah den Tiger an. »Ich werde wohl auf den Baum klettern und den Kerl fangen, versuch du derweilen, den Baum

von unten umzustürzen.« Und kletterte auf den Baum hinauf. Als er sah, daß der Bär sich anschickte, auf den Baum zu klettern, verkroch sich der Dieb in den tiefsten Grund des Baumlochs. Der Bär konnte ihn nicht herausholen. Deshalb setzte sich der Bär flach über die Baumhöhle, um den Menschen am Atmen zu hindern und ihn so zu Tode zu bringen. Der Tiger biß Holz ab, grub mit seinen Tatzen die Wurzel aus, so daß es fast dazu kam, daß der Baum sich senkte.

Der Dieb mußte das still mit ansehen, er hatte den sicheren Tod vor Augen. ›Das sieht schlimm aus‹, dachte er sich. Doch da sah er nach oben und – zwischen den Beinen des Bären etwas hängen und sacht hin und her schaukeln. ›Fein, das ist eine gute Gelegenheit!‹ dachte sich der Dieb, schnallte seinen Gürtel ab, machte eine Schlinge damit, die legte er um das, was da hin und her baumelte, und zog mit aller Kraft zu. Kaum hatte er angefangen zu ziehen, brach der Bär in schrille Schreie aus. »Au, au, ich sterbe!«

Als der Tiger, der gerade dabei war, die Wurzeln durchzubeißen, hörte, wie der Bär diesen Todesschrei ausstieß, meinte er: »Also doch! Der dumme Kerl hat nicht auf mich hören wollen, ist da hinaufgeklettert. Jetzt hat ihn der Trocken-Kam gefangen, der wird ihn sicher auch fressen«, und ohne sich auch nur einmal umzusehen, ergriff er die Flucht.

Der Bär wand sich hin und her, er schüttelte sich, um aus der Schlinge herauszukommen, doch je mehr er sich abmühte, um so mehr rieb er sich seine Nase an den Baumzweigen und zerkratzte sich die ganze Haut. Mit aller Kraft wollte er da herauskommen, und deshalb rieb er sich den ganzen Körper wund, bis das rohe Fleisch herauskam und er schließlich starb. Der Dieb war noch einmal mit dem Leben davongekommen, er kroch aus seiner Baumhöhle hervor. Steine häufte er aufeinander, legte das Fleisch des Bären obendrauf, röstete und verspeiste es.

Nachdem der Tiger eine Weile weggelaufen war, sah er doch

einmal zurück, um zu erfahren, wie es mit dem Bären geworden wäre. Als er sah, daß der Trocken-Kam offensichtlich fort war und ein Mensch das Bärenfleisch aß, lief dem Tiger nur so der Geifer aus dem Mund, und er schlich zu dem Dieb und verlangte einen Happen Fleisch.

»Gut, also, nur wenn du den ersten Happen Fleisch, den ich dir zuwerfe, mit dem Mund auffangen und fressen kannst, gebe ich dir mehr. Wenn du ihn nicht auffängst, bekommst du nichts!« sagte der und warf ihm einen glühend heißen Stein zu. Der Tiger, der den Stein für einen Happen Fleisch hielt, fing ihn schnell auf, bevor er zu Boden fallen konnte, und verschluckte ihn. Als der heiße Stein aber in seinem Bauch hin und her rollte, konnte es der Tiger nicht ertragen. Er stürzte sich in einen Fluß und schnappte nach Wasser – und er trank so viel davon, daß sein Bauch aufplatzte und er starb.

## *70. Mit den Händen sprechen können*

Wenn in alten Tagen aus China Gesandte nach Korea kamen, stellten sie den koreanischen Empfangsbeamten immer knifflige Fragen. Die Auswahl der Empfangsbeamten bereitete in der Hauptstadt regelmäßig Kopfzerbrechen. Als einmal ein Sondergesandter aus China angemeldet war, der sicher auch schwere Fragen stellen würde, machte man das in allen acht Provinzen des Landes bekannt und suchte jemanden, der dafür geeignet wäre. Aber es meldete sich niemand, bis ein Reiskuchenhändler sich freiwillig dieser großen Aufgabe stellen wollte.

So reiste der Reiskuchenhändler, zum Empfangsbeamten ernannt, hinauf zum Yalu-Fluß, um dort an der Grenze den chinesischen Gesandten willkommen zu heißen. Der wartete schon auf dem anderen Ufer des Flusses. Als er den Reiskuchenhändler sah, streckte er die Finger aus, zeichnete ein Quadrat in die Luft. Der Reiskuchenhändler dachte sich:

›Vielleicht fragt dieser Herr, ob ich viereckige Reiskuchen gern habe.‹ Schnell streckte er seine Hand in die Luft und beschrieb einen Kreis damit – denn er schätzte runde Reiskuchen mehr.
Der chinesische Gesandte war ein wenig überrascht. Drei Finger streckte er in die Höhe. Der Reiskuchenhändler dachte: ›Aha! Wie ich das sehe, fragt er, ob ich drei Reiskuchen auf einmal essen kann. Ich will ihm antworten, daß ich sogar fünf schaffe‹ – und streckte fünf Finger in die Höhe.
Der chinesische Gesandte war noch mehr erstaunt, er strich sich über den Bart. ›So! Er fragt wohl, ob ich dann satt bin und mir den Bart abwische, wenn ich fünf Reiskuchen gegessen habe. Ich will ihm antworten, daß dann auch wirklich der Bauch voll ist‹ – und er schlug sich leicht auf seinen Bauch.
Der chinesische Gesandte war so überrascht, daß er den Yalu gar nicht erst überquerte, sondern umkehrte. Jemand fragte ihn nach dem Grund. Er antwortete: »Die Weisheit dieses Empfangsbeamten war unendlich groß. Zuerst fragte ich ihn, ob er sich in der Geographie auskenne, und er antwortete sofort, daß er sogar die Astronomie beherrscht. Ich war darüber ein wenig erstaunt und fragte gleich, ob er die drei Grundregeln der Moral kenne – und er antwortete, daß er sogar die fünf Grundbeziehungen der Menschen kennt. Über diese Weisheit war ich noch mehr erstaunt, fragte ihn dann, ob er Yen Ti Shen-nung kenne – und er, er kannte sogar den T'ai Hao Fu-hsi. Ja, wie könnte ich in ein Land gehen, in dem Menschen von solcher Weisheit leben?«

## *71. Wer bekommt die Reiskuchen?*

In alten Tagen lebten in einem Dorf drei Kinder. Eines davon hatte einen Grindkopf, der Kopf juckte ihm so sehr, daß es sich immerzu kratzen mußte. Dem anderen lief die Nase, dauernd mußte es sich die Nase wischen. Das dritte hatte eine

Augenkrankheit, immerfort kamen Fliegen, die es verjagen mußte.
Eines Tages trafen sich die drei, sie hatten eine Schüssel Reiskuchen und stritten darum, wer die meisten davon essen dürfe. Endlich schlug eines der Kinder vor: »Wir sollten nicht so miteinander um die Reiskuchen kämpfen – einer soll die ganze Schüssel voll bekommen.« – »Gut, das ist gut!« – »Ja, einverstanden!«
Sie wollten einen Wettkampf veranstalten, und der Sieger sollte die Reiskuchen allesamt bekommen. Was für einen Wettkampf sie machen wollten? Das Kind, dessen Kopf juckte, sollte sich nicht kratzen; das Kind, dessen Nase lief, sollte die nicht putzen, und das, dessen Augen krank waren, sollte die Fliegen nicht verjagen. Wer das am längsten aushielt, der sollte die Schüssel Reiskuchen bekommen.
Jeder wollte gewinnen. Der eine ließ das Kratzen, der zweite ließ die Nase laufen, ohne sie zu putzen, und der dritte, der ertrug es, daß die Fliegen auf seinen Augen eine Festversammlung abhielten.
Eine Zeit verging. Zuerst war es nicht so schlimm, das zu ertragen, aber je länger es dauerte, um so schwerer wurde es auch. Aber sie blieben fest, ertrugen es tapfer, hielten es aus.
Doch dann konnte der Grindkopf es nicht mehr aushalten. Ihm fiel etwas ein, wie er sich kratzen konnte, ohne daß die anderen etwas davon bemerkten. »Ihr, hört mal! Mir ist langweilig. Ich will euch eine Geschichte erzählen. Vor ein paar Tagen war ich auf dem Hügel hinterm Dorf, da lief ein Reh vor mir davon, das hatte hier ein großes Geweih und da und da auch!«, dabei drückte er jeweils fest auf die Stelle, wo es am meisten juckte, um zu zeigen, wo bei dem Reh das Geweih gewachsen war.
Da erzählte das Kind, dem die Nase lief: »Das Reh, von dem du da erzählst, wenn ich das gesehen hätte, ich hätte es ganz gewiß mit einer Büchse, bang – so erschossen!«, es zielte dabei mit der

Hand auf sein eigenes Herz – und wischte sich mit dem Ärmel die Nase ab.
Das Kind, das augenkrank war, sah, was die beiden anderen da taten. »Ihr, übertreibt eure Lügerei nicht! So was will ich nicht hören! So was will ich wirklich nicht hören!« sagte es und fuchtelte ablehnend mit den Händen vor seinem Gesicht herum und schüttelte den Kopf noch dazu.
Was meint ihr, wer die Reiskuchen bekommen hat?

## *72. Die Alte und der weiße Tiger*

Wenn man in der Präfektur Kongju vom Kreis Kyeryong ungefähr zehn Meilen geht, kommt man zu einem Tempel, der heißt Tempel zum Neuen Anfang.
In der Paekche-Zeit lebte in der Nähe dieses Tempels eine alte Frau. Obwohl sie ganz allein war, gönnte sie sich keine Ruhe, immer arbeitete sie fleißig. Sie war eine Anhängerin der buddhistischen Lehre, hörte oft im Tempel, wie die heiligen Texte rezitiert wurden, studierte auch für sich allein die Lehre und erlangte schließlich die Erleuchtung.
In der Nähe des Hauses der Alten waren die Kyeryong-Berge, damals noch voller wilder Tiere. Unter ihnen war besonders ein weißer Tiger berüchtigt, eine wilde Bestie, die schon ein paar tausend Jahre alt sein mochte.
Dieser weiße Tiger hatte einen Wunsch – wenn sich nur die Gelegenheit ergäbe, wollte er die Alte auffressen. Aber es war gar nicht so einfach, eine alte Frau zu fangen, die schon die Erleuchtung erlangt hatte, weil sie nämlich immer im voraus wußte, wann der Tiger in ihr Haus kommen wollte. So konnte sie immer rechtzeitig etwas unternehmen. Sie sagte einen Zauberspruch auf, schrieb eine Zauberformel auf ein Papier und heftete das an einen Pfosten ihres Hauses – und für des Tigers Augen waren weder Haus noch alte Frau zu sehen. So

gerne der weiße Tiger sie auch fressen wollte, er schaffte es einfach nicht, sie zu fangen.
Eines Tages schneite es so viel, daß die ganze Welt in Silber getaucht war, der eisige Nordwind blies bitterkalt. Der weiße Tiger fror und war so hungrig, er konnte es nicht mehr aushalten, mitten in der Nacht machte er sich auf zum Haus der alten Frau. Doch, was war das? Im Haus der Alten war kein Lebenszeichen zu bemerken. Ganz leise öffnete der Tiger die Tür – die Alte, die war nicht da, ihr Zimmer leer. ›Eine gute Gelegenheit‹, dachte er, schlich sich hinein und legte sich ins Zimmer. An diesem Tag war Markt in Kyóngch'ón, dort war die Alte hingegangen und bis spät in der Nacht noch nicht zurückgekommen.
›Heute nacht bietet sich die beste Gelegenheit‹, dachte der weiße Tiger, er brauchte ja nur zu warten, bis die Alte zurückkam. Sehr spät in der Nacht kam sie dann endlich vom Markt in Kyóngch'ón nach Hause zurück. Weil sie vom Markt kam, konnte sie gegen den Tiger nichts, aber auch überhaupt nichts unternehmen, sie war einfach zu erschrocken. Bei sich dachte sie: ›Es ist ein Fehler gewesen, zum Markt zu gehen.‹ Sie fragte den Tiger, warum er gekommen sei, der aber kannte kein Zögern, gleich wollte er sich auf die Alte stürzen und sie auffressen. ›Wie kann ich nur aus dieser Gefahr entkommen?‹ fragte sie sich.
Eine Zauberformel aufschreiben, irgendeinen Zauber bewirken – das mußte gehen. Aber der Tiger bemerkte gleich, was sie vorhatte. Sie konnte sich nicht einmal ein bißchen bewegen. Sie bat den Tiger, wenigstens ihren letzten Wunsch anzuhören. Der Tiger versprach ihr, darauf noch einzugehen, und dann aber Schluß!
Die Alte schlug ihm einen Eßwettkampf vor. Bedingung war: der Verlierer sollte das tun, was der Gewinner von ihm verlangen würde. Die Alte ging in die Küche, füllte zwei getrocknete Kürbisschalen – eine mit weißen Reiskuchen, die andere mit Porzellanscherben, ganz voll machte sie die und

brachte sie herein. Die Kürbisschale mit den Porzellanscherben gab sie dem Tiger, die mit den weißen Reiskuchen, die behielt sie selbst.
Der Wettkampf hatte kaum richtig angefangen, schon hatte die Alte ihre Reiskuchen alle aufgegessen, der Tiger aber hatte noch keinen Bissen hinunterbekommen.
Beides war von weißer Farbe, aber wenn der Tiger das seine in den Mund steckte, dann waren es Porzellanscherben, die ihm den Gaumen zerschnitten. Aber er dachte, daß das, was die Alte aß, genau das gleiche wäre wie seins. So verlor schließlich der Tiger den Wettkampf.
Feierlich erklärte die Alte: »Von nun an wirst du nie mehr in die Berge zurückkehren. Bis jetzt hast du schon zu viele Menschen gefressen, das ist eine Schuld, die eigentlich nie mehr gutzumachen ist. Nun werde ich dich durch meine Zauberkraft in einen Menschen verwandeln, und wie Mutter und Sohn wollen wir dann voller Zuneigung zusammenleben.«
Der Tiger hörte das, er brüllte úrúrúng, es ging durch Mark und Bein. Er war ganz von Sinnen bei dem Gedanken, daß er Frau und Kinder in den Bergen nie mehr wiedersehen sollte.
Die Alte murmelte ein paar heilige Worte, schrieb eine Zauberformel auf ein Blatt Papier und ließ es im Wind davonfliegen, und im Augenblick war der Tiger in einen Menschen verwandelt. Gesagt, getan – sie nahm ihn wie einen Sohn auf. Wie Mutter und Sohn lebten sie zusammen, ein friedliches Leben führten sie miteinander.
Man sagt, immer wenn von da an im Lande etwas Schlimmes geschah, ertönte von den Kyeryong-Bergen her ein Gebrüll, das alle erschütterte. Das hat damals angefangen, bevor der Tiger in einen Menschen verwandelt worden ist, und ist heute noch nicht zu Ende, wie man sagt.

## *73. Den Großvater wegwerfen*

Es war in alten, ganz alten Tagen. In einem Bergdorf lebte einer, der schon von Kindheit an seinen Eltern nicht gut gehorcht hatte, ein richtiger Querkopf war das. Ganz schlimme Spiele trieb er, war für seine Eltern immer ein Grund zur Sorge.

Dieser Nichtsnutz wurde erwachsen, heiratete schließlich. Sein Vater wurde alt und krank, es kam so weit, daß er nicht mehr vor die Tür gehen, geschweige denn auf dem Feld arbeiten konnte. Seine Krankheit wurde schlimm und schlimmer, er mußte schließlich sogar seine Notdurft im Zimmer verrichten. Für die Familie war das keine schöne Sache. Nicht nur das – er aß nichts, was man ihm hinstellte. »Das schmeckt mir nicht«, sagte er oder: »Das ist zu fest, das kann ich nicht kauen«, dauernd mäkelte er herum. Auch klagte er in einem fort: »Mein Rücken tut weh!« oder: »Meine Beine schmerzen.«

Der Sohn war ja von Anfang an ein Nichtsnutz gewesen, aber auch bei dem Mädchen, das seine Frau geworden war, konnte gar nicht die Rede sein davon, daß sie etwa den Schwiegervater pflegte. Auch sie behandelte ihn ganz grob.

Das Ehepaar sprach miteinander: »Andere Leute werden auch nicht besonders alt, sterben früh. Der Alte da, der sucht nur Tag und Nacht was zu essen, im Zimmer verrichtet er seine Notdurft. Muß man denn leben, wenn man mal so widerlich geworden ist?« Eine ganze Weile besprachen sie das Für und Wider, dann rief der Vater den Sohn Kaptúk herbei. Der hatte draußen vor der Tür gespielt; als er den Vater rufen hörte, kam er herbeigesprungen. »Du, Kaptúk, bring die alte Kraxe mal her, die an der Stallmauer hängt!« Kaptúk dachte bei sich: ›Was soll denn das?‹ und fragte: »Was wollt Ihr denn mit der Kraxe, daß ich die auf einmal holen soll?« Der Vater wurde zornig. »Du Kerl! Mach nur, was der Vater sagt, halt die Augen geradeaus. Was soll das Gerede!« fuhr er den Sohn an.

Kaptúk sagte kein Wort, er rannte und kam mit der Kraxe zurück. Der Vater ging ins Zimmer damit, hob leicht den Großvater auf, der krank darniederlag, setzte ihn dann auf die Kraxe. Hier und da band er ihn mit einem Seil fest, damit er, falls die Kraxe unterwegs rüttelte und schüttelte, nicht herunterfiel. Ganz fest band er ihn, und dann befahl er Kaptúk: »Schnell, bring ihn in die Berge, laß ihn dort mit der Kraxe zurück!«

Kaptúk war sprachlos über das, was der Vater da von ihm verlangte, für eine solche Grausamkeit konnte er keine Worte finden. ›Da kann ich wohl gar nichts machen‹, dachte er sich nur, ›sicher ist der Vater verrückt geworden, ich muß einfach gehen, kann sein, daß mir unterwegs etwas Gutes einfällt.‹ Er nahm die Kraxe auf den Rücken und ging nach draußen. Der kranke Großvater, was mußte der nun miterleben!

Auf seiner Kraxe saß er wie leblos, ganz traurig weinte er vor sich hin. »So üble Kerle! Wo in der Welt gibt es denn so was noch? Euch hab ich aufgezogen, wer hätte da ahnen können, daß das einmal ein solches Ende nehmen wird? Schlimme Kerle sind das. Du, bitte, bitte, bring mich nicht in die Berge, bring mich lieber auf der Stelle um!«

Kaptúk meinte: »Großvater, weint nicht. Man muß sich ja vor den Leuten schämen. Vielleicht ist Vater nur kurz verrückt geworden und macht deshalb so was. Wenn wir nur ruhig hinaufsteigen und die anderen Leute nichts merken lassen, gibt es, wer weiß, vielleicht doch einen Ausweg. Kann sein, daß Vater sich doch schuldig fühlt, dann hole ich Euch zurück. Bitte, weint nicht mehr!« So bat er sehr höflich – und wirklich, der Großvater hörte auf zu weinen.

Weiter kamen sie in die Berge hinauf, dort ließ Kaptúk den Großvater unter einem großen, schattigen Baum herunter, riet ihm, dort ein wenig auszuruhen. »Großvater, bleibt hier ein wenig sitzen und ruht Euch aus. Ich will zum Vater gehen und ihm gut zureden, dann hole ich Euch wieder. Macht Euch keine Sorgen, wartet nur auf mich!«

Die Kraxe, die er eigentlich auch hatte dalassen sollen, nahm er wieder auf den Rücken und marschierte nach Hause zurück. Als der Großvater das sah, stieg in ihm ein Verdacht hoch. »He, Kaptúk! Warum nimmst du denn die Kraxe mit? Sieht so aus, als ob du nicht mehr zurückkommen willst.« – »Nein, ich nehme die Kraxe nur auf den Rücken, damit ich Euch wieder holen kann, keine Sorge, Großvater, wartet nur auf mich!« So beruhigte er den alten Mann und ging nach Hause. Dort nahm er die Kraxe vom Rücken und hängte sie wieder an den Stall.

Der Vater machte die Zimmertür auf. »Du Mistkerl! Warum machst du denn nicht, was man dich heißt? Wozu hast du denn die Kraxe wieder mitgebracht? Schnell, wirf das Ding weg!« schimpfte er. Kaptúk sagte: »Ich habe sie nur mitgebracht, weil sie vielleicht noch einmal gebraucht wird!« – »Du Kerl, wann willst du das Ding denn nochmals benutzen?« – »Wenn man sie einfach da hängenläßt, ergibt sich gewiß noch mal eine Gelegenheit, wo man sie brauchen kann.« – »Wozu willst du die denn noch verwenden? Schnell, wirf das Dreckding weg!« – »Vater, warum sagt Ihr, ich soll sie unbedingt wegwerfen? Laßt sie nur dort hängen. Ich kann sie doch ganz gut brauchen, so wie heute, wenn Ihr mal alt geworden seid«, antwortete Kaptúk.

Dem Vater und der Mutter fehlten die Worte, sie bekamen einen ganz schönen Schreck. Bis über die Ohren wurden Vater und Mutter rot, sie sahen Kaptúk an. »Wir haben einen Fehler gemacht. Vielleicht sind wir einen Augenblick lang verrückt geworden. Wie kann man eine solche Schuld nur auf sich laden? Das soll es niemals wieder geben. Schnell, geh zurück und hol den Großvater wieder her!«

Vergnügt sprang Kaptúk, die alte Kraxe auf dem Rücken, den Berg hinan und holte den Großvater wieder heim.

## *74. Den Hut suchen, die Schuhe suchen*

Früher einmal gab es einen jungen Mann, der war in Trauer. Irgendwohin war er eines Tages unterwegs, lief und lief, da mußte er mal. Um es sich bequem zu machen, wollte er vorher seinen großen Trauerhut absetzen. Gerade da stand am Wegesrand ein langer, dünner Stock. Darauf hat er seinen Trauerhut gehängt. Aber das war gar kein Stock, das waren Hals und Kopf eines Kranichs. Kaum hatte der Mann den Hut daraufgehängt, erschrak der Vogel und flog zum Himmel auf.

Der Mann lief hinterdrein, dem Kranich nach, um ihn zu fangen und seinen Hut zurückzubekommen, er lief bis auf einen Hügel hinauf – und blieb in einem Loch hängen. Seine Hose verlor er, weil er hängengeblieben war, und seine Schuhe auch. Weil er nun in seiner Blöße nicht gut weitergehen konnte, blieb ihm nichts anderes übrig, als zu warten, bis es dunkel wurde. Dann lief er zum Haus der Schwiegereltern, das in der Nähe lag.

Dort feierten gerade die Schwiegereltern irgendein Fest miteinander. Die Schwiegermutter fragte: »Mein Gemahl! Seid Ihr in guter Stimmung?« – »Ich könnte zum Himmel auffliegen, so froh bin ich!« sagte der Schwiegervater. Eben da kam der Schwiegersohn dazu. »Dann könnt Ihr ja auch gleich mal nach meinem Hut suchen!«

Der Schwiegervater fragte seine Frau: »Und du, hast du auch deinen Spaß?« – »Ich könnte vor Freude in der Erde versinken!« – der Schwiegersohn freute sich mit ihr. »Wenn Ihr schon in die Erde versinken wollt, dann könnt Ihr Euch ja eben auch mal nach meinen Schuhen umsehen!« sagte er, und beides paßte ganz gut...

## 75. Chach' óngbi

In alten Tagen lebte ein gelehrter junger Herr mit Namen Mun Kuksóng, der war noch ledig. Er entschloß sich, in die Hauptstadt aufzubrechen, um sich dort weiterzuüben im Bogenschießen und auch, um die Kunst des Schönschreibens, die Kalligraphie, weiterzustudieren.

Er war noch nicht weit von seinem Heimatdorf entfernt, als er auf ein Mädchen traf, das am Bach Wasser schöpfte. Der Name dieses Mädchens war Chach'óngbi, das heißt »Wunschkind«, so hatten ihre Eltern sie genannt, weil sie sich, was selten vorkommt, wirklich eine Tochter gewünscht hatten.

Der junge Herr Mun, kaum hatte er ihre Schönheit gesehen, hatte er auch schon sein Herz verloren. Er wollte versuchen, mit ihr ins Gespräch zu kommen, und trat auf sie zu. »Mädchen, laßt mich einen Schluck Wasser trinken!« Chach'óngbi schien schüchtern, ohne ein Wort reichte sie ihm eine getrocknete Kürbishälfte mit Wasser – aber die Blätter eines Weidenzweiges streifte sie ab und streute sie darauf. Herr Mun blies die Weidenblätter zur Seite, trank das Wasser, versuchte es noch einmal. »Mädchen, Ihr seid hübsch, aber Ihr scheint kein gutes Herz zu haben«, sagte er und drohte ihr im Scherz mit dem Weidenzweig. Was war das – wider Erwarten machte das Mädchen zwar ein abweisendes Gesicht, doch ihre Worte belehrten ihn eines Besseren: »Junger Herr, es schien mir, daß Ihr es eilig hattet, Euren Weg zu gehen. Wenn man es eilig hat und Wasser trinkt, dann kann man sich leicht verschlucken. Die Blätter hab ich nur hineingestreut, damit Ihr langsam trinkt.« Nun mußte der Herr Mun klein beigeben. »Das hab ich nicht gewußt, tut mir leid.«

Weil er so den kürzeren gezogen hatte, wollte er lieber sehen, daß er schnell weiterkam. Diesmal aber war es das Mädchen, das ihn flink ansprach: »Junger Herr, wohin zieht Ihr denn?« – »Ich bin auf dem Weg in die Hauptstadt, dort will ich das Schönschreiben und das Bogenschießen weiterstudieren.«

Zuerst sah es so aus, als ob das Mädchen nichts mehr zu sagen hätte, dann aber machte es doch noch einmal den Mund auf. »Ja, Ihr, junger Herr, wenn es Euch nicht lästig ist – könntet Ihr vielleicht nur eine Stunde hier warten? Mein Bruder, der will nämlich auch in die Hauptstadt gehen, um dort zu studieren. Wie wäre denn das, wenn Ihr vielleicht Freunde werden und die Reise zusammen unternehmen könntet?« – sehr höflich fragte sie.

Der junge Herr Mun hätte niemals gewagt, jemanden um so etwas zu bitten, aber eigentlich war das etwas, was er sich immer gewünscht hatte – mit einem Freund zusammen in der Hauptstadt studieren. ›Und wenn er noch dazu der Bruder eines so hübschen Mädchens ist …‹, dachte er sich, sagte schnell zu, er wolle warten.

Kaum war Chach'óngbi nach Hause gekommen, schon fing sie an, bei ihren Eltern zu betteln. »Ich möchte in die Hauptstadt gehen und dort studieren!« Nicht im entferntesten hatten die Eltern jemals an so etwas gedacht, sie waren mehr als erstaunt, wurden blaß. »Einen Sohn können wir nicht in die Hauptstadt schicken, was soll denn dann ausgerechnet ein Mädchen wie Chach'óngbi dort?« fragten sie sich.

Die aber wollte sich nicht hindern lassen. Die Eltern redeten ihr gut zu, schimpften mit ihr, aber schließlich und endlich meinten sie, würde die Tochter das sowieso nicht tun, so sagten sie: »Mach, was du willst!« Sie wird schon bleiben, das glaubten die Eltern fest.

Wollte sie ihre Eltern ärgern? Blitzschnell, bevor diese auch nur ein weiteres Wort sagen konnten, lief sie in das Zimmer ihres Bruders, zog Männerkleider an und machte sich davon, Vater und Mutter konnten nicht einmal mehr fragen: »Gehst du wirklich?«

Chach'óngbi selbst, nicht ihr Bruder, kam dorthin zurück, wo der Herr Mun wartete. Unbekümmert, ja frech begrüßte sie ihn. Gemeinsam brachen sie auf, aber schon bald kam dem jungen Herrn Mun die Sache verdächtig vor. Zuerst einmal

war es seltsam, daß der Bruder allein gekommen war, gleich nachdem seine Schwester mit ihm gesprochen hatte. Wäre es nicht selbstverständlich gewesen, wenn seine Schwester mit ihm zusammen gekommen wäre, um sie miteinander bekannt zu machen? Aber noch eigenartiger erschien es ihm, daß Bruder und Schwester so ganz das gleiche Gesicht hatten. Der Bruder, der hatte wirklich ein Mädchengesicht.
Allen Mut nahm der junge Herr Mun zusammen, er wollte die Wahrheit herausfinden. »Du, sag, bist du nicht das Mädchen, das mir Wasser zu trinken gegeben hat?« Wie überrascht war er über die Antwort, die er bekam: »Laß uns einen Wettkampf machen!« – »Was redest du denn da von einem Wettkampf?« Wirklich verblüfft war er. »Wir wollen Bogenschießen! Wer am weitesten schießt, den soll der andere als älteren Bruder ehren.« Der junge Herr Mun stimmte gleich zu, und gleich hat er verloren – er schaffte es nicht, weiter als zwölf Klafter zu schießen, Chach'óngbi dagegen schoß doppelt so weit, vierundzwanzig Klafter!
Wie ausgemacht mußte der junge Mun fortan Chach'óngbi als älteren Bruder verehren. Den Weg in die Hauptstadt setzten sie fort. Aber in seinen Augen war es noch immer das Mädchen, das Männerkleider angezogen hatte. Ein Stück hatten sie zurückgelegt, da fing er wieder an: »Ich kann mir nicht helfen, Bruder, aber Ihr seht wie ein Mädchen aus.«
Als er so weiterredete, machte Chach'óngbi wieder einen Vorschlag, der ihn mehr als überraschte: »Wenn wir pinkeln müssen, wird schon alles klarwerden.«
Das war ein Anblick! Die beiden stellten sich auf einen Hügel und pinkelten gleichzeitig los – und der Herr Mun, der verlor wieder. Sein Bogen, der reichte nur zwei Häuser weit; Chach'óngbi aber, die nahm ein Bambusröhrchen zu Hilfe, ohne daß er etwas merkte, und kam fünf Häuser weit. Jetzt mußte der junge Herr Mun zugeben, daß Chach'óngbi ein Mann war.
Sie setzten ihren Weg fort, gelangten in die Hauptstadt. Dort

kam es dazu, daß der Herr Mun und Chach'óngbi ein Zimmer miteinander teilen mußten. In der ersten Nacht holte Chach'óngbi einen Wasserkübel, stellte den zwischen die beiden Schlafplätze. »Wir wollen beide aufpassen, daß wir den Wasserkübel nicht umstoßen!« Herr Mun war einverstanden, dachte sich nichts Besonderes dabei und schlief ein mit dem Vorsatz, den Wasserkübel nicht einmal zu berühren.
Als es Morgen wurde, räumte Chach'óngbi den Wasserkübel weg, am Abend holte sie ihn wieder hervor. So lebten sie in einem Zimmer, studierten miteinander, bis eines Tages der junge Herr Mun einen Brief von zu Hause bekam. Was da drinstand? Die Eltern hatten ein Mädchen für ihn gesucht, er sollte schnell nach Hause kommen und dort das Mädchen heiraten.
Als Chach'óngbi vom Inhalt des Briefes erfuhr, riet sie ihm zu antworten, er wolle erst fertigstudieren, dann erst heiraten, und sie fügte hinzu: »Wenn ich fertigstudiert habe, dann werde ich auch heiraten.« Wie sie ihm vorgeschlagen, schrieb Mun einen Brief nach Hause. Bald darauf kam die Antwort von seinem Vater: »Wenn du nicht sofort nach Hause kommst, um zu heiraten, dann bist du nicht mehr unser Sohn«, das war in diesem Brief zu lesen. Ganz verzweifelt war er, was er denn machen sollte, weiter kamen Briefe, alle des gleichen Inhalts.
Zu Chach'óngbi sagte er: »Sieht so aus, als ob mir nichts anderes übrigbleibt als zurückzukehren«, sie meinte nur dazu: »Dann ist wohl nichts zu machen«, sonst nichts. Doch als er alles eingepackt hatte, sagte Chach'óngbi plötzlich: »Ich geh auch mit.« – »Nein, Bruder, habt Ihr denn nicht gesagt, Ihr wolltet erst in die Heimat zurückkehren, wenn Ihr fertig seid mit Euren Studien? Bleibt nur bitte hier, ich will gleich nach der Hochzeit zurückkommen und weiterstudieren.«
Aber Chach'óngbi, die ernstlich in den jungen Mann verliebt war, hatte kein Herz dafür, jetzt allein in der Hauptstadt zu bleiben und noch länger zu studieren. Daß sie ihre Eltern

verlassen, Männerkleider angezogen hatte, daß sie dem jungen Herrn Mun bis in die Hauptstadt gefolgt war, das alles hatte seinen Grund nur darin, daß er ihr gefallen hatte.
»Nein, ich möchte auch mal wieder meine Eltern sehen, und schließlich – bei deiner Hochzeit will ich ja auch dabeisein.«
Herr Mun hatte keinen besonderen Grund, gegen eine gemeinsame Rückkehr Einwände zu machen, so brachen sie beide auf in die Heimat, wie sie auch zusammen gekommen waren.
Nach langem Weg kamen sie wieder zu dem Bach, wo sie sich zuerst begegnet waren. Der Herr Mun, der wäre gedankenlos dort vorbeigelaufen, nicht so Chach'óngbi. »Ja, jetzt sind wir fast zu Hause, laß uns noch ein Bad nehmen und dann auseinandergehen.« Wie Chach'óngbi vorschlug, nahmen sie ein Bad, selbstverständlich badete Chach'óngbi als älterer Bruder oben am Bachlauf, während Mun unten baden mußte.
Chach'óngbi hatte etwas ganz anderes im Sinn – ein Blatt von einem Weidenbaum riß sie ab, darauf schrieb sie: »Mun Kuksón, junger Herr Mun! Junger Herr, der Ihr drei Jahre mit mir im gleichen Zimmer geschlafen habt und nicht einmal wißt, ob ich ein Mädchen bin oder ein Mann! Was braucht Ihr zu studieren, was braucht Ihr zu heiraten! Als wir uns hier zum ersten Male begegnet sind, habt Ihr nicht gewußt, junger Herr, warum ich Euch Weidenblätter aufs Wasser gestreut habe!«
Das beschriebene Weidenblatt ließ sie ins Wasser fallen, dann ging sie einfach nach Hause. Von alledem wußte der junge Herr Mun nichts. Er wusch sich sorgfältig, sah einmal auf – und sein Blick fiel auf das Weidenblatt, das im Bach schwamm. Waren das nicht Schriftzeichen, da auf dem Blatt? Neugierig war er, las, was das Mädchen geschrieben hatte. Schnell zog er sich an, lief den Bachlauf hinauf, aber von Chach'óngbi war nicht einmal der Schatten mehr zu sehen.
Entmutigt ging er nach Hause, zu seinen Eltern sagte er, daß er nicht heiraten wollte. Da konnten die Eltern nicht ruhig

bleiben. »In beiden Familien ist alles vorbereitet, womit bist du denn nicht zufrieden?« – laut schrie der Vater, daß die Familie ihr Ansehen verlieren würde.
»Ich will nicht heiraten!« – »Du mußt aber heiraten!«, so stritten sie, und der festgesetzte Hochzeitstag kam immer näher. Mit sich kämpfte der junge Herr Mun. »Ich bin vielleicht dumm gewesen, nicht einmal unterscheiden konnte ich, ob du ein Mann bist oder ein Mädchen. Trotzdem – wäre es nicht besser gewesen, wenn du beim Abschied nur ein Wort gesagt hättest? Auf keinen Fall werde ich das Mädchen heiraten, das meine Eltern für mich ausgesucht haben!« – einen solchen Brief schrieb er, schickte ihn an Chach'óngbi.
Die hatte auch jeden Tag immer nur an den jungen Herrn Mun gedacht, aber es gab ja für sie beide keine Möglichkeit, zusammenzukommen, das mußte sie jetzt spüren. Warum? Jemand hatte bei ihren Eltern um ihre Hand angehalten, den Eltern war es völlig gleichgültig, was Chach'óngbi selbst darüber dachte, sie wollten ihre Tochter zur Heirat zwingen.
Der junge Herr Mun schrieb einen Abschiedsbrief, bat darum, seinen Leichnam an einer bestimmten Stelle zu begraben, dann nahm er sich das Leben – das alles am Vorabend des Hochzeitsfestes. Nach alldem wurde aus einer Hochzeit ein Begräbnis!
Chach'óngbi hörte auch diese schlimme Nachricht, sie fand heraus, wo man den jungen Herrn Mun begraben hatte. Bald kam auch für sie der Hochzeitstag, sie bestieg eine Sänfte, in der man sie in das Haus ihres Bräutigams bringen wollte.
Unterwegs kam sie am Grab des jungen Herrn Mun vorbei, sie bat die Träger, eine Pause zu machen, die Sänfte wurde abgesetzt. Sie stieg heraus, rannte zu dem Grab, warf sich auf den Boden und heulte laut los: »Mun Kuksóng, junger Herr Mun! So tief schlaft Ihr. Ich bin es, das Wunschkind meiner Eltern, Chach'óngbi! Wenn du mich liebst, dann mach dein Grab auf, auf für mich!« Und wirklich, das Grab tat sich auf, das Mädchen sprang hinein.
Ängstlich war ihr Bräutigam herbeigeeilt, gerade noch konnte

er den Rocksaum fassen. An ihn richtete Chach'óngbi ihre letzten Worte: »Von meinem Rocksaum habt Ihr einen Fetzen Stoff abgerissen, macht Mücken daraus, macht Schnaken daraus!« Kaum hatte der Bräutigam das Stück vom Rocksaum in seiner Hand, schloß sich das Grab.
Von da an gab es Mücken, von da an gab es Schnaken und all die anderen Insekten auch, gewiß sind die alle aus dem abgerissenen Rocksaum der Chach'óngbi entstanden.

## *76. Geschichten von einem Tölpel*

In alten Tagen lebte einmal irgendwo ein Mann, der war ein rechter Tölpel. Alles mögliche vergaß er, ja, er vergaß sogar oft seinen Namen! Seine Frau überlegte hin und her, was da zu tun sei, schließlich hängte sie ihm eine Birne an ein Kleiderband – immer, wenn er die sah, fiel ihm wieder ein, daß er ›Birne‹ hieß.
Eines Tages kam ein Besucher. Im Gästezimmer begrüßten sie sich. Der Gast stellte sich vor, nannte Vor- und Zunamen, und der Hausherr guckte schnell sein Kleiderband an – doch die Birne, die seine Frau darangehängt hatte, war heruntergefallen, geblieben war nur der Stiel. Also stellte er sich auch schnell vor: »Mein Name ist Stiel«, sagte er – hahaha.

Der Mann, der ein rechter Tölpel war, machte sich eines Tages zusammen mit Freunden aus der Nachbarschaft auf, die Diamantberge zu durchwandern. Hierhin und dorthin wanderten sie, kamen schließlich an einen Ort, wo aus einem Spalt in den Felsen Honig heraustropfte. Kaum hatte einer von ihnen das gesehen, war er voll Gier nach dem Honig, sprang schnell zu dem Spalt im Felsen, preßte seinen Kopf hinein und fing an, den Honig aufzusaugen. Doch einer der Freunde, die mit unterwegs waren, das war ein ganz rücksichtsloser Kerl. Ihm paßte überhaupt nicht, was sein gieriger Freund da machte; mit aller Kraft zog er ihn an beiden Beinen. Aber Kopf und Hals des gierigen Freundes blieben im Felsspalt hängen, kamen nicht heraus, nur der Körper fiel herunter. Der Tölpel, der sah zu. »Der da, ist der schon ohne Kopf mit uns hierhergekommen?« – hohoho.

Wieder war er unterwegs, der Tölpel. Er traf auf einen buddhistischen Mönch, ein Stück des Weges gingen sie gemeinsam.
»Wo lebt Ihr denn, Ehrwürden?« fragte der Tölpel zuerst.
»Ich bin ein Mönch aus dem Tempel des Hohen Altertums«, antwortete der Mönch ganz höflich. »So, ein Mönch aus dem Tempel des Hohen Altertums seid Ihr!« murmelte der Tölpel vor sich hin.
Wieder fragte er: »Wo lebt Ihr denn, Ehrwürden?« – »Ich bin ein Mönch aus dem Tempel des Hohen Altertums.« Ein Stück waren sie marschiert, da fragte der Tölpel noch einmal, wieder antwortete der Mönch, wo sein Tempel war. So liefen sie miteinander, und immer wieder fragte der Tölpel.
›Das ist ein komischer Kauz‹, dachte sich der Mönch, ›bei dem muß irgendwas nicht stimmen‹, und er beschloß, den Tölpel irgendwie anzuführen.
Da ging die Sonne unter, es wurde schnell dunkel, und die beiden mußten in einer Herberge übernachten. Als der Mönch bei Tagesanbruch erwachte, schlief der andere immer noch fest. »Das trifft sich gut! Ich will dich schon hereinlegen!« Der Mönch rasierte dem Tölpel die Haare ab, setzte ihm die Mönchskappe auf und zog ihm sein Mönchsgewand an. Und die Kleider, die der Tölpel getragen hatte, die zog der Mönch selbst an, setzte den Hut des anderen auf und verschwand aus der Herberge.
Als es ganz hell geworden war, stand der Tölpel auf, sah sich im Zimmer um. »So was! Guck dir doch das an! Da ist ja nur noch der Mönch, und ich bin verschwunden! Was in der Welt soll denn das bedeuten? Der Mönch ist hier, wo kann denn ich nur

sein? Ich muß mich suchen, es wird mir sonst nichts übrigbleiben, ich muß mich suchen« – so verrückt war der – hehehe.

## *77. Kleben lassen, fallen lassen*

In alten Tagen lebte in einem Tal eine sehr reiche Familie. Für diese Familie arbeitete ein Diener, der mußte viel Schlimmes einstecken, aber er hatte ein aufrechtes Herz und ertrug alles.

Eines Tages stieg er auf den Hügel hinter dem Berg, um Holz zu holen. Eine ganze Weile hatte er Holz gesammelt, dann lehnte er sich gegen einen Baum und wollte gerade einschlafen, als es neblig wurde und der Berggeist ihm erschien.

Der Berggeist sah den Diener an und sprach zu ihm: »Aus dem Haus, wo du arbeitest, wird doch in ein paar Tagen eine Tochter verheiratet. Wenn man sich auf den Weg macht ins Haus des Bräutigams, dann sollst du mitgehen und dabei das, was ich dir geben werde, mitnehmen«, und er gab dem Diener zwei Blatt Papier, auf die chinesische Schriftzeichen geschrieben waren. Auf dem einen stand das Zeichen für »fallen«, auf dem anderen das Zeichen für »kleben«.

Als er dann wirklich am Hochzeitstag mit aufbrach, den Bräutigam abzuholen, fiel er unterwegs in einen Bach, seine Kleider wurden naß, die mußte er trocknen. So saß er noch, als schon die anderen mit dem Bräutigam zurückkamen, mit ihnen zusammen konnte er nur noch ins Brauthaus zurückkehren.

Es kam der Abend, für das junge Paar die Hochzeitsnacht. Braut und Bräutigam schliefen in ihrem Zimmer. Da schob der Diener sein Papier mit dem chinesischen Schriftzeichen für »kleben« ins Brautgemach, murmelte dazu: »Klebt!«, und Braut und Bräutigam klebten aneinander fest.

Die Nacht ging vorüber, der Morgen dämmerte, die Sonne ging auf, und als sie zu der Zeit, die wir heute acht Uhr nennen würden, noch immer nicht aufgestanden waren, ging die Brautmutter ins Zimmer hinein. »Ihr zwei! Wollt ihr gar nicht aufstehen?«, sie schüttelte die beiden – und blieb auch mit der Hand an ihnen kleben. Weil es ihm zu lang dauerte, seine Frau immer noch nicht herausgekommen war, ging endlich auch der Hausherr dorthin, versuchte, die drei zu trennen – aber er blieb selbst auch mit der Hand an ihnen hängen.

Die Hochzeitsgäste kamen dazu, jeder wollte helfen, alle miteinander sind sie hängengeblieben. Als dann als letzter schließlich der Diener hereinkam, hörte er ein großes Wort. Was sagte der Hausherr da gerade? »Dem, der mich hier losmachen kann, will ich die Hälfte meines Besitzes geben.« – ›Das ist ja was!‹ dachte sich der Diener. ›Das will ich schon schaffen.‹ Er fragte den Hausherrn noch einmal: »Die Hälfte Eures Besitzes wollt Ihr dem geben, der helfen kann, sagt Ihr?« – »Ja, das will ich!«

Also holte der Diener sein Papier heraus, das er vom Berggeist bekommen hatte, diesmal das mit dem Zeichen für »fallen«, rief dazu: »Fallt!« – und alle fielen auseinander. Damit hat der Diener den halben Besitz seines Herrn gewonnen, lang, lang hat er glücklich gelebt.

## *78. Der vornehme Beamte*

In alten Tagen lebte ein vornehmer Beamter. Eines Tages ging er in die Berge, um dort Bambus zu schneiden. Er war noch nicht weit gekommen, als die Sonne unterging. Schließlich machte er in einem kleinen Dorf, durch das er kam, Rast. Die Frauen waren alle auf dem Dorfplatz versammelt und mahlten Getreide. Bei ihnen spielte ein kleines Mädchen, es mochte vielleicht sechs Jahre alt sein. Das sah den Beamten. »He, da kommt ja der Schwager!« schrie es laut. Eine von den Frauen, die da mahlten, fuhr dazwischen: »Du hast dich wohl versehen. Oder ist es möglich, daß er kommt?«

Aber weil es schon dunkel war, konnte auch die Frau nicht so genau unterscheiden, so schickte sie das Mädchen vor. »Geh du nur erst mit dem Schwager nach Hause!«, sie selbst wollte erst noch fertigmahlen. Der Beamte dachte bei sich: ›Da hab ich aber Glück gehabt!‹ Es war ja dunkel, er hätte auf jeden Fall irgendwo um ein Nachtlager bitten müssen. So war es noch besser. ›Man weiß ja nicht, aber vielleicht kann ich heute nacht umsonst schlafen.‹

Er folgte dem Mädchen in das Haus, das er sah, das war nicht ein Haus, nein, das waren gleich zwei Häuser, die zusammengehörten, großartig sah das aus. Er meinte, Leute, die so wohnen, die müssen ein ganz gutes Leben führen. Das Mädchen ging in ein Zimmer und berichtete dem Großvater, der Schwager sei gekommen. Die Tür ging auf, und der Alte streckte den Kopf heraus. Der Beamte konnte sich denken, daß der Alte hier das Familienoberhaupt war.

»Nein, so was! Bist du im Dunkeln hierhergekommen? Schnell, herein mit dir!« Bei so freundlichen Worten des Alten blieb ihm wohl nichts anderes übrig; so, als wäre er wirklich der Schwiegersohn des Hauses, trat er ein, verbeugte sich vor dem Alten. »Vater, wie geht es Euch?« grüßte er ihn.

Der Alte hielt ihn noch immer für seinen Schwiegersohn, hieß ihn zuerst einmal in das andere Zimmer gehen und dort seinen Hunger stillen. Das andere Zimmer, wo er hingehen sollte, das mußte wohl das Zimmer der Tochter des Alten sein. Er trat dort ein, da saß eine alte Frau. Er grüßte sie, denn sie mußte die Schwiegermutter sein, dachte er sich.

»Wieso bist du denn so lange Zeit nicht hier vorbeigekommen?« – Was die Alte, die er für die Schwiegermutter hielt, ihm da sagte, nahm er ganz selbstverständlich hin. »Ich war lange Zeit ziemlich krank.« Weil der Schwiegersohn so lange nicht gekommen war, gab die Alte Befehl, den Tisch besonders gut zu decken.

Was später werden konnte, das war ihm jetzt gleichgültig, der vornehme Beamte hatte einfach Hunger, und im Handumdrehen war eine Schüssel Reis verschlungen. Als er fertig gegessen hatte, kam auch die Frau zurück. Auch sie meinte, er sei wirklich ihr Mann. »Warum seid Ihr denn so lange Zeit nicht gekommen, daß man Euch fast nicht mehr kennt?« maulte sie – der vornehme Beamte tat es leichthin ab wie vorher auch schon.

Es wurde Zeit, schlafen zu gehen. Da endlich kam der Frau doch ein Verdacht. Irgendwas am Verhalten ihres Mannes war anders geworden, wenn sie es mit früher verglich. Der Beamte fühlte auch, daß die Frau etwas gemerkt hatte, aber es gab für ihn nun kein Zurück mehr.

Als es dann am nächsten Morgen hell wurde, sie ihn bei Tageslicht besah, da wußte sie, daß der, den sie für ihren Mann gehalten hatte, ein ganz Fremder war. Während sie in der Küche das Frühstück bereitete, war sie ganz durcheinander. Die Mutter bemerkte das. »Nach so langer Zeit ist dein Mann endlich zurückgekommen. Was ist denn nur los mit dir?« Die Frau wollte ihren Ärger loswerden. »Ja, Mutter, seid Ihr nun zufrieden, daß Ihr zwei Schwiegersöhne habt?« – »Ach du Schreck! Ist das so?« Auch die Mutter war nicht ganz ohne Zweifel gewesen. Als sie nun von ihrer Tochter hörte, daß der wirklich nicht der richtige Schwiegersohn gewesen ist, lief sie, so schnell ihre Beine sie trugen, ins Zimmer ihres Mannes. »Eieiei, der da gestern abend gekommen ist, der ist gar nicht unser Schwiegersohn!« Aber Männer haben nicht so feine Gefühle. »Hahaha! Rede du nicht so einen Unsinn!«, aber wenn seine Frau so verwirrt war, mußte das seinen Grund haben. Er zog seine Frau mit sich, sie gingen hinüber zum Zimmer des Schwiegersohnes – und was seine Frau ihm erzählt hatte, das erwies sich als wahr.

Ganz ärgerlich wurde der Hausherr jetzt. »He, du, der du daliegst!« Ganz zittrig klang seine Stimme vor Aufregung, aber der vornehme Beamte im Zimmer, der zeigte sich ganz selbstsicher. »Herr Vater, was gibt es denn?« Das selbstbewußte Auftreten machte den Hausherrn noch zorniger.

Am liebsten hätte er den Beamten mit einem Stock aus dem Haus geprügelt, aber dann hätte man sich ja vor den Nachbarn schämen müssen. Er konnte sich kaum beruhigen. »Schnell, verlaßt mein Haus!« bat er. Der vornehme Beamte setzte sich langsam auf. »Dann muß ich wohl gehen. Aber nur, um gegen Euch Klage zu erheben – wo gibt's denn so was, jemanden erst Schwiegersohn nennen und ihn dann rauswerfen!«
Wenn es soweit kam, dann mußte ganz zwangsläufig die ganze Familie ihr Ansehen verlieren. Der Hausherr bat weiter: »Ach, macht doch bitte keine Schwierigkeiten, geht ruhig weg!« Aber der Beamte, das war einer, der von Natur aus unverschämt war: »Da würde ich ja mein Gesicht verlieren, so einfach kann ich hier nicht weggehen.«
Über das, was er dann verlangte, blieb dem Hausherrn die Luft weg. Tausend Bambusstangen sollte man einer schwarzen Kuh aufladen, einen Hochzeitsanzug samt Hut und einen Kasten mit Baumwolle, in ein rotes Tuch eingeschlagen, wie man ihn als Brautgeschenk benutzt – das alles verlangte er. Sollte, konnte der Hausherr das ablehnen? Aber auch dann konnte für ihn nichts Gutes herauskommen. Wenn man scharfen Senf ißt, kommen einem die Tränen, und doch ißt man das Zeug – der Hausherr erfüllte alle Forderungen.
Der vornehme Beamte schien zufrieden, bedankte sich kurz und verließ das Haus. Draußen blieb er stehen, überdachte die Sache noch einmal – das war doch eine seltene und erfreuliche Angelegenheit. Mit lauter Stimme rief er: »Meiner hat mir das eingebracht!«, und er lachte schallend, die Leute, die vorbeikamen, wußten zwar nicht, worum es eigentlich ging, aber sie lachten mit.
Als er durch das nächste Dorf kam, hatte er den Eindruck, daß in irgendeinem Haus eine Hochzeit gefeiert werden sollte, das ganze Dorf schien in Aufregung. Er meinte, die Gelegenheit sei günstig, mal wieder einen ordentlichen Auftritt zu veranstalten.
Kinder, die in einer Gasse spielten, rief er zu sich, fragte sie, in

welchem Haus man denn die Tochter verheiraten wollte. ›Alles klar‹, dachte er und suchte das Haus auf. Er wußte, daß der Bräutigam noch nicht gekommen war, zog seinen Hochzeitsanzug an, trat ganz unverfroren durch das Tor in den Hof. Was er für ein Glück hatte – im Haus der Braut gab es niemanden, der das Gesicht des wirklichen Bräutigams kannte. Also hielt man ihn, weil er ja einen Hochzeitsanzug trug, wirklich für den Bräutigam und hieß ihn willkommen. Frech trat er ins Haus ein, setzte sich und nahm den Eßtisch entgegen, den man für den Bräutigam vorbereitet hatte.
Gerade da traf der echte Bräutigam ein. Die Brautfamilie war bestürzt, Streit entstand, schließlich stellte sich heraus, daß der Beamte der falsche Bräutigam war. Die Familie der Braut wollte ihn verprügeln und einfach hinauswerfen, er aber hatte schon mit so etwas gerechnet. Wieder fing er an, laut zu schreien: »Was soll denn das? Wollt ihr vielleicht die Braut mit zwei Männern verheiraten? Habt ihr mich nicht gleich ins Zimmer geführt, das für den Bräutigam vorbereitet war?«
So wie es nun einmal stand, blieb der Brautfamilie nichts anderes übrig, als zu versuchen, die Sache gütlich beizulegen. ›Ich werde erst mal meinen Mund halten‹, dachte sich der vornehme Beamte, ›mal sehen, wie sich die Geschäfte entwickeln.‹
Ein Fehler ist ein Fehler – die Familie der Braut mußte ihm viel Geld geben und packte ihm auch noch schön zu essen ein.
Er verließ das Hochzeitshaus, wollte nach Hause zurückkehren, sich aber unterwegs noch ein bißchen dies und das ansehen. Zuerst stieg er einmal in die Berge. Dort traf er auf drei Jäger, die zusammensaßen und ihre Mittagsmahlzeit verzehrten. Der Beamte hatte auch Hunger, außerdem verlangten seine Beine nach einer Rast. Er stellte sich den Jägern vor, wollte mit ihnen zusammen essen. Das Freßpaket, das er im Hochzeitshaus bekommen hatte, packte er aus. Auf Reis und wohlschmeckende Beilagen hoffte er, was er fand – war eine harte Nackenstütze aus Holz. Sicher hatte man das getan, um ihn zu ärgern. Voll Zorn warf er das Ding in hohem Bogen

weg. Doch – da, wo die Nackenstütze niederfiel, gab es da nicht ein dumpfes Geräusch? »Was ist denn das?« fragte er sich, lief hin – ein großes Reh lag erschlagen auf dem Boden. Ihm erschien das ganz selbstverständlich, aber den Jägern kam es wunderbar vor. Ein guter Gedanke kam ihm, er wollte die Jäger an der Nase herumführen. Die fragten ihn: »Was war denn das für eine Nackenstütze, die Ihr eben geworfen habt, daß Ihr damit sogar ein Reh erlegen könnt?«
Der wußte schon, wie er sie kriegen konnte. »Das ist keine gewöhnliche Nackenstütze! Das ist ein wohlgehüteter Familienschatz, von meinen Vorfahren über Generationen weitervererbt. Wenn man diese Nackenstütze wegwirft, trifft man damit, was immer man sich wünscht!«
Ganz erstaunt waren die Jäger. So etwas gab es also auch, war nicht zum Beweis dafür gerade ein großes Reh von der Nackenstütze getroffen worden? Das Jagen war ihr Beruf, wie versessen waren sie, diese Nackenstütze zu bekommen. Konnte man denn nicht, wenn man diese Nackenstütze hatte, Rehe, Wildschweine, ja, jedes beliebige Tier mühelos fangen? Sie fragten: »Wollt Ihr die Nackenstütze nicht verkaufen?« – »Wie könnte man denn einen Familienschatz, den man von seinen Vorfahren ererbt hat, verkaufen?« fuhr der Beamte auf. Das stimmte ja. Um jeden Preis wollten die Jäger die Nackenstütze kaufen. Ganz schön trumpfte der Beamte auf, für viel Geld verkaufte er ihnen das Ding und tat dabei auch noch so, als ob das großzügig wäre.
Als er nach Hause zurückkam, erschien es ihm selbst, daß er doch arg übertrieben hatte. »Nein, die Jäger werden schnell merken, daß ich sie belogen habe, sicher kommen sie dann hierher.« Seine Frau rief er herbei, befahl ihr, draußen am First des Hauses eine Reisähre festzumachen, und falls die Jäger kämen, sollte sie das und das erzählen.
Gerade da kamen, ganz schön zornig, die drei Jäger. »Die Nackenstütze, die du uns verkauft hast, mit der wir angeblich alles treffen können, was wir wollen, ist ein ganz übles Ding –

unsere eigene Mutter ist davon getroffen worden und ums Leben gekommen!«
Der vornehme Beamte sagte ganz ruhig: »Das tut mir aber leid! Sieht so aus, als ob das nur in unserer Familie wirksam ist. Ich hab euch die Nackenstütze verkauft, was meint ihr, wie ich das nachher bereut habe!« Dann gab er seiner Frau einen Wink. »Sicher werden unsere Gäste Hunger haben, schnell, mach was zu essen!«, so schickte er sie weg. Sie aber sah hinauf zu der Reisähre am First. »Wieviel Körner Reis soll ich denn kochen?« fragte sie. Laut schrie er: »Langt es denn nicht, wenn du ein Korn nimmst?« Und zu den Jägern sagte er: »Meine Frau ist doch ein großer Dummkopf.«
Die Frau nahm ein Reiskorn aus der Ähre mit in die Küche, kurz darauf schon kam sie mit einem prächtig gedeckten Mittagstisch wieder heraus. Selten hatten die Jäger so schönen, sauberen Reis gegessen, sie aßen, bis die Bäuche voll waren, dann sahen sie hinauf zu der Reisähre, so, als ob sie die haben wollten. »Wenn von einem einzigen Reiskorn so viele Leute essen können...« Wie der vornehme Beamte vorausgesehen, hatten sie vergessen, warum sie eigentlich gekommen waren, sie fingen an zu fragen: »Wollt Ihr nicht vielleicht die Reisähre verkaufen?« – mit der einen Reisähre wollten sie die Trauergäste beim Begräbnis der Mutter alle bewirten. »Nein, das geht nicht, wirklich, das ist nämlich auch ein Schatz, den ich von meinen Vorfahren ererbt habe«, so tat er, aber dann verkaufte er ihnen die Reisähre doch für viel Geld. Zufrieden zogen die Jäger nach Hause, aber der Beamte ahnte schon, daß sie bald wiederkommen würden. Kurz dachte er nach, rief wieder seiner Frau. »Du, mach schnell Reiskuchen und steck auf jeden Zweig des Baumes vorm Haus einen davon!«
Wieder kamen die Jäger, mit beredten Worten suchte der Beamte sie zu beschwichtigen. Dann hieß er seine Frau: »Du, bring uns Reiskuchen her!«, und so, wie ihr Mann ihr befohlen, pflückte sie vom Baum, auf den sie kurz zuvor die Reis-

kuchen gesteckt hatte, ein paar herunter – und brachte gleich einen ganzen Tisch voll davon ins Zimmer. Mit eigenen Augen hatten die Jäger gesehen, daß da gar nicht so viele Reiskuchen am Baum gehangen hatten, und jetzt wurde ein ganzer Tisch davon hereingebracht!

Da wollten sie unbedingt den Reiskuchenbaum haben – einen hohen Preis zahlten sie dafür und nahmen ihn mit sich nach Hause.

Wieder gab der Beamte seiner Frau Anweisungen, dann legte er sich wie tot hin. Voller Ärger kamen die Jäger wieder – da heulte die Hausfrau los: »Weil er alle Schätze, die wir von unseren Ahnen ererbt haben, verkauft hat, hat er Schuld auf sich geladen und ist gestorben!« Die Jäger erstarrten, als sie diese Nachricht hörten. Endlich heulte die Frau des Beamten nicht mehr, sie holte eine Flöte hervor. »Das ist eine Flöte, mit der man Tote wieder zum Leben erwecken kann«, und sie bat die Jäger, einer von ihnen sollte darauf spielen, um ihren Mann so wieder zum Leben zu bringen. »Geht das? Geht das nicht?« fragten die Jäger sich, dann versuchte einer, die Flöte zu blasen. Und da – der vornehme Beamte fuhr auf. »Ach, ich hab wohl zu lange geschlafen!« sagte er, reckte sich und streckte sich.

Er sah die Jäger. »Wieso seid ihr denn wieder hier?« fragte er sie. Die geheimnisvolle Macht der Flöte hatte die Jäger wieder vergessen lassen, warum sie eigentlich gekommen waren. Sie hatten nun nur eines im Sinn. »Könnt Ihr uns nicht die Flöte verkaufen? Wir wollen damit unsere Mutter wieder zum Leben erwecken.«

Kaum waren sie aus dem Haus, ließ der Beamte für sich selbst einen Sarg machen, stieg da hinein und gab den Befehl, in der Nähe ein Grab auszuheben. Seine Frau zog weiße Trauerkleider an und heulte und heulte.

Diesmal wollten sich die Jäger nicht noch einmal anführen lassen, alle meinten sie: »Das ist doch nur wieder so eine List des Beamten, mit der er uns betrügen will.« Aber die Frau heulte ihnen vor: »Ihr schlechten Kerle, ihr habt meinen Mann dazu gebracht, euch all unsere Familienschätze zu verkaufen, bis er jetzt nur deshalb gestorben ist. Schnell, geht doch hin, seht euch sein Grab an!« – noch trauriger heulte sie. Aber noch immer trauten ihr die Jäger nicht. Sie suchten das Grab, dort war die Erde noch nicht getrocknet. Weil der Beamte sie bis dahin so oft an der Nase herumgeführt hatte, waren sie sehr ärgerlich, jetzt endlich wollten und konnten sie ihren Ärger loswerden – sie beschlossen, jeder einen Haufen auf das Grab zu machen. Der Beamte im Grab, der hatte ein glühendes Brenneisen vorbereitet, das das chinesische Schriftzeichen für »Sklave« trug. Als sich nun die Jäger anschickten, mit blankem Hinterteil ihren hinterlistigen Plan auszuführen – da brannte er ihnen von unten das Zeichen für »Sklave« auf den Hintern. Unauslöschlich war das hinfort dort eingebrannt, von da an ließen sie sich nicht mehr blicken.

Der Beamte aber fürchtete, daß es vielleicht doch später einmal wieder Ärger geben könnte mit ihnen, es galt, sie ein für allemal fernzuhalten. Er suchte das Amtshaus auf. »Ich hatte drei Diener, die machten immer, was sie wollten, und jetzt sind sie weggelaufen. Bitte, die müssen doch bestraft werden!« klagte er dort.

Die Jäger wurden gefaßt und ins Amtshaus gebracht. Der Beamte sollte nun den Beweis antreten dafür, daß sie seine Diener waren. »Auf ihrem Hinterteil ist ihnen das Zeichen ›Sklave‹ eingebrannt«, sagte er, und was er behauptete, das stellte sich bald als Wahrheit heraus. Der Richter ermahnte die Jäger: »Von nun an müßt ihr auf euren Herrn hören!« und entließ sie.

Die Jäger waren von Natur aus ein wenig beschränkt, kein Wort brachten sie heraus. Der Beamte aber, der hatte nicht im entferntesten daran gedacht, sie als Diener zu behalten. Weit weg schickte er sie und drohte ihnen, sich nie mehr blicken zu lassen, sonst...

## *79. Wie der Tiger sich selbst in den Schwanz gebissen hat*

Der Tiger war hungrig, lief in den Bergen umher, da traf er den Hasen. Nun brauchte er sich nicht länger Gedanken zu machen, das Wasser lief ihm schon im Maul zusammen. Er trat auf den Hasen zu. »Du, Hase, gut, daß ich dich treffe. Ich habe wirklich einen fürchterlichen Hunger. Es tut mir zwar leid, aber ich muß dich auffressen«, das sagte er und lachte herzlich dazu.

Der Hase erschrak ganz schön. »Herr Tiger, was sagt Ihr denn da? Sind wir nicht schon lange gute Freunde? Wie könnt Ihr mich denn auffressen? Überlegt doch mal, wenn Ihr so einen kleinen Kerl wie mich freßt, werdet Ihr davon vielleicht satt? Ich will Euch etwas gar Köstliches herholen, woran Ihr Euch wirklich satt fressen könnt.« – »Was Köstliches, sagst du?« – »Nicht nur daß es schmeckt, nein – wenn das zwei zusammen essen, merkt der eine nicht, daß der andere unterdessen gestorben ist, so gut ist das!« – »Hm, ist das wahr?«

Der Tiger schien zufrieden, eilig lief der Hase zum Bach hinunter, holte elf glitzernde, glänzende Kieselsteine herbei. »Wie soll ich denn das essen?« – »Ihr braucht sie nur kurz über dem Feuer zu rösten, dann schluckt sie auf einmal runter. Das schmeckt gut und macht wirklich satt.«

Schnell suchte der Hase Holz zusammen, machte Feuer an und röstete die Steine. Er ließ sie so lange im Feuer liegen, bis sie glühend rot waren, wie eine reife Kam-Frucht. »Aber so sollt Ihr sie nicht essen, ich will ins Dorf laufen und Sojasoße herbeiholen, da tunkt sie hinein und eßt sie dann.«

Der Tiger konnte es nicht abwarten, das Wasser lief ihm aus dem Maul. »Kann man sie denn wirklich nicht einfach so essen?« – »Ihr wollt sie einfach so essen?« – »Ja, ohne sie in Sojasoße zu tunken, was soll der Umstand?« – »Natürlich schmecken sie auch, wenn man sie einfach so ißt, aber wenn Ihr sie in Sojasoße tunkt, schmecken sie halt viel besser. Ich will mich beeilen, die Soße schnell herbeischaffen, aber, bitte,

wartet, versucht nicht, auch nur einen so zu essen. Alles in allem liegen zehn im Feuer. Wartet, bis ich zurückkomme!« – »Ja, ist schon recht, aber beeil dich!«
Immer noch war der Tiger voller Gier, zu gern hätte er gleich einen von den Steinen gefressen. Der Hase merkte das wohl, leise lachte er vor sich hin, als er davonlief. Tiger sind in allem schnell, und wenn sie Hunger haben, können sie überhaupt nicht warten, er schmatzte vor sich hin. Er zählte die Steine, ja, und das waren nicht zehn, sondern elf!
»Guck sich das einer an! Da ist ja einer mehr! Hihihi!« Da hatte er etwas Schönes herausgefunden, hihihi, lachte er weiter, zählte noch einmal. Es blieb dabei, auch diesmal waren es elf. »Das trifft sich gut«, er freute sich wie ein kleines Kind, sogleich schlang er einen der glühenden Steine hinunter. Aber der Stein war so heiß, daß er es nicht aushalten konnte, wie verrückt hüpfte er herum, der Tiger, schrie und jaulte.
Später traf er wieder einmal auf den Hasen. Für diese Gelegenheit hatte er sich etwas vorgenommen. Mit einem großen Satz sprang er den Hasen an, packte ihn mit den Vordertatzen am Hals. »Ach, Herr Tiger, was tut Ihr denn da?« – »Was fragst du denn noch? du hast mich einmal betrogen, meinst du, das ist in Ordnung und vergessen?« – »Was redet Ihr denn von Betrug? Bevor ich die Sojasoße bringen konnte, habt Ihr einen von den Steinen gegessen. Aber laßt das mal, es gibt schließlich noch Besseres.«
Das traf genau die schwache Stelle des Tigers, schon war er davon angetan und ließ den Hals des armen Hasen los. »Was Besseres, sagst du?« – »Es ist nichts als – Ihr könnt auf einmal ein paar Säcke voll Spatzen zu fressen bekommen. Macht nur, was ich Euch sage. Ist dort drüben nicht ein Dornengestrüpp? Dort legt Euch hin und haltet nur einfach den Mund weit offen, den Rest will ich für Euch erledigen. Ich werde Euch die Spatzen bis in den Mund treiben, den braucht Ihr dann nur, ganz wie Ihr wollt, zuzumachen und könnt die Vögel runterschlucken!«

»Da hast du dir wirklich etwas Feines ausgedacht«, der Tiger staunte über den Hasen, vertrauensselig lief er zu dem Gestrüpp, legte sich hinein und riß sein Maul weit auf. Der Hase rief dauernd: »Hoi, hoi!«, lief rings um das Gestrüpp und legte Feuer.

Völlig ahnungslos der Tiger, er wartete und wartete auf die Spatzen, immer heißer wurde es ihm, und erst spät merkte er, was los war. Ringsum fand er sich von einem Feuermeer umgeben. Hin und her sprang er, suchte einen Weg nach draußen. Mit knapper Not schaffte er es dann auch, dem Feuer zu entkommen. Aber wie weh taten die brennenden Dornen, die in seinem Fell hängenblieben!

Es kam der Winter. Gerade waren die Brandwunden des Tigers verheilt. Er kam zum Bach, um Wasser zu trinken – und traf wieder auf den Hasen. Wie lange hatte er auf diese Begegnung gewartet! »Du Kerl von einem Hasen!« schrie er.

Bei der Stimme des Tigers fuhr der Hase zusammen, aber er faßte sich schnell, tat ganz harmlos, fing sogar an zu schmeicheln: »Ach, Ihr seid's, der Herr Tiger! Gut, daß ich Euch treffe. Ich habe mir schon Gedanken gemacht, daß ich vielleicht die vielen Fische im Bach alle allein aufessen muß. Wollt Ihr mir nicht dabei helfen?«

Wieder wurde der Tiger schwach, als er das hörte. »Wie können wir die denn fangen?« – »Darüber macht Euch keine Gedanken. Tut nur, was ich Euch sage, dann wird es schon gehen. Hängt einfach Euren Schwanz ins Wasser und bleibt ruhig sitzen. Die Fische werden glauben, daß Euer Schwanz was zu fressen ist. Wenn Ihr den Schwanz dann später herauszieht, wird er voller Fische hängen.« – »Das ist wieder mal ein großartiger Plan!« Wie ihm der Hase geraten, hängte der Tiger seinen Schwanz ins Wasser hinein und blieb gedankenverloren sitzen.

Das sah der Hase, und als wollte er von oben her dem Tiger die Fische zutreiben, hoppelte er davon. Der Tiger blieb den

ganzen Tag sitzen, es wurde dunkel. Nun wollte er doch endlich einmal sehen, wie viele Fische denn schon angebissen hatten. Er versuchte, seinen Schwanz aus dem Wasser zu ziehen. Aber der Schwanz war im Wasser festgefroren, bewegte sich kein bißchen.
Der Tiger, der ahnungslose Kerl, meinte, es hingen so viele Fische an seinem Schwanz, und zog um so fester. Aber der Schwanz, der kam nicht heraus. Die ganze Nacht hindurch zog und zog er, alles vergebens. Er zog bis zum nächsten Morgen – da nämlich machten ihm die Menschen den Garaus.

## *80. Das Schwalbenbein*

In alten Tagen lebte dort auf dem Lande, man nennt es die Kyóngsang-Provinz, ein Mann mit Namen Húngbu, der hatte ein gutes Herz. Sein älterer Bruder, Nolbu geheißen, der war ein unausstehlicher habgieriger Kerl. Nolbu war unsagbar reich, sein Bruder Húngbu dagegen, der lebte in großer Armut.
Schon als Nolbu noch ein Kind war, teilte er niemals das, was er zu essen bekam, mit anderen. Wie schlecht sein Herz war – wenn er seinen Teil nicht aufessen konnte, schlug er mit der Hand auf das, was übrig war, damit es ja niemand sonst essen wollte. Oft nahm er den Rest sogar mit hinaus und warf ihn in den Bach. Solche Gewohnheiten hatte er. Auch als er aufgewachsen war, kam es nie vor, daß er mal Reiskuchen an die Nachbarn verteilte, eher sollten sie schlecht werden. Wenn er sah, daß jemand besser lebte als er, richtete er schlimme Dinge an. Wenn aber einem anderen ein Unglück widerfuhr, war er froh, so froh, daß er herumtanzte.
Sein Bruder Húngbu dagegen, der hatte ein aufrechtes Herz. Gern teilte er aus, auch wenn er selbst noch hungrig war. Wenn er nur bemerkte, ein anderer war in Not geraten, versuchte er immer, gleich zu helfen. Deshalb mochte jeder Húngbu gern.

Als die Eltern gestorben waren, hatte Nolbu das Erbe allein für sich behalten, Húngbu gab er nicht mal eine zerbrochene Schöpfkelle, und der jüngere Bruder grollte ihm kein bißchen. Er begehrte gar nichts vom Erbe der Eltern, lebte weiterhin arm.

Húngbu stieg am Tag in die Berge, holte Holz, das verkaufte er; nachts flocht er Strohschuhe, auch die konnte man verkaufen. Manchmal arbeitete er auch für andere Leute, verdingte sich in einem Hof. So konnte er sich und seine Familie durchbringen.

Doch einmal kam ein schlechtes Jahr. Für Húngbu, dessen Leben schon schwer genug war, wurde alles noch schwerer. Bevor das Jahr zu Ende ging, waren die kärglichen Vorräte an Getreide alle aufgegessen. Húngbu und die Seinen waren nahe daran zu verhungern. Einen schneereichen Winter gab es, nicht einmal Blätter konnte er sammeln im Wald, weil die vom Schnee zugedeckt waren, geschweige denn Bäume fällen. Auch gab es bei anderen Leuten keine Arbeit für ihn. Die Kinder hatten großen Hunger, wie quälten sie sich alle.

Der Neujahrstag stand vor der Tür. Húngbu konnte es nicht mehr ertragen, er machte sich auf den Weg zum Haus seines Bruders, um von dem Reis zu borgen. Vor dem Hoftor blieb er stehen – sollte er hineingehen oder nicht? Da sah Nolbu ihn. »Was stehst du denn vorm Hoftor herum?« schrie er ihn an. Húngbu preßte heraus, was nicht herauswollte: »Bruder, das Wetter ist kalt, es gibt keine Arbeit, aber was zu essen muß doch da sein. Und die Kleinen, die heulen in einem fort, weil sie Hunger haben. Und morgen, ist da nicht Neujahrstag? Bruder, bitte, gebt mir nur einen Korb voll Reis, auch Hirse kann es sein«, bat er. Wie schwer fiel ihm das!

Die Schwägerin spitzte ihren Mund. »Was willst du? Du nichtsnutziger Kerl! Selbst wenn ich Reis und Hirse übrig hätte, lieber würde ich es einem Bettler geben als dir, du nichtswürdiger Kerl du!« Nur schwer konnte Húngbu die Tränen zurückhalten. »Bruder, gebt mir doch, nur ein wenig!«, wie oft

wiederholte er seine Bitte, aber er stieß auf taube Ohren. Der Bruder setzte sich auf den Boden. »Da, nimm das!« und legte ihm gerade ein Hirsekorn auf die Hand.
»Verschwinde schnell damit, auch ein Vogel, der nur ein Korn aufpickt, kann fliegen!« sagte er nur und schlug das Tor zu.
»Der Kerl hat doch kein Ehrgefühl, so ein Benehmen!« Húngbu konnte es nicht mehr ertragen, die Tränen liefen ihm nur so über die Wangen.
Mit dem Hirsekorn in der Hand unterwegs nach Hause dachte er bei sich: ›Der Bruder hat doch ein kaltes Herz. Was gibt er mir denn ein Hirsekorn? Was soll ich denn mit einem Hirsekorn nur anfangen?‹, und er betrachtete sich das Korn nachdenklich – da waren aus dem einen Korn zwei geworden!
»Seltsam, wie ist das nur geschehen?« – da rollten vier Hirsekörner in seiner Hand. »Ja, was ist denn das? Was hat das nur zu bedeuten?« Am Wegrand blieb er stehen. Die vier Körner rollten auf seiner Hand herum, und plötzlich waren es acht. Und so ging es weiter, bis die ganze Hand voll war. Es war zu wunderbar, Húngbu freute sich. »Ein Hirsekorn hab ich nur gehabt und soviel ist daraus geworden, es ist zu schön. Ich will mich beeilen, die Frau soll Brei kochen damit.«
Mit einem Mal hatte er es eilig, er rannte nach Hause. Seiner Frau gab er die Hirse, sie sollte schnell Brei kochen. Die aber war zu verblüfft. »Hirse ist das, was Ihr da mitbringt? Wie soll ich denn damit Brei kochen? Das wollt Ihr essen, sagt Ihr?« – »Es ist nicht viel, aber zuerst hatte ich nur ein einziges Korn, mit dem mich der Bruder weggeschickt hat, das eine Korn hat mich nicht mal in der Hand gekitzelt. Als ich dann unterwegs wieder in die Hand gesehen habe, waren aus dem einen Korn zwei geworden, die sind hin und her gerollt, und plötzlich waren's vier. Bin ich verrückt – das hab ich gedacht und dagestanden. Und wie ich dastehe und zugucke, werden es doch immer mehr, bis die ganze Hand voll war. Schnell, koch Brei, wir wollen essen!« – »Wenn das so kostbare und seltsame Hirse ist, will ich keinen Brei kochen, sondern Kuchen machen!«

In einen Mörser tat sie die Hirse, stampfte sie zu Mehl, knetete Teig daraus, den formte sie zu einem runden Kuchen und dämpfte ihn in einem Kessel. Wie sich die Kinder freuten, daß die Mutter Kuchen machte! »Schnell, gib uns ein Stück!« verlangten sie alle. Als der Hirsekuchen endlich gar gedämpft war, wollte ihn die Mutter aufteilen. »Mutter, gib mir ein Stück!« – »Mutter, gib erst mir ein Stück!« bettelten sie. »Wartet ab, wir wollen mit Vater zusammen essen, ich schneide ganz gleiche Stücke für jeden«, und um ein Messer zu holen, ging sie hinaus in die Küche.

Kaum war die Mutter aus der Stube, wurden die Kinder unruhig, lachten. »Schwester, sieh doch, der Kuchen macht Purzelbäume!« – »Wo, laß sehen! Was ist denn das?« – »Eben waren es zwei, jetzt sind es drei!« – »Haha, das ist lustig – gerade sind es vier geworden!« – »Oh, das ist gut! Mutter, du, komm schnell, sieh dir das doch auch mal an!« – »Die Kuchen können zaubern.« – »Fünf sind es schon.« – »Schnell, Mutter, es sind fünf geworden, ei, ist das lustig!« lachten und schrien die Kinder durcheinander. »Was redet ihr da für einen Unsinn?« schimpfte die Mutter und kam herein – aber tatsächlich, fünf Kuchen lagen auf dem Teller. »Mutter, Mutter, der Kuchen hat Purzelbaum geschlagen, dabei ist immer ein neuer Kuchen herausgekommen!«

Wie sehr sich die Kinder freuten, sie wußten gar nicht, was sie noch alles anstellen sollten. »Das ist wirklich Wunderkuchen. Wenn der Vater kommt, wollen wir ihm alles erzählen und zusammen die Kuchen aufessen.« Gerade kam der Vater herein. »Warum lacht ihr denn so, macht solchen Lärm?«, und sie erzählten ihm, wie der Kuchen Purzelbäume geschlagen hatte und nach und nach aus einem Kuchen fünf geworden waren. Auch Húngbu war glücklich, fünf hungrige Bäuche gab es im Haus, fünf Kuchen waren da, jeder verspeiste einen, wie das schmeckte!

Irgendwie ging der kalte Winter vorüber, der freundliche Frühling kam ins Land, der Frühling, der die vertrockneten

Bäume und Wiesen grün färbte, über den Feldern die Lerchen jubilieren ließ. Húngbu ging mit den Kindern aufs Feld hinaus, um ihrem Gesang zu lauschen. Die Kinder sammelten Kräuter, wilden Knoblauch, spielten miteinander. Da hörten sie vom Himmel chiji baebae. Hinauf schauten sie, eine Schwalbe mit weißem Hals flog hin und her, auf und nieder – chiji baebae, chiji baebae. Auch Húngbu ließ seine Arbeit Arbeit sein und bewunderte den Flug der Schwalbe. »Richtig! Heute ist ja schon der dritte Tag des dritten Monats! Die Schwalbe ist aus dem warmen Süden zurückgekommen, den Sommer über bei uns hier zu leben. Kinder, der Vogel dort, das ist eine Schwalbe. Die Schwalben lieben die Wärme, deshalb fliegen sie, wenn es Winter wird, weit nach Süden in ein Land, das China heißt. Dort bleiben sie, bis auch dahin der Winter kommt, zu der Zeit kehren sie wieder zu uns zurück. Und wenn die Schwalben kommen, ist der Sommer nicht mehr weit«, erklärte der Vater den Kindern.
»Vater, wäre das nicht schön, wenn die Schwalbe bei uns ihr Nest baut?« – »Unser Haus ist schmutzig, fällt auch bald zusammen. Sicher wird sie ihr Nest an einem schönen Haus bauen, einem Haus, wie der Onkel eins hat.« – »Vater, wir wollen ihr sagen, sie kann daheim im Kleiderschrank ihr Nest bauen«, traurig schauten die Kinder zum Himmel auf.
Doch am Abend, die Feldarbeit war getan, sie kamen nach Hause – was sahen sie da? Ein Schwalbenpärchen hatte begonnen, Erde und Strohhalme zu vermischen, Schnabel für Schnabel trugen sie das zum Dach hinauf und bauten ein Nest. So froh waren die Kinder, sie vergaßen ihren Hunger, schauten nur den Schwalben zu, wie die ihr Nest bauten.
Húngbu aber machte sich Gedanken: ›Unser Haus ist alt und nicht besonders gut. Was wird denn, wenn eine Schlange oder so was sich an das Schwalbennest heranmacht? Was in der Welt müssen die Schwalben ausgerechnet an unserem Haus bauen? Wär's nicht besser, wenn sie ihr Nest an einem Haus wie dem meines Bruders hätten?‹

Drei Tage bauten die Schwalben, das Nest wurde prächtig. Dann zerrten sie Strohhalme hinein, breiteten sie auf dem Boden des Nestes aus und legten darauf ihre Eier. Die Mutterschwalbe brütete, die andere flog herum, sammelte dies und das und fütterte sie damit. Nach wenigen Tagen konnten es alle hören: chiji baebae, chik chik chik, das Zwitschern der jungen Schwalben. Fünf waren aus den Eiern geschlüpft. Húngbu und die Seinen freuten sich daran, wie die Schwalben zu fressen suchten und die hungrigen Schnäbel der Jungen stopften. Spaß hatten sie auch daran, wie die fünf Jungen und die Alten, sieben Schwalben insgesamt, Tag für Tag ihr chiji baebae, chiji baebae zwitscherten.

»Ja, es wird Zeit, daß ihr fliegen lernt«, hieß es eines Tages, »es geht nicht mehr, daß ihr immer nur im Nest sitzt und euch von Vater und Mutter füttern laßt. Heute sollt ihr alle üben, und morgen fliegen wir dort auf das weite Feld!«, so mahnte die Schwalbenmutter ihre Jungen, und gleich begannen sie alle mit den Flügeln zu flattern. »Ich kann noch höher fliegen!« – »Ich werde auch morgen versuchen, auf das weite Feld zu kommen!« – »Fein, macht das Fliegen Spaß!« – »Chiji baebae, chiji baebae!« – die Jungen zwitscherten schon ganz wie die Alten.

Am nächsten Morgen aber geschah das Schreckliche. Plötzlich war ein fremdes Geräusch zu hören, ssururu machte es, und eine riesige Schlange tauchte vor dem Schwalbennest auf, züngelte hinein. Was sollten die Schwalben anstellen! Sie wollten wegfliegen, aber die Jungen, die konnten noch nicht gut genug fliegen. Die Mutter Schwalbe, die wollte ihre Jungen nicht im Stich lassen – die Schlange fing sie allesamt, fraß sie auf.

Nur die allerkleinste Schwalbe entkam, sie flog in die Höhe, aber bald verließen sie die Kräfte, sie stürzte zu Boden und brach sich eines ihrer Beinchen. Gerade kam Húngbu dazu, er mußte mit ansehen, wie die kleine Schwalbe vom Himmel fiel, Blut tropfte an ihrem Bein. »Ach, schlimm, hast du dein Bein gebrochen?«, er rieb einen Balsam ein, wickelte ein Läppchen darum und setzte die Schwalbe in das Nest. Bis sie wieder ganz gesund war, fütterte er sie.

Der neunte Tag des neunten Monats war vorüber, endlich heilte auch das Bein der Schwalbe ganz aus. Wie um sich zu bedanken, zwitscherte sie noch einmal chiji baebae und flog davon in Richtung Süden. Dort angekommen, wurde sie vom König des südlichen China ausgeschimpft: »Was kommst du denn so spät? Du weißt doch, alle sollen bis zum neunten Tag des neunten Monats hier sein! Warum kommst du zu spät? Auf der Stelle, lege Rechenschaft ab, sonst wirst du schwer bestraft!« – »Ich will Euch alles berichten. Es ist nichts anderes, nur – eines Tages ist eine riesige Schlange vor unserem Nest aufgetaucht. Mutter, Vater und alle Geschwister hat sie aufgefressen, ich allein konnte entkommen. Aber weil ich damals noch nicht so gut fliegen konnte, bin ich aus der Höhe zu Boden gestürzt und habe ein Bein gebrochen. Gerade da kam der Hausherr dort, Húngbu heißt er, zurück. Er sah mich am Boden liegen, gleich hat er Balsam auf meine Wunde gestrichen, hat mich behandelt. Es hat lange gedauert, bis mein Bein verheilt war, deshalb habe ich mich verspätet. Aber wenn Húngbu mir nicht geholfen hätte, wäre ich sicher längst nicht mehr am Leben.«

Der König hatte aufmerksam zugehört. »Wirklich, du hast allerhand Schweres mitmachen müssen. Daß du mit Hilfe dieses Húngbu am Leben geblieben bist, das ist ein großes Glück. Im nächsten Frühjahr, wenn du dorthin zurückfliegst, mußt du ein Geschenk für ihn mitnehmen«, und er gab der Schwalbe einen Kürbiskern.

»Dieser Kürbiskern ist sehr kostbar. Wenn du im nächsten Frühling am dritten Tag des dritten Monats dorthin zurückfliegst, nimmst du ihn mit und gibst ihn Húngbu!« Die Schwalbe nahm den Kern entgegen, packte ihn ein und bewahrte ihn gut auf. Der Winter verging, der Frühling kam, und die Schwalbe flog nach Norden.

Zu Húngbus Haus kam sie geflogen, zwitscherte chiji baebae, und als Húngbu das hörte, dachte er gleich an die Schwalbe, die im letzten Jahr ihr Bein gebrochen und so lange schwer gelitten hatte. Zum Himmel sah er auf, gerade da ließ die Schwalbe ihren Kürbiskern fallen, genau vor Húngbus Füße. Chiji baebae – und weiter flog sie.

Húngbu hob den Kern auf, pflanzte ihn am Zaun in die Erde. Als er am nächsten Morgen aus dem Haus sah, lugte schon grün ein Sproß aus der Erde. »Gestern erst hab ich den Kern gesteckt, heute schon kommt der Sproß aus der Erde, das ist wundersam!«, und als er wieder hinsah, war der Sproß gewachsen, die Ranken des Kürbis reichten den Zaun hoch, schon übers Dach, und noch während Húngbu zuschaute, fingen sie an zu blühen. »Nein! Frau, was ist mit dem Kürbis los? Wirklich seltsam, eben erst gewachsen, blüht er schon! Ja, eigenartig ist das!« Und wie er noch sprach, waren die Blüten schon verwelkt, fünf Kürbisse hingen an ihrer Stelle. »So geschwind hab ich noch keine Kürbisse wachsen sehen. Das kann ich nicht begreifen. Wir wollen die Früchte pflücken, sie gleich aufschneiden, mal sehen, was dabei herauskommt.«

Er stellte eine Leiter an, kletterte aufs Dach, schnitt mit einem Messer die Früchte ab und brachte sie herunter. »Ja, wollen wir sie gleich aufschneiden, bring mal eine Säge her!« Die Kürbisse legte er auf den Boden, hockte sich mit seiner Frau daneben, und zu zweit machten sie sich daran zu sägen. »Langsam sägen, vorsichtig sägen, wer weiß, was da drin ist.« Der erste Kürbis fiel auseinander – Reis quoll hervor. Wieviel herauskam – fünf große Wasserkrüge füllten sie damit, immer noch war Reis übrig, alles in allem mögen es drei Sack Reis gewesen sein. Den nächsten Kürbis sägten sie an. »Langsam sägen, vorsichtig sägen, wer weiß, was drin ist«, diesmal kam ein Haufen Geld heraus. »Frau, jetzt sind wir auch reich geworden. Reis haben wir, Geld haben wir, worum brauchen wir uns jetzt noch Sorgen zu machen? Der Himmel hat uns geholfen«, vor Freude tanzte Húngbu herum.

Den nächsten Kürbis nahmen sie sich vor. »Langsam sägen, vorsichtig sägen, wer weiß, was da drin ist!« – eine wunderschöne Fee kam heraus, die sah sich die übrigen beiden Kürbisse an. »Komm raus, rote Zauberflasche! Komm raus, blaue Zauberflasche!« befahl sie. Ein Kürbis rollte über den Boden, platzte auf, und eine rote Flasche war darin. »Habt Ihr mich gerufen?« Der allerletzte Kürbis teilte sich, eine blaue Flasche kam heraus. »Habt Ihr mich gerufen?« – »Ihr zwei, schnell an die Arbeit, baut ein neues Haus!« Und aus der roten Flasche kamen viele Handwerker hervor, aus der blauen aber Holz und Steine. Ttukttak ttukttak schallte es weithin – und im Handumdrehen hatten sie ein prächtiges Haus aufgebaut und verschwanden wieder in ihrer Flasche. Die Fee folgte ihnen.
Für Húngbu und die Seinen gab es nun Reis und Geld in Hülle und Fülle, dazu ein neues Haus, was wollten sie noch mehr? Sie waren reich, konnten gut und sorglos leben. Auch der habgierige Nolbu hörte davon, eilig lief er herbei. »He, Húngbu, wie ist denn das so schnell gegangen? Ist das ein Traum, ist es Wirklichkeit? Seltsam ist es ja. Das mußt du mir ganz genau erzählen!« – wie ein Feuer loderte in ihm der Neid. Der arglose Húngbu erzählte ihm alles, wie die Schwalben ihr Nest gebaut, Junge ausgebrütet hatten und wie dann eines von ihnen sein Bein gebrochen. »Bruder, die rote und die blaue Flasche, die hab ich im Wandschrank gut aufbewahrt.« – »Gib die mal mir, wir wollen auch ein größeres Haus haben!« Und Húngbu überließ die beiden Flaschen seinem Bruder. Der rannte, was er konnte; zu Hause angekommen, befahl er den Flaschen: »He, ihr Flaschen! Unser Haus ist zu klein, schnell, baut ein neues, größeres Haus für mich!«, und aus den Flaschen kamen Männer mit Hacken und Hämmern und Beilen heraus. Nolbus Haus schlugen sie kurz und klein, bauten an seiner Stelle ein kleineres Haus, das noch dazu wacklig war, bald zusammenzufallen drohte. »Das ist jetzt dein Haus!« erklärten sie und verschwanden in den beiden Flaschen. »Diese Kerle! Nennt man so was ein besseres Haus

bauen? Der Dreckskerl von Húngbu hat mich angeschmiert! Dem werd' ich's geben!«, kochend vor Wut lief er zu Húngbu. »Du Kerl du, sag die Wahrheit, wo kommt dein Haus her? Alles, was du erzählt hast, ist Lug und Trug!« – solche Worte sagte er zu seinem eigenen Bruder!

Zurück lief er, baute an seinem Haus mit eigenen Händen ein Schwalbennest. Jeden Tag wartete er nur auf das eine – daß endlich Schwalben dort einziehen und Junge ausbrüten würden. Und wirklich, eines Tages kam ein Schwalbenpärchen, legte Eier in das Nest und brütete sie aus.

»Das trifft sich gut! Jetzt werde ich auch endlich ein reicher Mann!« Zum Nest kletterte Nolbu hinauf, griff sich eines der Jungen, brach ihm ein Bein, ganz absichtlich. Dann strich er ein bißchen Lehm darüber und legte die junge Schwalbe wieder ins Nest hinein.

Lange, lange hatte das Junge zu leiden, zum Glück ist das Bein wieder zusammengeheilt, aber die junge Schwalbe konnte nie richtig laufen, immer hinkte sie. Als sie im Herbst nach Süden flog, berichtete sie dem König dort, was ihr widerfahren, und der wurde ganz wütend. »Der muß bestraft werden, wo gibt's denn so was, einer Schwalbe absichtlich ein Bein zu brechen!« Und er gab der Schwalbe einen Kürbiskern. »Den heb gut auf, und im Frühling nimmst du ihn dorthin mit.« – »Ja, das will ich tun.«

Im nächsten Frühjahr flog die Schwalbe gen Norden, den Kürbiskern im Schnabel. Nolbu freute sich, rieb sich die Hände. »Du, Schwalbe, hast du mir einen Kürbiskern mitgebracht?« Die Schwalbe ließ den Kern fallen, flog davon. Nolbu steckte den Kern gleich neben der Mauer in die Erde, setzte sich dazu, er wollte warten, bis der Sproß aus der Erde käme. Der schoß auch gleich aus dem Boden, die Ranken wuchsen über das ganze Haus, blühten auf. »Ja, das blüht ja schon, wer sagt es denn – ich werde reich!«, schon hingen zehn Kürbisse an den Ranken. Alle zehn pflückte Nolbu und fing an zu sägen. »Langsam sägen, vorsichtig sägen, ich will den Kürbis teilen. Was für

ein Schatz wird wohl herauskommen? Gold, Silber, Korallen? Was sonst kann es sein?« – von selbst fielen alle zehn Kürbisse auseinander: T'ang, t'ang, t'ang machte das, alle sprangen auf und heraus kamen Unholde, fürchterlich anzusehen.
»Du, Schuft Nolbu, Schuft! Den Hieb kriegst du, und den, und den! Kerl du!« Und sie schlugen auf ihn ein. »Hilfe, zu Hilfe, helft mir doch!« wimmerte er, aber die Unholde: »Schlagt nur zu, schlagt feste zu, auch das Haus schlagt in Trümmer, alles!« feuerten sie sich gegenseitig an. Erde und Wasser vermischten sie, der Schlamm überschwemmte das Haus. Dann wehte Wind, Sturm blies das hinweg, was vom Haus übriggeblieben war. Ein Unhold blies eine Flöte, alle lösten sich in nichts auf.
Was konnte Nolbu nun tun? Nichts blieb ihm übrig, als mit Frau und Kindern zu Húngbus Haus zu ziehen. »Ach, Húngbu, ich hab dich aus meinem Haus gejagt, wie gemein war ich zu dir. Gibt es so einen schlechten Burschen wie mich noch einmal auf der Welt? Ach, Bruder, vergib mir!« – »Mein Bruder, sagt das nicht. Bleibt nur bei mir, lebt in meinem Haus.«
Húngbu war seinem Bruder kein bißchen böse. Zusammen mit dem Bruder und seiner Familie lebte er hinfort ganz glücklich.

## *81. Drei Scheffel Reis, drei Schwiegertöchter*

In alten Tagen lebte einmal ein Mann, der erfüllte sich keinen seiner Wünsche, ein schweres Leben führte er. Einmal wartete er auf einem Hügel, daß Reisähren angeflogen kämen, die sammelte er und nahm sie mit sich nach Hause. Er setzte sich hin, mit den Fingernägeln holte er die paar restlichen Körner heraus. Einen ganzen Berg Ähren hatte er – gerade drei Scheffel Körner kamen heraus dabei. »Was mach ich denn jetzt mit den drei Scheffeln Reis?« überlegte er. »Ich will mal sehen, was meine Schwiegertöchter damit anfangen können.«

Drei Schwiegertöchter hatte er, die rief er zu sich. »Es gibt eigentlich nichts Besonderes. Warum ich euch gerufen habe – ich habe Reisähren gesammelt, drei Scheffel Reis sind dabei herausgekommen. Jeder von euch will ich einen Scheffel davon geben. Bis zu meinem sechzigsten Geburtstag sind noch zehn Jahre geblieben. Mit dem Reis, den ich euch gebe, sollt ihr mir in zehn Jahren das Geburtstagsfest ausrichten!«
Die älteste Schwiegertochter nahm den Reis entgegen, packte ihn ein, fing an zu lachen dabei und setzte sich nebenhin. Die zweite Schwiegertochter trat vor, bekam ihren Reis und setzte sich auch lachend hin. Die jüngste aber, die nahm vorsichtig mit zwei Händen den Reis entgegen, schürzte ihren Rock um, da hinein tat sie den Reis und ging nach draußen. Die anderen beiden folgten ihr, sie warfen den Reis achtlos in den Hof, die Hühner, die Vögel haben ihn aufgefressen. Das war im Winter, es hatte viel geschneit. Die jüngste Schwiegertochter dachte nach, was sie anfangen konnte mit ihrem Reis. Im Hof kehrte sie den Schnee weg, dort streute sie die Reiskörner auf den Boden und fing ein paar Vögel, die kamen, den Reis aufzupicken. Die Beine hat sie ihnen festgebunden, dann die ganze Vogelschar vorm Haus festgemacht. Die Nachbarskinder sahen ihr dabei zu. »Tante, gebt mir doch einen von den Vögeln!« – »Mir gebt auch einen!« – »Mir auch!« – »Warum soll ich euch keinen Vogel geben? Aber ihr müßt nach Hause gehen und mir dafür ein Hühnerei bringen, gelt?«
Die Kinder liefen nach Hause, jedes holte ein Ei, das tauschten sie gegen einen Vogel. Weil es in ihrem Haus keine Henne gab, konnte die Schwiegertochter dort die Eier nicht ausbrüten lassen. Da hörte sie aus einem Hof das Glucken einer Henne, die wohl auf ihren Eiern saß und sie ausbrütete. Dort ging sie hin und bat darum, ein Ei mit ausbrüten lassen zu dürfen. In ein zweites Haus ging sie mit der gleichen Bitte, in ein drittes, alle drei Eier wurden ausgebrütet. Später holte sie dann drei Küken ab, nahm sie mit nach Hause und zog sie groß.
Als die Küken groß genug waren, um selbst Eier zu legen,

begann die Schwiegertochter, mit Eiern zu handeln, und verdiente Geld damit. Das sparte sie sorgfältig, bis es genug war, ein kleines Schwein zu kaufen. Das fütterte sie, auch das Schwein wurde groß, bekam Junge, im Lauf der Zeit fünfzig an der Zahl. Ein paar davon gab sie anderen zum Aufziehen, die meisten behielt sie selbst, und als sie alle groß genug waren, hat sie die Tiere verkauft.

Vom Erlös kaufte sie eine Ziege. Die bekam Junge, die wurden groß, hatten selbst auch schon wieder Junge – die verkaufte sie, kaufte ein Kalb, auch das wurde groß.

Und so besaß sie, zehn Jahre nachdem sie von ihrem Schwiegervater den Reis bekommen hatte, zehn Kühe! Der sechzigste Geburtstag des Schwiegervaters kam, am Morgen rief sie den Kuhhirten. »Die Kühe, die treib zum Haus des Schwiegervaters, bis vor sein Zimmer!«

Große Kühe gab es, kleine Kühe gab es, der ganze Hof stand voll davon, dichtgedrängt. »Was sind denn das für Kühe?« – »Ja, die hat die Schwiegertochter hierhertreiben lassen.« – »Woher hat denn die Schwiegertochter so viele Kühe?«, doch da kam schon die Schwiegertochter selbst herein. »Vater, aus dem einen Scheffel Reis, das Ihr mir damals gegeben habt, sind jetzt so viele Kühe geworden. Wenn Ihr ein paar davon für das Festmahl schlachten wollt, sagt nur, welche es sein sollen. Ich will schnell den Metzger holen, der soll sie auf der Stelle schlachten!«

Die fetteste Kuh hat der Schwiegervater ausgesucht und sie schlachten lassen, es wurde ein großartiges Geburtstagsfest. Die Schwiegertochter aber, die hat von da an mit ihrem Mann noch lange glücklich gelebt.

## *82. Bär und Wildschwein*

Es lebten einmal ein Bär und ein Wildschwein, die waren beide ein paar hundert Jahre alt. Überall in den Bergen streiften sie umher, bis sie sich eines Tages zufällig begegneten. Der Bär sah das Wildschwein zuerst. »Ihr seid der Herr Wildschwein?« – »Ja, der bin ich, und Ihr, Ihr müßt der Herr Bär sein. Von wo kommt Ihr denn?« – »Ja, ich komme vom Halla-Berg auf der Insel Cheju.« – »An einem schönen Ort seid Ihr zu Hause. Meine Heimat ist der Stammvater aller Berge, der Paektusan.« – »Wahrhaftig, auf einem hohen Berg seid Ihr daheim. Ich bin froh, daß wir uns heute hier getroffen haben.« – »Wirklich? Nun, ich fühle genau das gleiche wie Ihr, es hat den Anschein, daß wir uns getroffen haben, weil das Wetter so schön ist heute.« – »Nein, ich glaube, diese Begegnung ist uns vom Schicksal vorherbestimmt, wo wir doch in Nord und Süd weit voneinander entfernt unsere Heimat haben. Schon mein ganzes Leben hab ich mir vorgenommen, mal um die ganze Welt zu wandern, um die Gefühle der Menschen, ihre Gebräuche kennenzulernen, Berge und Flüsse zu betrachten. Aber ich bin nie dazugekommen. Wo wir uns doch jetzt getroffen haben – was haltet Ihr davon, daß wir uns gemeinsam auf die große Reise begeben?«

Das Wildschwein riß sein großes Maul weit auf, der Geifer lief ihm heraus. »Da habt Ihr was Wahres gesagt. Auch ich habe mir ernsthaft vorgenommen, mir die Welt anzusehen, es hat mir nur jemand gefehlt, mit dem ich zusammengehen konnte. Da ich jetzt Euren Vorschlag gehört habe, was soll ich viel reden – ich bin ganz einverstanden. Laßt uns gleich aufbrechen«, so besprachen sie die Sache miteinander, und gleich machten sie sich auf den Weg.

Bär und Wildschwein kamen auf ihrer Wanderung zu diesem Berg, zu jenem Berg, überall bewunderten sie die schöne Landschaft. Sie waren noch nicht lange unterwegs, als der Bär zum Wildschwein sagte: »Wenn wir in unserer Gestalt herumlaufen, macht alles zu viele Schwierigkeiten. Wir wollen unsere wahre Gestalt verbergen, wollen uns in Menschen verwandeln. Ich habe von einem Einsiedler am Halla-Berg die Kunst gelernt, meine Gestalt zu verändern, es ist gar nicht schwer.« – »Da habt Ihr völlig recht, ein guter Gedanke ist das.

Ich habe auch gelernt, mich in einen Menschen zu verwandeln, von einem weisen Taoisten am Paektu-Berg. Ich will mich in einen Mann in Trauer verwandeln, was wollt Ihr denn werden?« – »Ich will ein junger Bursche werden!« – und die beiden verwandelten sich, der Bär in einen hübschen jungen Mann, das Wildschwein in einen alten Mann, der Trauerkleidung angezogen hatte. Dann brachen sie wieder auf.

Es wurde dunkel, die beiden suchten sich ein Dorf, in irgendein Haus gingen sie und baten den Hausherrn, die Nacht dort verbringen zu dürfen, der willigte gern ein. Gut zu essen gab er ihnen noch dazu. Sie stillten ihren Hunger, waren dann ziemlich müde und wollten schlafen gehen, als sie draußen jemanden weinen hörten. ›Seltsam ist das‹, dachten sie, sahen den Hausherrn an und fragten ihn, was denn das sein könne. Der antwortete ihnen: »Ach, im Berg hinter dem Dorf gibt es eine große Höhle, dort lebt ein riesiger Krebs, wer weiß, wie alt der schon ist. Der hat immer schlimme Dinge mit uns getrieben. Weil er uns Menschen hier immer wieder Schaden zugefügt hat, haben die Leute in der Nachbarschaft sich entschlossen, ihm jedes Jahr freiwillig einen Menschen als Opfer vor die Höhle zu legen. Jedes Jahr kommt dieser Mensch aus einem anderen Haus, und heute ist das Haus an der Reihe, aus dem ihr es so heulen hört. Vielleicht will man die kleine Tochter hinbringen«, so erklärte er ihnen alles ganz genau.

Voller Mitleid war das Wildschwein, als es das gehört hatte, voller Mitleid mit dem kleinen Mädchen. ›Und der Krebs, das muß ein ganz widerlicher Kerl sein‹, dachte es und sah den Bären an. »Wenn man so was hört, muß man doch einschreiten. Wir wollen den Kerl von Krebs schon zur Strecke bringen, damit ein so schlimmer Brauch aufhört. Ich gehe mal hin, will mich ein wenig umhören«, und das Wildschwein lief ins Haus gegenüber und traf den Hausherrn.

Dessen Gesicht sah ganz verzweifelt aus. Wie sehr mußte er geweint haben, seine Augen waren dick und rot! Das Wildschwein fragte ihn, was denn los sei, und hörte dieselbe Ge-

schichte noch einmal – sie entsprach also der Wahrheit. Das Wildschwein sah den Hausherrn an, suchte ihn zu trösten. »Keine Sorge! Ich versichere Euch, ich werde Eure Tochter zurückbringen, seid nicht mehr traurig!« Beide traten ins Haus ein, suchten die kleine Tochter. Das Wildschwein sah das Mädchen an. »Kind, du brauchst nicht mehr zu weinen, ich werde dir helfen, dich retten. Mach du nur, was ich dir sage. Deine Kleider, die gibst du mir, die werde ich anziehen und dorthin gehen. Und du, du ziehst meine Kleider an und versteckst dich«, und sie tauschten ihre Kleider.
Der nächste Tag brach an, die Leute aus der Nachbarschaft kamen, um die Tochter dieses Hauses abzuholen. Das Wildschwein, wie ein Mädchen aufgeputzt, wurde vor die Höhle gezerrt, dort mußte es niederknien. Eine Zeitlang hockte es da, bis plötzlich aus der Höhle ein eisiger Wind blies und ein ganz widerlicher Krebs, die Vorderbeine voran, auf das Wildschwein zusprang. Das aber riß sich schnell die Mädchenkleider vom Leibe, nahm seine Wildschweingestalt an, mit den messerscharfen Hauern griff es den Krebs an. Der aber bekam es mit der Angst zu tun, zog sich in seine Höhle zurück und versteckte sich dort.
Das Wildschwein sah ein, daß es den Krebs unmöglich fangen und töten konnte, es ging ins Dorf zurück. Am nächsten Tag machten sich Bär und Wildschwein wieder gemeinsam auf den Weg. Sie kamen an einen großen Strom. Weder eine Brücke gab es noch eine Fähre, sie machten sich Gedanken, wie sie wohl auf die andere Seite gelangen könnten.
Kurzerhand verwandelten sie sich in Schildkröten und schwammen hinüber. Etwa den halben Weg hatten sie geschafft, als ihnen vom anderen Ufer eine große Schildkröte entgegenkam. Sie begrüßten einander, fragten: »Wohin des Weges?«, und die große Schildkröte antwortete ihnen: »Ich habe gehört, daß der Krebs dort drüben vom Berg gestern verletzt worden ist. Weil wir gut miteinander stehen, konnte ich nicht ruhig bleiben. Ich bin auf dem Weg, ihn zu untersuchen

und, wenn es nötig ist, eine heilkräftige Salbe auf seine Wunden zu streichen.«
Die beiden anderen Schildkröten zeigten sich bestürzt. »Ach, ist das so? Ihr habt wirklich etwas Gutes vor. Wir kennen den Krebs auch ganz gut. Was haltet Ihr davon, wenn wir mitgehen und uns auch nach seinem Befinden erkundigen?« – »Fein, wenn ihr nichts anderes vorhabt, kommt doch einfach mit!« Und so kam es auch, zu dritt langten sie an der Höhle an.
Die Schildkröte mit der heilsamen Salbe trat in die Höhle ein, die beiden anderen warteten draußen. Der Krebs, der war wirklich schwer verletzt. Doch als er hörte, daß draußen noch zwei Freunde warteten, die ebenfalls einen Krankenbesuch abstatten wollten, hatte er nichts dagegen, die zwei sollten ruhig hereinkommen. Die Schildkröte lief nach draußen und holte die beiden. Kaum waren sie in der Höhle, verwandelten sie sich in Bär und Wildschwein, bissen den Krebs in Stücke und töteten ihn.
Wie gut war das für das Dorf! Wirklich, sie hatten ein gutes Werk getan. Bär und Wildschwein verwandelten sich wieder in den jungen Mann und den alten Trauernden, suchten das Dorf auf und berichteten, daß sie den Krebs vernichtet hatten. Alle waren glücklich, das ganze Dorf lief in die Höhle. Dort konnten sie sich überzeugen, daß der Krebs tatsächlich tot war. Die Leute aus dem Dorf richteten ein großes Fest aus, sie überlegten, wie sie den beiden ihre Wohltat danken könnten.
Das Fest begann, alle waren dem jungen Mann und dem Alten in Trauerkleidung unendlich dankbar und fragten, ob sie einen Wunsch hätten. Die beiden erwiderten: »Wir wollen nichts außer zwei Kühen, die ihr für uns schlachten sollt.« Auf der Stelle wurde der Metzger herbeigeholt, und er schlachtete zwei Kühe. Der junge Mann und der Trauernde aber verwandelten sich zurück in ihre ursprüngliche Gestalt, fraßen als Bär und Wildschwein das Fleisch alles auf, dann verschwanden sie auf

Nimmerwiedersehen. Wie verblüfft waren die Dorfleute, sie wußten nicht, war das alles Wirklichkeit oder nur ein Traum.

## *83. Wenn man es zu eilig hat*

Ein junger Mann vom Lande wanderte in die Hauptstadt, um sich dort ein wenig umzusehen. Es war das erste Mal, daß er in die Hauptstadt kam, den ganzen Tag streifte er herum. Am Abend legte er sich unter das Dach irgendeines Hauses und schlief ein, wachte morgens wieder munter auf. Es war gerade Sommer, da geht so was ja mal. Auch in der nächsten Nacht legte er sich einfach irgendwohin.

Als er in der Morgendämmerung erwachte, fröstelte er. Der Himmel wurde langsam heller, aber bis es richtig Tag werden würde, war es doch noch lange hin. Niemand kam vorbei. »Was soll ich denn jetzt machen?« – er konnte nicht wieder einschlafen, aber wohin sollte er so früh am Morgen? Unentschlossen stand er in der Gasse. Plötzlich griff er sich nach dem Leib, der drückte ihn. Er mußte sich Erleichterung verschaffen. Er dachte sich: ›Ich will in ein Gasthaus gehen, dort frühstücken, dabei kann ich dann auch das Örtchen aufsuchen.‹ Aber das alles war zu gut ausgedacht. Er hatte keine Zeit mehr, in ein Gasthaus zu gehen, zu sehr drückte es ihn. Er wandte sich nach allen Seiten um, niemand war zu sehen. Einfach hockte er sich hin, zu sehr quälte es ihn, es kam ihm nicht mehr darauf an, etwa sein Gesicht zu verlieren. Gerade war er fertig und wollte aufstehen, da rief ihn jemand an: »Was bist du denn für einer?«, erschrocken blickte er auf – ein Nachtwächter kam näher.

»Ach, was soll ich nur machen?«, es gab keinen Ausweg. Verzweifelt dachte er nach, den Hut nahm er vom Kopf, ließ ihn auf den Haufen fallen. »Was machst du denn hier?« – mit dem Knüppel in der Hand kam der Nachtwächter bedrohlich nahe, musterte den jungen Mann vom Land von oben bis unten. »Schönen guten Morgen!« lachte der den Nachtwächter an, aber in seinem Herzen brannte die Angst wie Feuer. »Was du hier machst, hab ich dich gefragt!«, der Nachtwächter wurde ärgerlich. »Ja, da, da ...« – »Gleich heraus mit der Sprache!« – »Da, da... Ja, als ich vom Land in die Hauptstadt gekommen bin, habe ich drei Tauben mitgebracht, die wollte ich verkaufen, um mein Kostgeld zu bekommen. Dummerweise sind mir zwei davon weggeflogen, eine konnte ich gerade noch im letzten Augenblick mit meinem Hut fangen.« – »So?« – »Wenn Ihr mir den Hut nur kurze Zeit festhalten wollt, kann ich die beiden Tauben, die davongeflogen sind, vielleicht noch einfangen. Eines von den Tieren will ich Euch als Dank geben«, sehr eilig tat er, wie ein Weib redete er daher.

»So? Dann mach schnell, fang sie ein, wenn es nicht gelingt...« – »Hihihi. Verzeiht, daß ich Euch in Anspruch nehme.« Geschwind hielt der Nachtwächter den Hut auf dem Boden fest.

Dem Mann vom Lande wurde es leicht ums Herz. Den Schweiß wischte er sich von der Stirn, lief aus der Gasse hinaus. Mit einer Hand hielt der Nachtwächter den Hut fest, in der anderen seine Pfeife, an der zog er ab und zu. Als er die Pfeife leergeraucht hatte, war der junge Mann noch immer nicht zurück. Noch eine Pfeife stopfte sich der Nachtwächter, knurrte: »Warum kommt der denn nicht endlich zurück?«

Die Sonne war inzwischen ganz aufgegangen. Noch eine Pfeife rauchte er, dachte: ›Der Kerl! Wenn er nicht kommt, kann ich wenigstens die Taube unterm Hut mitnehmen‹, und er hob den Hut ein wenig an, wollte daruntersehen. ›Ei, wie das stinkt! Und ich hab immer gedacht, wenn es dunkel ist, schlafen die Tauben nur!‹ Schnell drehte er den Kopf nach der anderen Seite, war trotzdem froh, daß er billig zu einer Taube gekommen war.

›Wenn ich die auf dem Markt verkaufe, kann ich sogar Geld verdienen!‹, so war er in Gedanken versunken. Eben kam jemand in die Gasse. Der Nachtwächter wurde rot, hatte Schuld-

gefühle über das, was er vorgehabt. »Ist Euch nicht ein junger Mann vom Lande begegnet?« fragte er den Mann, der vorbeikam, der aber schüttelte den Kopf.
Kaum war er weg, meinte der Nachtwächter: »Es bleibt mir ja nichts anderes übrig«, und eilig griff er unter den Hut und hielt das, was da drinnen war, fest. Etwas Weiches hielt er in der Hand. »Ach du Schreck! Was ist das nur?« fuhr er zusammen, sah nun doch einmal richtig unter den Hut.
Endlich merkte er, daß der junge Mann vom Lande ihn hereingelegt hatte, ärgerlich stampfte er mit dem Fuß.

## *84. Des Königs Ohren*

In alten Tagen, in der Zeit des Silla-Reiches, lebte ein König, der bekam plötzlich Anlaß zu großer Sorge. Der Grund war nichts anderes als – jeden Tag wuchsen seine Ohren, wurden größer und größer, jeden Tag wuchsen sie weiter. Gestern waren sie größer als vorgestern gewesen, heute waren sie größer als gestern. Weil sie immer so weiterwuchsen, wurden sie breit und lang, sahen schließlich genauso aus wie Eselsohren.
Völlig verzweifelt war der König deshalb. Ein König, das ist jemand, zu dem das ganze Volk aufschaut; wenn nun an einem so wertvollen Körper so komische Ohren wachsen, dann ist das nichts, worüber man leicht hinwegsehen kann. Beim Wachen und beim Schlafen, immer dachte der König nur an seine Ohren. Es kam so weit, daß er nur noch mit einem großen Hut, der seine langen Ohren versteckte, vor das gewöhnliche Volk, ja, auch vor seine Beamten trat. Aber es dauerte nicht lange, bis die Ohren in keinen Hut mehr hineinpaßten.
»Was soll ich nur machen?« – hin und her überlegte er, schließlich rief er einen alten Hutmacher herbei. »Du, hör genau zu, was ich von dir will.« – »Ja, worum geht es denn?« – »Bei mir ist in der letzten Zeit etwas ganz Eigenartiges geschehen ...« –

»Was ist es denn?« – »Aus irgendeinem Grund sind meine Ohren gewachsen, und jetzt weiß ich nicht mehr, was ich damit anfangen soll.«
Der Hutmacher hätte fast laut gelacht. Er dachte, es sei wirklich seltsam, wenn plötzlich die Ohren des Königs anfangen zu wachsen. »Wenn auf dem Kopf eines Königs solche langen Ohren wachsen und das Volk oder auch nur die Beamten davon erfahren, das wäre eine schlimme Sache. Du, kannst du mir einen Hut machen, der groß genug ist, meine Ohren darin zu verstecken? Es geht natürlich nicht, daß die Nachricht von meinen langen Ohren verbreitet wird, deshalb darfst du kein Wort darüber verlieren. Wenn die Leute doch davon erfahren, wirst du was erleben!« sprach der König ganz ernst.
Der Hutmacher nahm Maß, fertigte einen prächtigen Hut und setzte ihn dem König auf. Sich selbst schwor er, auf keinen Fall irgend jemandem davon zu erzählen. Denn eines war ihm klar – wenn er etwas davon ausplauderte, die Nachricht sich ausbreitete, konnte der König leicht vermuten, daß er den Mund nicht hatte halten können. So gab es im ganzen Land niemanden, der wußte, daß der König Eselsohren hatte, ausgenommen den Hutmacher, ja, und den König selbst. Als den Beamten auffiel, daß der König einen neuen, riesengroßen Hut auf dem Kopf hatte, ging gleich die Tuschelei los: »Was hat das nur zu bedeuten, daß des Königs Hut immer mächtiger aussieht?« – »Ja, seine Tugend wird immer größer, da muß er doch auch einen immer größeren Hut tragen!« – »Ach so ist das, mit der Tugend eines Königs wächst auch sein Hut!«
Wo man auch hinkam, überall konnte man diese Erklärung hören. Als auch der Hutmacher davon erfuhr, mußte er laut lachen. »Nur weil seine Ohren wie Eselsohren aussehen, hat er so einen großen Hut aufgesetzt!« – das wollte er gleich alle wissen lassen. Aber wenn er das erzählte, hätte es ja für ihn schlimme Folgen haben können, also zog er es doch vor, zu schweigen.

Der König aber, der hatte Tag und Nacht den riesigen Hut auf dem Kopf. Selbst wenn er Gäste begrüßte, niemals nahm er den Hut ab. So ging es ein paar Jahre, und noch immer gab es nur einen, der wußte, warum – den alten Hutmacher, und der konnte ja nicht darüber sprechen. Immer, wenn ihm die Geschichte mit den langen Ohren des Königs einfiel, mußte er lachen. »Niemand weiß, niemand in der Welt, daß unser König Eselsohren hat!«

Wenn er so plötzlich aufzulachen pflegte, mußten die anderen ja denken, daß er ein komischer Kauz war. Es war wirklich eigenartig mit ihm – ob er allein seines Weges ging, ob er mit seiner Familie beim Essen saß, immer wieder fielen ihm die Ohren des Königs ein, und er lachte laut: »Hahaha...«, ganz so wie ein Verrückter. Seine Familie fragte ihn: »Warum lachst du denn? Was hast du denn gesehen?«, dann machte er ganz schnell ein ernstes Gesicht. »Ach, es ist nichts«, tat er ganz unwissend.

Einmal saß der alte Hutmacher mit den alten Leuten aus der Nachbarschaft unter dem großen Baum vor dem Dorf. Sie erzählten sich diese Geschichte, jene Geschichte, da fiel dem Hutmacher wieder die Sache mit den Ohren des Königs ein, er vergaß ganz, daß und was die anderen erzählten, und brach in Lachen aus. Der, der gerade am Erzählen war, wurde ärgerlich, stieß ihn an. »Was lachst du denn plötzlich, unterbrichst meine Geschichte? Was war denn daran so lächerlich?« Fast hätte er den Hutmacher geschlagen, so wütend war er. »Nein, es ist gar nichts«, gleich machte er wieder ein ernstes Gesicht, tat so, als ob nichts gewesen wäre. Der, der die Geschichte erzählt hatte, vergaß sich, als er diese Antwort bekam. »Du bist wohl verrückt!« sagte er, aber selbst da kam dem Alten, der den Hut für den König gemacht hatte, kein Wort über die Lippen. Aber er konnte es sich auch nicht abgewöhnen, vor anderen Leuten plötzlich loszulachen.

So kam es dazu, daß die Leute im Dorf alle, nicht eine Ausnahme gab es, den alten Hutmacher für blöde hielten.

»Wenn er nicht verrückt wäre, dann würde er auch nicht andere Leute so erschrecken, dann würde er auch nicht so lachen!« – aber selbst als er dieses Gerede hörte, schwieg er weiter, niemand wußte, daß er tatsächlich einen Grund hatte für sein Lachen. Das alles nur, weil er fürchtete, der König werde ihn schwer bestrafen, wenn er auch nur ein Wort darüber verlor und das Geheimnis des Königs preisgab. Ganz gleich, was geschah, er wollte niemals darüber sprechen.
»Unser König trägt in der letzten Zeit eine so große Krone. Er sieht jetzt noch würdiger aus, er sieht wirklich großartig aus!«, so sprach das gemeine Volk, und dem Hutmacher, dem fiel nur gleich ein, daß ja unter der Krone, unter dem Hut die mächtigen Eselsohren steckten, die immer noch länger wurden, und gleich lachte er wieder los. »Hohoho ...«, lachte wie einer, der von allen guten Geistern verlassen ist.
»Sieht so aus, als ob es heute Regen gibt. Da wird der verrückte Hutmacher auch wieder lachen«, so flüsterten die Leute im Dorf und machten sich über den alten Hutmacher lustig. Der aber sprach nicht über das Geheimnis des Königs. Wie gerne wäre er es losgeworden, er konnte es nicht mehr aushalten. Sein Herz quälte ihn, er hatte Angst, daß er am Ende stumm werden könnte. Ganz gleich wem, irgend jemandem mußte er einmal davon berichten, dann würde es ihm ganz gewiß leichter werden ums Herz. »Die Ohren des Königs, das sind Eselsohren!« Ein paarmal versuchte er es hinauszuschreien – aber es kam ihm nicht über die Lippen. Nur weil er nicht wußte, was alles mit ihm geschehen konnte, falls er sprach.
Der Hutmacher hielt tapfer seinen Mund. Wieder vergingen einige Jahre. Er dachte, daß er bald sterben müßte. »Ob ich nicht kurz vor dem Ende nur einmal davon sprechen soll? Wenn es nur einmal heraus ist, wie leicht werde ich mich dann fühlen!« Er dachte sich: ›Ach, es gibt sicherlich für einen Menschen nichts Schlimmeres als etwas, das man sagen möchte, nicht aussprechen dürfen!‹ Wenn er das nur einmal

herausbringen könnte: »Die Ohren des Königs, das sind Eselsohren!«, dann, meinte er, wäre der größte Wunsch, den er in seinem Leben noch hatte, erfüllt. Doch selbst wenn er den anderen, dem er das erzählte, um Verschwiegenheit bitten würde – gewiß war, daß sich die Kunde rasch verbreitete, auch des Königs Eselsohren mußten früher oder später davon hören. So schwieg er, auch wenn es noch so schwer war.
Die Tage vergingen, immer qualvoller wurde es für ihn. Eines Tages nach dem Abendessen wollte er noch ein wenig frische Luft schnappen, ging hinaus und spazierte auf einem Bergpfad, der durch einen Bambushain führte. Der Wind wehte durch den Hain, es wisperte und flüsterte ringsum. Als er das hörte, kam ihm ein guter Einfall. »Wenn ich es jetzt herausschreie, wird es niemand hören!«, er schaute sich nach allen Seiten um, keine Menschenseele war zu sehen. »Es muß sein. Wenn ich hier noch so laut schreie, es wird sicher keine Folgen haben.« Den einen Satz, den er nie auszusprechen gewagt hatte, jetzt und hier wollte er ihn loswerden. Die Hände legte er an den Mund, damit es noch lauter tönte, schrie in den Bambushain: »Die Ohren des Königs, das sind Eselsohren!« Kaum hatte er es herausgebracht, war auch schon sein Herz locker und froh. Dieser eine Satz, der ihn so lange gequält hatte! Ganz leicht fühlte er sich, er hatte eine schwere Last abgeworfen. Beschwingten Schrittes wandte er sich nach Hause, hüpfte und sprang. »Ach, wie leicht ich bin! Ach, wie frei ich bin!« Bald darauf starb der alte Hutmacher ganz friedlich.
Aber im Bambushain tat sich etwas ganz Sonderbares. Immer, wenn der Wind dort wehte, flüsterten die vielen Bambusrohre: »Die Ohren des Königs, das sind Eselsohren!« Immer wieder war das zu hören, wirklich eigenartig. Die Leute, die das zufällig als erste hörten, die meinten noch, sie müßten sich verhört haben. Aber immer mehr Menschen hörten es, die Kunde breitete sich im ganzen Land aus, und schließlich erfuhr auch der König davon.

Für ihn war es ein großer Schreck. »Mein Geheimnis ist doch bekannt geworden!« Was ihn aber am meisten erstaunte, war, daß ein Bambushain sein Geheimnis verraten haben sollte. Er konnte es einfach nicht begreifen. Seinen Ministern befahl er, dorthin zu gehen und den Bambushain sorgfältig zu durchsuchen.

Gleich brachen sie auf. Aber tatsächlich, es war nur der Wind, der diese Stimmen verursachte: »Die Ohren des Königs, das sind Eselsohren!« – die Minister hörten es auch. Sie durchsuchten alle Ecken und Enden des Bambushains, aber nicht einmal der Schatten eines Menschen, geschweige denn ein Mensch selbst, war zu finden.

Sie kehrten zum Palast zurück und berichteten dem König über das Ergebnis ihrer Suche. Der war ganz unglücklich. »Was sagt ihr da? Ist das wahr? Da bleibt nichts anderes übrig, als den Bambushain dem Erdboden gleichzumachen!« – wie er befahl, wurden die Bambusrohre ausgerissen, nicht eines blieb übrig. Mit dem Bambushain verschwanden auch die Stimmen.

Später aber wuchs an dieser Stelle ein Pfefferbaum, und auch in diesem Pfefferbaum waren die seltsamen Stimmen zu hören: »Die Ohren des Königs, das sind Eselsohren!« Immer, wenn der Wind wehte, konnte jeder es hören, ganz genauso wie früher im Bambushain. Als der König das erfuhr, wollte er auch diesen Baum fällen lassen, aber im ganzen Land gab es niemanden mehr, der nicht schon davon gehört hätte. Und, wie die Menschen so sind, von da an glaubten sie in jedem, der große Ohren hatte, einen König zu sehen!

## *85. Die Katze mit dem Trauerhut*

Ein Mann, der hatte ein kleines Kätzlein, das zog er auf und mochte es gern. Am Morgen und am Abend ließ er es neben seinem Eßtisch sitzen und fütterte es mit Fleisch und Reis. Weil die Katze immer so gefüttert wurde, kam sie ganz dicht an den Tisch ihres Herrn und wartete, bis der ihr etwas gab. Vergaß er sie mal, dann bettelte sie: »Yaung! Yaung!«, und was sie dann bekam, das fraß sie und war zufrieden.

In einem Jahr wurde der Herr plötzlich krank, schwer krank. Ein paar Monate lang rief er Ärzte aus allen Gegenden herbei, schluckte ihre Arzneien, aber keine hatte irgendeine Wirkung. Zwar konnte er auch allseits gelobte Arzneien berühmter Ärzte versuchen, denen man große Wirkung zuschrieb, aber auch die halfen ihm nicht im geringsten, sein Zustand verschlechterte sich zusehends.

Da erzählte ihm ein Arzt: »Es gibt keine Arznei, die Eure Krankheit heilen kann, außer einer, aber die ist sehr schwer schnell zu beschaffen. Wenn Ihr die einnehmen könntet, Ihr wäret gewiß auf der Stelle gesund. Aber, wie ich schon sagte, die ist schwer zu beschaffen«, er machte sich selber Sorgen, man konnte ihn mit den Zähnen knirschen hören.

Der Hausherr drängte ihn: »Was ist denn das für eine Medizin, daß Ihr sagt, sie sei so schwer zu beschaffen? Schnell, sagt, wie sie heißt, sprecht schon!« Darauf der Arzt: »Es ist nichts anderes als – wenn Ihr nur tausend Ratten einnehmt, dann werdet Ihr die Wirkung schon sehen«, das ließ er ihn wissen, dann verließ er das Haus.

Der kranke Hausherr rief seine Familie zusammen, gemeinsam beratschlagten sie, wie man denn tausend Ratten zusammenbekommen könnte. Aber sie hatten keine Hoffnung, das jemals zu schaffen, sie machten sich nur noch mehr Gedanken. In einem waren sie sich einig – wenn man die Medizin nicht beschaffen konnte, mußte der Hausherr wohl sterben.

Die Katze saß dabei und bekam alles mit. Zu sich sagte sie: »Gut, endlich habe ich eine Gelegenheit, alles, was ich bekommen habe, zurückzugeben«, und sprang hinaus. Sie besorgte sich einen Trauerhut. Damit kam sie zurück, setzte den Hut auf und hockte sich vor ein Rattenloch, um zu warten, bis eine Ratte herauskäme.

Nicht viel später ließ sich wirklich eine Ratte blicken, der fiel natürlich gleich die Katze ins Auge, die dort saß. Schnell verschwand die Ratte wieder in ihrem Loch. Unruhig wartete sie ein Weilchen, streckte vorsichtig noch einmal den Kopf aus dem Loch, um herauszufinden, ob die Katze noch da war oder nicht. Diesmal bemerkte die Katze die Ratte, schimpfte gleich los: »Du Kerl du! Selbst einer wie du, der in Erdlöchern versteckt hin und her läuft, müßte doch wissen, daß ich in Trauer bin. Wieso konnte ich bisher noch keinen einzigen von euch Kerlen sehen, der sein Beileid bekundet hat? Wo gibt es denn so was? Wo in der Welt gibt es noch mehr so unhöfliche Kerle? Ihr könnt euch noch so tief in euren Erdlöchern verstecken, ich werde eine Schar meiner Freunde herbeirufen, die sollen mit vereinten Kräften unter euch ein Blutbad anrichten, daß kein einziger von euch übrigbleibt«, so schrie die Katze die Ratte an. Die bekam es mit der Angst, lief zurück, trommelte die übrigen Ratten alle zusammen.

Eine von ihnen, eine würdige alte Ratte, ergriff zuerst das Wort: »Hört mal her! Das mag ein noch so übler Bursche sein, aber er ist in Trauer, da wird er selbst uns kaum Böses zufügen. Aber wenn wir nicht vorsichtig darangehen, wer weiß, ob nicht die Sache schlecht ausgeht für uns. Ich will als erster hinausgehen und der Katze mein Beileid ausdrücken, mal sehen, wie sie sich verhält, dann wollen wir uns wieder treffen, und ich werde euch berichten.« Wie vorher schon saß die Katze mit dem Trauerhut auf dem Kopf vor dem Rattenloch. Es sah gar nicht so aus, als ob sie sich auf die Ratte stürzen wollte. Also nahm sie all ihren Mut zusammen, trat vor, machte eine Verbeugung und bezeugte so, wie es sich gehört, ihr Beileid.

»Wegen meiner Beschränktheit wußte ich nicht gleich, daß Ihr in Trauer seid, deshalb konnte ich nicht sofort herauseilen, um Euch mein Beileid zu bekunden. Das ist wirklich unverzeihlich. Ich verbeuge mich hundertmal vor Euch, bitte Euch um Vergebung«, und sie warf sich zu Boden. Mit freundlichem Gesicht nahm die Katze die Beileidsbekundungen entgegen, die Ratte war sehr glücklich, schnell kehrte sie in ihr Loch zurück und berichtete dort: »Ihr braucht euch gar keine Gedanken zu machen, geht nur schnell hin, bekundet euer Beileid, und kommt zurück!« Eine Ratte nach der anderen ging hinaus, jede machte eine Verbeugung, die die Katze gerne entgegenzunehmen schien. Aber auf einmal sprach die Katze: »Ihr seid so zahlreich gekommen, daß es schwierig ist, euch einzeln zu danken dafür. Wir müssen einen anderen Weg suchen. Ich weiß nicht, vielleicht klingt es unhöflich, aber könntet ihr euch nicht alle jeweils mit eurer ganzen Familie einmal auf einem großen Platz versammeln, es ist doch besser, wenn ich den Ausdruck eures Beileides von allen auf einmal entgegennehme. Wie wäre das? An welchem Tag, zu welcher Stunde wollt ihr euch alle einmal versammeln?«

Auch den Ratten erschien das viel bequemer, gleich sagten sie zu, und sie gaben diese Nachricht an alle anderen Ratten weiter. Am verabredeten Tag kamen Ratten aus allen Himmelsrichtungen auf dem Platz zusammen, dicht gedrängt standen sie dort.

Längst hatte die Katze ihre Freunde zusammengerufen, die lagen so versteckt, daß niemand sie sehen konnte. Als die Ratten alle versammelt waren, nur darauf warteten, daß die Katze endlich kam, erschien die auch mit dem Trauerhut auf dem Kopf, so, als wollte sie nun die Beileidsbezeigungen aller Ratten entgegennehmen, ganz würdig trat sie auf. Doch da sprangen die übrigen Katzen herbei, fingen an, Ratten totzubeißen, in ganz kurzer Zeit waren ein paar tausend Ratten nicht mehr am Leben.

Die Katze mit dem Trauerhut lief nach Hause, biß sich im Kleid des ersten besten fest, der ihr begegnete. Der dachte zwar, das sei recht sonderbar, aber er folgte der Katze und sah, daß viele tausend Ratten darauf warteten, eingesammelt zu werden.

Wie glücklich war der Hausherr! Der Arzt wurde herbeigerufen, er bereitete die Medizin aus den Ratten – und der

Kranke, der genas völlig. So hat eine Katze durch eine List die große Freundlichkeit ihres Herrn vergelten können.

### *86. Von einem Herrn, der immer nur studierte*

In alten Tagen lebte einmal ein Herr, der den ganzen Tag nichts tat als nur studieren. Um die Arbeit im Haus kümmerte er sich nicht ein bißchen. Seine Frau arbeitete für ihn, seine Frau mußte ihn durchfüttern. Sie war mehr als ungehalten darüber. »Wenn man den ganzen Tag nur liest, kann man davon leben?« lag sie ihm dauernd in den Ohren, beschimpfte ihn deshalb. Tag für Tag konnte sie gerade mit knapper Not den Lebensunterhalt verdienen. Sie webte, sie verdingte sich auch als Magd im Haus anderer Leute.

Eines Tages hatte sie Gerste zum Trocknen auf einer Matte ausgebreitet und wollte zur Arbeit aufs Feld gehen. Zu ihrem Mann sagte sie: »Falls es regnen sollte, dann bringt doch die Matte ins Trockne!« und ging fort. Eine Weile später türmten sich dunkle Wolken auf, es sah so aus, als ob gleich ein tüchtiger Regenguß kommen sollte. Tatsächlich, bald fing es an, wie mit Eimern zu gießen, das Wasser in den Flüssen stieg schnell an. Die Frau auf dem Feld wurde klitschnaß, sie eilte nach Hause und hatte nur eine Sorge: »Was mag denn aus meiner Gerste geworden sein?«

Als sie zum Dorf kam und den Bach überqueren wollte, sah sie auf dem Wasser Gerstenkörner vorbeischwimmen. »Das wird doch hoffentlich nicht meine Gerste sein?«, aber wirklich, sie kam nach Hause und fand kein einziges Gerstenkorn mehr, nur noch die leere Matte lag naß im Hof. Wie da der Zorn in ihr hochstieg! Sie stürzte ins Zimmer – dort saß ihr Mann, einen Regenschirm in der Hand, Holzschuhe an den Füßen und las immer noch in seinen Büchern. »Was für ein Mensch bist du denn? Immer liest du nur, hilfst mir kein bißchen im Haus. Was ist das für ein Leben mit dir? Du wirst dich wohl niemals

ändern!«, sie konnte es nicht mehr länger aushalten, verließ das Haus. Dabei dachte sie sich: ›Wenn ich nur in einem anderen Haus Arbeit finde, dann wird es mir besser gehen als hier.‹
Die Zeit verging, ein neuer Bürgermeister sollte ins Dorf kommen. Beide Seiten der Straße waren gesäumt mit Leuten, die ihn willkommen heißen wollten. Die Frau ging mit einem Wassertopf auf dem Kopf zum Brunnen, um Wasser zu schöpfen. Auf dem Weg zurück ins Dorf traf sie auf den Zug, in dem der neue Bürgermeister ins Dorf geleitet wurde. Sein Gesicht kam ihr irgendwie bekannt vor, sie betrachtete es sich genau – es war ihr Mann, dem sie davongelaufen war! Der Schreck fuhr ihr in die Glieder, dennoch trat sie auf ihren Mann zu. »Mein Gemahl, wie seid Ihr denn zum Bürgermeister geworden?« fragte sie mit rotem Kopf. »Mach, daß du wegkommst! Wenn du wieder meine Frau sein willst, dann mußt du schon das Wasser in deinem Topf auf die Straße gießen und dann den Topf noch einmal damit füllen!« So machte er ein für allemal Schluß mit ihr.

## *87. Hallaktungi*

In alten Tagen lebten zwei Witwen in Nachbarhäusern, beide hatten keine Kinder. Sie machten sich deshalb große Sorgen. Eines Tages sprachen sie miteinander über ihr Schicksal. Sie entschlossen sich, Buddha um ein Kind zu bitten, und sie versprachen einander, sie wollten, falls die eine einen Knaben, die andere ein Mädchen zur Welt bringen sollte, die beiden Kinder miteinander verheiraten. Vor Buddha knieten sie nieder, beteten um ein Kind – und ihre Gebete wurden erhört, beider Leib gesegnet. Als die Monde sich erfüllten, brachte die Witwe aus dem einen Haus einen Sohn, die andere aber eine Tochter zur Welt.
Die Kinder wuchsen heran, und als sie alt genug waren, verheirateten die beiden Witwen sie miteinander und schenkten ihnen ein eigenes Haus, wo sie leben konnten. Aber der König

des Jenseits hatte Befehl gegeben, dem durch die Gnade Buddhas geborenen Sohn der einen Witwe das Amt eines Oberaufsehers über die Bäume und Blumen im Jenseits zu übertragen, er wollte den Sohn holen lassen. Wenn der König des Jenseits befiehlt, muß man gehorchen, und so machte sich das jungverheiratete Paar auf den Weg. Aber die junge Frau erwartete ein Kind, sie konnte nicht so weit laufen, wurde gar schnell müde.

Es war Abend, in der Ferne sahen sie ein Licht. »Liebster, geh du allein, ich kann nicht mehr. Unmöglich schaffe ich den weiten Weg ins Jenseits.« Als er die ach so müde Stimme seiner Frau hörte, entschloß er sich, allein vorauszugehen. Aber auf der anderen Seite konnte er schlecht seine Frau allein zurücklassen. Sie setzten sich auf die Straße. Die Frau meinte: »Das geht doch nicht, den König des Jenseits zu verärgern. Mach dir keine Gedanken um mich, geh schnell, geh!«, er aber wollte nicht auf sie hören. »Warum hast du denn solche Angst vor dem König? Ich kann ja schließlich meine Frau nicht allein auf der Straße sitzenlassen!« Mit entschlossener, fester Stimme entgegnete die Frau: »Gut, dann bring mich dort zu dem Haus, wo das Licht brennt, verkauf mich dort als Dienerin. Wenn ich nur bei Menschen bin, was soll dann schon weiter geschehen?« Er war gar nicht glücklich bei diesem Gedanken, aber so, wie die Dinge nun einmal standen, gab es keine bessere Lösung. Als die beiden das Haus erreichten, verbellte sie der Hund. Der Hausherr schickte seine älteste Tochter nach draußen. Gleich kam sie zurück. »Ein Mann, der auf der Straße vorbeizieht, will uns seine eigene Frau als Dienerin verkaufen. Vater, kauft sie nicht, wer weiß, was das für ein schlechtes Frauenzimmer ist!« berichtete sie dem Vater. Der Hausherr wollte auf seine älteste Tochter hören, blieb ruhig sitzen.

Die Fremden draußen hätten eigentlich schon längst weg sein müssen, aber noch immer kläffte der Hund. Die zweite Tochter wurde hinausgeschickt. Als sie wieder hereinkam, erzählte sie genau das gleiche wie die älteste Schwester. Der Hausherr nickte nur. »Ja, ja!« – doch der Hund bellte weiter, es wurde dem Hausherrn lästig. So schickte er zu guter Letzt auch noch die jüngste Tochter hinaus.

»Vater, ich glaube, wenn Ihr diese Frau als Dienerin kauft, wird es später einmal von großem Vorteil sein. Vater, bitte, kauft die Frau!«, das war es, was die jüngste Tochter dem Vater zu sagen hatte, als sie von draußen zurückkam. Der Vater hatte seine jüngste Tochter am liebsten, und weil sie meinte, es könnte nützlich sein, entschloß er sich, die Frau zu kaufen.

Er rief die beiden, die draußen warteten, herein, bezahlte, was der Mann verlangte. Für die Frau bekam der Mann nur halb so viel wie für das Kind in ihrem Leibe. Das Geld vergrub er an einem Ort, den niemand kannte, dazu legte er die Hälfte eines Drachenkamms und ein halbes Kleiderband. Seine Frau bat er noch: »Wenn du in Not bist, kannst du das Geld sicher gut brauchen. Was unser Kind angeht – solltest du einen Sohn bekommen, nenne ihn Hallaktungi, wenn es ein Mädchen wird, gib ihm den Namen Hallaktaegi.«

Als es Zeit wurde zum Abendessen, stellte man dem Mann und seiner Frau je einen Tisch hin. »Wie man es hier hält, weiß ich nicht, bei uns hat es so was nicht gegeben«, sagte die Frau und setzte sich mit ihrem Mann zusammen an einen Tisch. Als sie mit dem Essen fertig waren, brach er ins Jenseits auf. Für die junge Frau aber begann mit diesem Abend das Leben als Dienstmagd.

Der Hausherr war von Anfang an durch ihre große Schönheit gefesselt, er begehrte sie. Eines Nachts – er hatte es schon lange vorgehabt – schlich er zu ihr in die Kammer. Sie aber blieb kalt, wies ihn ab. »Ich weiß zwar nicht, wie Ihr es hier im Haus haltet, aber bei uns ist es undenkbar, so was zu tun, solange eine Frau ein Kind unter dem Herzen trägt.« Der Hausherr ließ sie in Frieden. »Soll sie mal erst ihr Kind zur Welt bringen ...«, machte er sich Hoffnung. Die Zeit war erfüllt, die Frau kam nieder, brachte ihr Kind zur Welt, und weil es ein Knabe war, gab sie ihm den Namen Hallaktungi.

Bald darauf kam der Hausherr wieder in ihre Kammer, sie aber blieb fest, verweigerte sich. »Bevor mein Kind nicht vier Jahre alt ist, will ich nichts mit einem Mann zu tun haben!« Der Hausherr mußte sich wieder vertrösten, aber die Zeit, die würde schon herumgehen. Als Hallaktungi drei, vier Jahre alt geworden war, kam der Hausherr wieder. Diesmal belehrte sie ihn: »Ich weiß nicht, wie Ihr es hier im Haus haltet, aber bei uns war es ganz unmöglich, daß der Hausherr sich mit einer Magd abgab.«

Das machte den Hausherrn fuchsteufelswild, er befahl, daß die Frau vom nächsten Morgen an tagtäglich hundert Bund Seide weben mußte, und Hallaktungi, der sollte von da an jeden Tag hundert Klafter Holz machen. Die Frau war verzweifelt, Hallaktungi noch viel mehr. Sie heulte vor ihrem Webstuhl, Hallaktungi in den Bergen. Beide schliefen ein, und als sie wieder erwachten, waren da nicht ganz von selbst hundert Bund Seide gewebt, hundert Klafter Holz geschnitten? Und so geschah es hinfort jeden Tag.

Der Hausherr aber, das war ein echter Querkopf. Dem kleinen Hallaktungi gab er einen Sack Reissamen, den sollte er aussäen. Er ging aufs Feld. Wieder weinte er, schlief erschöpft ein. Als er aufwachte, waren die Samenkörner über das ganze Feld verteilt, Pferde und Kühe hatten sie in die Erde getreten, daß der Wind die Samen nicht verwehen konnte. Wie dankbar war ihnen Hallaktungi, erleichtert kehrte er ins Haus zurück. Da plötzlich fiel dem Hausherrn ein, es könnte ja noch zu früh sein, Reis auszusäen, gleich befahl er Hallaktungi, den Samen wieder einzusammeln und zurückzubringen. Der Kleine kam aufs Feld, die Samenkörner lagen längst in einer Ecke zusammen. Das Saatgut, das er mitbrachte, mußte er nachzählen, und ein einziges Samenkorn fehlte. Wieder mußte er aufs Feld, dort hielt eine Ameise das Reiskorn zwischen ihren Beinchen. »Du, Ameise, gib mir das Reiskorn!« – »Das muß ich Hallaktungi geben.« – »Ich bin aber Hallaktungi!« – und gleich gab sie ihm das Korn. Hallaktungi wurde allmählich größer, er wollte wissen, wer sein Vater war. Die Mutter sagte: »Der Hausherr hier ist dein Vater«, er aber glaubte ihr kein Wort. »Wenn der wirklich mein Vater wäre, warum quält er mich dann immer so?«

Eines Tages verlangte Hallaktungi von seiner Mutter, sie solle ihm eine Schüssel Bohnen rösten, die wollte er essen, wenn er zum Holzholen in die Berge ging. Die Mutter aber sprach: »Ich habe keine Bohnen, da kann ich dir auch keine rösten!« – »Mutter, in der Kammer liegen Vorräte für drei Jahre, da werdet Ihr wohl eine Handvoll Bohnen für mich zusammenkratzen können.« Hallaktungi setzte seinen Kopf durch, die Mutter suchte Bohnen für ihn und begann sie zu rösten. Sie war noch bei der Arbeit, als Hallaktungi rief: »Mutter, ein Gast ist gekommen!«, gleich unterbrach sie ihre Arbeit und ging nach draußen. In der Zeit versteckte Hallaktungi ihr den Kochlöffel. Daß ein Gast gekommen war, das hatte Hallaktungi gelogen, die Mutter war gleich zurück.

Die Bohnen drohten anzubrennen, aber der Kochlöffel war verschwunden. Hallaktungi meinte: »Wenn es keinen Kochlöffel gibt, mußt du eben mit der Hand umrühren!« – und tatsächlich, die Mutter rührte die Bohnen mit der Hand. Da faßte Hallaktungi nach ihren Handgelenken, fest hielt er die Hände in der heißen Pfanne. »Wer ist in Wahrheit mein Vater?« Die Mutter war tief bewegt, wie sehr ihr Sohn zu erfahren wünschte, wer sein Vater war, und sie erzählte ihm endlich alles, was bis da geschehen war.

Kaum hatte Hallaktungi die ganze Geschichte gehört, wollte er auch schon aufbrechen, um den Vater suchen zu gehen. Die Mutter bat er, ihm Kuchen zu bereiten und drei Fuß Seidenstoff zu besorgen. Woher sollte die Mutter drei Fuß Seide bekommen? Doch der Sohn drängte sie allzusehr, mit knapper Not schaffte sie es, die Seide zu bekommen. Die Kuchen teilte er in drei Teile, packte sie in die Seide ein, nahm den halben Drachenkamm und das halbe Kleiderband mit und machte sich auf den Weg ins Jenseits. Er war noch nicht weit

gekommen, da bellte ihn ein Hund an, sprang auf ihn zu. Hallaktungi gab ihm von seinen Kuchen, die er eingepackt hatte. Die fraß der Hund auf, dann sprang er vor Hallaktungi her, so, als ob er ihm den Weg zeigen wollte. Sie kamen zu einem Fluß, und als das Wasser Hallaktungi bis zum Fußgelenk stand, fing der Hund wieder an zu betteln. Hallaktungi gab ihm von seinen Kuchen, und der Hund führte ihn weiter, bis Hallaktungi das Wasser bis zur Hüfte stand. Wieder wollte der Hund zu fressen haben, er bekam den Rest der Kuchen, und plötzlich fand sich Hallaktungi im Jenseits wieder.
Wunderschön war es dort. Kinder saßen an einem Bachufer, spielten miteinander. Hallaktungi stieg auf einen Weidenbaum, riß Blätter ab und ließ sie einzeln den Kindern auf die Köpfe fallen. Die sahen zu Hallaktungi auf, diese frevelhafte Tat, Blätter abzureißen, wollten sie schnell dem Oberaufseher über Blumen und Bäume melden. Zu dem liefen sie, und der hieß sie, den Unbekannten auf dem Weidenbaum herzubringen.
Hallaktungi trat vor den Oberaufseher, verbeugte sich und grüßte ihn höflich. Auf den ersten Blick sah der Beamte, daß der, der da vor ihm stand, sein eigener Sohn sein mußte. Vater und Sohn sahen sich wirklich sehr ähnlich. Der Sohn war wohl gekommen, um ihn, den Vater, zu besuchen. Und als Hallaktungi dann auch noch den halben Drachenkamm und das halbe Kleiderband überreichte, fielen sie sich weinend in die Arme. So glücklich waren beide, daß sie sich endlich begegnet waren, eine ganze Zeit lang saßen sie still da. Dann aber sprach der Vater: »Du darfst nicht hierbleiben, du mußt in die Welt zurückkehren!« Der Oberaufseher pflückte für seinen Sohn einige Blumen – eine Blume des Lachens, eine, die alles zerstören konnte, eine andere, die Fleisch wachsen ließ, eine Blume für langes Leben gab er ihm und eine, die Tote wieder zum Leben erwecken konnte. Als letztes brach er auch noch einen Weidenzweig ab für seinen Sohn. »Als du von zu Hause aufgebrochen warst, hat der Hausherr deine Mutter gefragt,

wo du dich versteckt hättest. Wie sehr hat er sie gequält, und als sie dann sagte, sie habe keine Ahnung, hat er sie vor Zorn umgebracht. Der Fluß, den du auf dem Weg hierher überquert hast, das waren die Tränen deiner Mutter.« Der Oberaufseher erklärte seinem Sohn dann, wie er die Mutter wieder zum Leben erwecken konnte, und er hieß ihn, unbedingt die jüngste Tochter des Hausherrn zu heiraten.

Hallaktungi verließ das Jenseits. Als er in das Haus zurückkam, wo er geboren war, versammelten sich alle dort und wollten ihn töten. »Bevor ich sterbe«, bat Hallaktungi, »erfüllt mir wenigstens einen letzten Wunsch. Die jüngste Tochter, die soll Wasser holen gehen für mich!« Kaum war sie aus der Tür, holte Hallaktungi die Blume des Lachens heraus. Gleich brach die ganze Familie in Lachen aus, wollte schier gar nicht mehr aufhören. Die Blume, die alles zerstören konnte, setzte dem ein Ende, tot stürzten sie zu Boden.

Die jüngste Tochter kam mit dem Wasser zurück. »Wo habt ihr den Leichnam meiner Mutter versteckt?« fragte Hallaktungi sie. Weil man die Mutter einfach in einen Sumpf geworfen hatte, waren nur noch die Knochen übrig von ihr. Zuerst holte Hallaktungi die Blume hervor, die Fleisch wachsen ließ, streute ihre Blätter über die Knochen – gleich wuchs wieder Fleisch auf den Knochen. Die Blume, die langes Leben verlieh, und die, die Tote wieder zum Leben erwecken konnte, streute er dann über den Körper, strich mit seinem Weidenzweig darüber und sprach: »Mutter, warum schlaft Ihr so lange?«

Er hatte das noch nicht ausgesprochen, schon stand die Mutter auf. »Ach, ich muß wirklich lange geschlafen haben«, streckte sich und reckte sich. Hallaktungi aber heiratete die jüngste Tochter, und zusammen mit ihr und seiner Mutter führte er ein langes und glückliches Leben.

## 88. *Ein Strohseil, nur drei Ellen lang*

In alten Tagen lebte in einem einsamen Dorf in den Bergen eine Mutter mit ihrem Sohn. Die Mutter ging Tag für Tag ins Nachbarhaus, wo sie als Tagelöhnerin Getreide mahlte; mit dem Geld, das sie dafür bekam, konnte sie immer gerade einen Tag herumkommen. Ihr Sohn, der war ein großer Faulenzer; obwohl schon älter als zwanzig Jahre, spielte er immer nur herum. Eines Tages kam die Mutter schweißgebadet von der Arbeit auf dem Feld zurück – der Sohn lag da und schlief. Die Mutter wurde zornig. »Du Kerl, andere, die ein Vielfaches reicher sind als wir, gehen auch aufs Feld und tun ihre Arbeit. Bist du was Besseres, daß du dich immer nur hinrekelst, immer nur schläfst? Willst du vielleicht dein ganzes Leben der Mutter auf der Tasche liegen, deinen Reis von mir erbetteln?«

Es war das erste Mal, daß die Mutter ihn so ausschimpfte, betreten hörte der Sohn sich die Schelte an. »Meinst du, ich bin zu faul zum Arbeiten? Wenn ich nur eine Arbeit hätte, ich wollte sie schon jeden Tag tun«, murmelte er. Wie freute sich die Mutter, gleich lief sie los, bettelte in jedem Haus des Dorfes: »Mein Sohn Tudóji hat gesagt, er will arbeiten, um seine alte Mutter ein wenig zu unterstützen. Wer gibt mir eine Hacke für ihn und ein Scheffel Hirse?«

Die Dorfleute hatten Mitleid, sie gaben ihr eine Hacke und auch die Hirse. Sogar drei Scheffel Hirse konnte sie zusammenbetteln. Sie war froh darum, Hacke und Hirse brachte sie ihrem Sohn. »Von heute an gehst du auf den Hügel hinter dem Dorf, legst dort einen Acker an und pflanzst die Hirse. In Zukunft werden wir dann auch ein wenig besser leben können. Als ich den Leuten im Dorf erzählt habe, daß du arbeiten willst, haben sie mir das alles geschenkt.«

Tudóji nahm Hacke und Hirse, stieg auf den Hügel. Die Freude der Mutter war grenzenlos. Ihr Sohn kletterte wirklich auf den Hügel und wollte dort Hirse pflanzen! Wohlgelaunt ging sie selbst auch an die Arbeit. Was sie dann aber mit an-

sehen mußte, raubte ihr den Atem. Der Sohn, von dem sie geglaubt hatte, daß er auf dem Hügel Hirse pflanzte, dieser Sohn dachte nicht im geringsten daran zu arbeiten, in der Stube lag er und machte ein Nickerchen.
Außer sich war die Mutter, schrie ihn an. Tudóji richtete sich langsam auf. »Ei, wirklich, Mutter, ich habe längst alles gesät, bin zurückgekommen und eingeschlafen, warum denn nicht?« antwortete er ruhig. Die Mutter lief hinaus, um nachzusehen. Es verschlug ihr die Sprache – der Sohn hatte ein großes Loch gegraben, die drei Scheffel Hirse hineingeschüttet und alles wieder mit Erde zugedeckt, dann war er nach Hause gegangen. Bestürzt war die Mutter, schwer atmete sie, dann machte sie sich daran, die Hirsesamen in gleichmäßigen Abständen einzeln in die Erde zu legen. Erst als die Sonne unterging, war sie damit fertig, schluchzend lief sie nach Hause.
Als die Mutter am nächsten Morgen wieder aufs Feld ging, traf sie einen alten Mann aus dem Nachbardorf. »Gut, daß ich Euch treffe«, sagte der, »bei uns fehlt es in der letzten Zeit an Arbeitern. Könnt Ihr nicht für mich Strohseile drehen?« bat er und gab ihr ein Bündel Stroh. Gleich lief die Mutter zu ihrem Sohn, lehrte ihn, wie man aus Stroh Seile dreht, dann ging sie aufs Feld hinaus.
Am Abend hatte sie wieder Grund, zornig zu werden – sie hatte gehofft, ihr Sohn würde aus dem Stroh ganz wunderschöne Seile drehen, der aber hatte mit knapper Not gerade ein drei Ellen langes Seil gedreht und war eingeschlafen. »Du Schweinekerl! Mach, daß du verschwindest mitsamt deinem Seil!« herrschte sie ihn an. Tudóji stand auf. »Wenn du sagst, ich soll verschwinden, muß ich wohl gehen«, nahm sein drei Ellen langes Seil und ging aus dem Haus.
Tudóji wanderte die ganze Nacht durch die Berge, am nächsten Morgen erst erreichte er das nächste Dorf. Niemanden kannte er dort, so konnte er auch niemanden um eine Schale Reis bitten; mit hungrigem Bauch lief er den ganzen Tag weiter, bis er unterwegs einen Hausierer traf, der

eine ganze Last Tontöpfe mit sich trug. Das Seil, mit dem er die Töpfe zusammengebunden hatte, war an einer Stelle fast gerissen, mit Mühe und Not konnte der Topfhändler seine Last mit der Hand zusammenhalten. Er sah Tudóji, sah das Seil in dessen Hand, und sein Gesicht hellte sich auf. »Junger Herr, ich geb Euch einen Wassertopf, laßt mir Euer Seil dafür!« Gleich streckte Tudóji ihm sein Seil hin, nahm einen Wassertopf dafür entgegen.
Er kam ins nächste Dorf, die Kinder schrien herum: »Ein Bettler ist gekommen!« Er kümmerte sich kein bißchen darum, er suchte nur was zu essen, und als er weiter ins Dorf hineinkam, traf er auf ein Mädchen, das kam aus einem Haus, dessen Dach die Form eines Walfischs hatte. Das Mädchen war auf dem Weg zum Brunnen, um Wasser zu holen; Tudóji fiel ihr auf, er war ein Fremder hier, lange musterte sie ihn. Da machte sie eine ungeschickte Bewegung – ihr Wassertopf fiel ihr vom Kopf und zersprang. Endlich kam sie zur Besinnung, mit bekümmertem Gesicht bat sie Tudóji, ihr doch seinen Wassertopf zu überlassen. »Bei uns ist die Hausfrau gerade krank, eine Schamanin ist gekommen, um sie zu heilen. Um möglichst günstige Wirkung zu erzielen, braucht sie klares Wasser, das sollte ich holen. Und jetzt ist mir der Topf in tausend Stücke zersprungen. Bitte, gebt mir Euren Topf, ich will Euch dafür Reiskuchen geben!« Als Tudóji von Reiskuchen hörte, gab es nicht viel zu überlegen, gleich gab er dem Mädchen seinen Wassertopf. An den Reiskuchen, die er dafür bekam, aß er sich erst mal satt, was übrigblieb, packte er ein und setzte seine Wanderschaft fort.
Er kam zum Fuß eines unheimlichen Berges. Dort begegnete er drei Männern, die eine schwere Last trugen. Sie sprachen miteinander: »Was muß die Alte ausgerechnet vor unserem Haus hinfallen und sterben?« – »Du, für jemanden, der keine Kinder hat, ist das doch ganz gleich, wo er stirbt. Du bist ja auch noch Junggeselle. Stell dir mal vor, du stirbst auf der Stelle, dann bist du doch genauso arm dran wie die Alte. Beeil

dich ein bißchen, verdien Geld, und such dir schnell eine Frau!« – »Wozu braucht man Kinder, Geld muß man haben, sonst geht es einem wie der Alten da.« Als Tudóji sie so reden hörte, mußte er an seine Mutter denken. »He! Wer ist denn die alte Frau?« Den drei Männern war es langweilig, sie waren froh, jemanden zu treffen, stellten ihre Last ab. »Was sagst du? Das ist doch deine Großmutter!« Tudóji dachte sich: ›Kann ja sein, daß meine Großmutter hier in der Gegend gelebt hat und gestorben ist‹, und er machte den drei Männern ein Angebot. »Gebt mir mal die Großmutter, ich will euch meine Reiskuchen dafür geben!«

Die drei waren es zufrieden, eilig gaben sie ihm die Kraxe, auf die der Leichnam gebunden war, und verschwanden mit den Reiskuchen. Tudóji nahm den Leichnam herunter, putzte ihn auf wie einen lebenden Menschen. Dann ging er ins nächste Dorf und stellte den Leichnam an einen Weidenbaum neben dem Brunnen.

Gerade kam ein Mädchen und wollte Wasser holen, es sah die Alte da stehen und fragte: »Großmütterchen, habt Ihr Hunger? Dann geht doch in unser Haus, dort gibt es ein Fest, Ihr könnt Reiskuchen essen!« und stieß sie mit dem Finger an. Der Leichnam fiel in den Brunnen. Das Mädchen war völlig durcheinander, wußte nicht, was es nun anstellen sollte, es zitterte. »So was, die Großmutter in den Brunnen zu stoßen!« – rasch war Tudóji herzugetreten. »Junger Herr, erzählt es niemandem, ich will Euch auch alles geben, was Ihr wünscht!« – ganz ängstlich sah sie ihn an.

»Ja, dann mußt du mit mir kommen und meine Frau werden. Wenn du das nicht willst, muß ich dich anzeigen«, und er sah das Mädchen fest an. »Laßt uns schnell flüchten, ich will mein ganzes Leben für Euch dasein!«

Das Mädchen faßte Tudóji an der Hand, die ganze Nacht über liefen sie. Am Morgen rasteten sie auf einem Pfad in den Bergen. Ein Reisender kam vorbei mit einem Pferd, das voll beladen war. Als der das Mädchen gewahr wurde, hielt er sein

Pferd an. »He, Ihr, junger Mann! Wer ist denn das Mädchen?« – »Das ist meine Frau.« Der Reisende setzte sich neben Tudóji. »Junger Mann, wollen wir ein Spielchen machen? Wir wollen uns Rätsel aufgeben; wenn du gewinnst, sollst du den Schatz auf meinem Pferd haben, wenn ich gewinne, gehört das Mädchen mir.«

Tudóji war gleich einverstanden, er machte den Anfang, gab dem anderen ein Rätsel auf: »Für drei Scheffel Hirse drei Ellen Seil, dafür einen Wassertopf, für den Wassertopf Reiskuchen, für die Reiskuchen ein Leichnam, für den Leichnam ein junges Mädchen. Was meint Ihr, was ich für das junge Mädchen bekomme?«, so fragte Tudóji. Der Reisende dachte lange nach, aber er mochte noch so lange nachdenken, er fand keine Lösung. Endlich gab er klein bei: »Ich habe verloren!« und wollte sich einfach davonmachen.

»Es heißt doch immer ›Ein Mann – ein Wort‹, wie könnt Ihr da einfach so weglaufen?« Auch das Mädchen stellte sich in den Weg. Tudóji faßte den Reisenden an den Hals, schüttelte ihn kräftig. »Wenn ich verloren hätte, Ihr hättet mir ganz gewiß meine Frau abgenommen. Jetzt rück schnell mit deinem Schatz raus!« Dem blieb nichts anderes übrig, er mußte alles hergeben – und er hatte doch nur versuchen wollen, mit einer List das Mädchen zu bekommen. Den Schatz nahm Tudóji auf den Rücken, das Mädchen an die Hand, gemeinsam kehrten sie zur Mutter zurück, noch lange, lange haben sie gelebt.

## *89. Das seltsame Tüchlein*

Es lebte einmal ein gutmütiger alter Mann. Eines Tages war er gerade dabei, einen Gebirgspaß zu überqueren, als es dunkel wurde. Irgend etwas folgte ihm, blieb ihm dicht auf den Fersen, das sah aus wie ein Apfel. Erst kümmerte er sich gar nicht darum, ging einfach weiter seines Weges, doch mit jedem Schritt kam ihm das verdächtiger vor, und so wollte er es sich

doch einmal genau betrachten. Aber es war schon dunkel, er konnte einfach nicht erkennen, was das wirklich war.
Er bekam es mit der Angst zu tun; mit dem Stock, auf den er sich beim Gehen stützte, schlug er feste darauf. In dem Augenblick machte es: »Khaeng, khaeng!«, und, was für eine Überraschung, was für ein Schreck – war das nicht ein roter Fuchs, der sich aus dem Staub machte? Ganz durcheinander war der Alte, wie erstarrt blieb er stehen. Da sah er auf dem Kiefernbaum vor sich ein weißes Tüchlein hängen. »Hat das vielleicht der Fuchs hängenlassen?« murmelte der Alte vor sich hin, steckte das Tüchlein in seine Tasche und ging heim. Nach dem Abendessen erzählte er seiner Frau, was ihm am Paß in den Bergen widerfahren, und zeigte ihr das Tüchlein. Nichts war daran besonders, ein ganz gewöhnliches Tüchlein schien das zu sein. Trotzdem, die Sache war seltsam. Mußte nicht, wenn es wirklich das Tuch eines Fuchses war, irgend etwas daran ungewöhnlich sein? Hin und her wendete der Alte das Tuch, schließlich legte er es sich auf den Kopf, aber nichts geschah.
»Was faselt Ihr denn da von einem Fuchs-Tüchlein? Werft es weg, mir gefällt es nicht. Was wollt Ihr denn damit?«, so verdarb ihm seine Frau den Spaß daran. »Ja.« – »Schnell, werft es weg!« – »Ja ...«, immer wieder antwortete der Alte seiner Frau nur: »Ja, ja.«
Er hängte sich das Tüchlein um den Hals, ohne eigentlich so recht zu wissen warum. Doch was war das? Der Alte wurde immer kleiner, war bald nicht mehr viel größer als ein Fuchs. »Ach, du, mein Mann!« – »Weib, liebes Weib!« seufzten beide auf. So schnell ging alles, sie konnten nichts, aber auch rein gar nichts machen. Der Alte wurde so klein wie eine Ameise. Er wußte nicht, was zu tun war. Doch als er sich dann besann, wurde ihm klar, daß nur das Tüchlein die Ursache sein konnte. Schnell band er das Tüchlein wieder los – gleich wurde er, so wie man einen Luftballon aufbläst, größer, genauso groß, wie er vorher gewesen war.

»Was ist das für ein seltsames Tüchlein! Ich hatte schon Angst, so klein wie eine Ameise leben zu müssen!«, und er atmete auf. Seine Frau war völlig sprachlos, den Mund weit offen, brachte sie doch kein Wort heraus. Wirklich, eine seltsame Sache.

Zu der Zeit machte man sich im ganzen Land große Sorgen. Der König des Nachbarlandes, ein böser Mensch, war gekommen, um mit dem König unseres Landes Paduk zu spielen, und unser König hatte schon dreimal gewonnen. Darüber war der König des Nachbarlandes so ärgerlich. »Heute habe ich verloren. Wir wollen einen anderen Tag verabreden, dann wollen wir ein anderes Spiel machen. Wer dann verliert, der muß ohne ein weiteres Wort sein halbes Land abtreten.«

Unser König wollte da nicht mitmachen, aber er konnte schlecht ablehnen, mußte wohl oder übel zustimmen. Später bereitete ihm das großes Kopfzerbrechen. Das Spiel, das sie verabredeten, war das – jeder der beiden Könige sollte an seinem Körper irgend etwas Kostbares verstecken, der andere mußte erraten, was das war.

Im Nachbarland gab es damals einen hervorragenden Wahrsager, der alles, auch wenn es noch so verborgen war, ganz genau vorhersagen konnte. Bei uns aber gab es so jemanden nicht – das war es, was unserem König Kopfzerbrechen machte.

Der Alte mit dem Tüchlein des Fuchses erfuhr auch von diesen Dingen. Kaum hatte er es gehört, schon lief er in den Palast und suchte den König auf. Ein weißes Tuch um den Kopf, der mußte ihm wohl weh tun, lag der König da. Der Alte machte ihm Hoffnung. »Ich will Euch zum Sieg verhelfen!« – »Wenn du mir wirklich helfen kannst, dann werde ich dir ein sehr hohes Amt übertragen.« Wie freute sich der Alte da! Er verließ den Palast, band sich sein Tüchlein um, verwandelte sich in eine Fliege und flog ins Nachbarland.

Auch dort sprachen alle Leute nur von einem – von dem Wettkampf der beiden Könige. Daß der Wahrsager dort alles so genau vorhersehen konnte, hatte seinen Grund darin, daß er in seiner Achselhöhle einen großen schwarzen Leberfleck hatte. Das fand der Alte gleich heraus, er flog ins Haus des Wahrsagers, versteckte sich in dessen Zimmer unter der Bettdecke. Der Wahrsager, der war bei einem Fest im Palast gewesen, hatte zuviel Wein getrunken. Berauscht kam er nach Hause zurück, fiel auf sein Bett und schlief gleich ein. Der Alte kam aus seinem Versteck, betrachtete sich die Achselhöhle genau, dort gab es wirklich, groß wie eine Bohne, einen schwarzen Leberfleck. Den schnitt der Alte schnell mit einem Messer heraus und machte sich davon. Schnurstracks eilte er zum Königspalast dieses Landes, ins Zimmer, wo der König schlief. Noch kleiner machte sich der Alte, klein wie eine Ameise.

Als der König sich am nächsten Morgen ankleidete, schlüpfte der Alte in die königlichen Gewänder und verbarg sich dort. Auf seiner Brust versteckte der König, wie verabredet, eine Kostbarkeit und ging zum Grenzfluß.

Die beiden Könige standen einander gegenüber. Der König mit dem bösen Herzen wollte zuerst erraten, was unser König bei sich trug. Doch der Wahrsager, der danebenstand, brachte kein Wort heraus, zitterte vor Angst. Der König unseres Landes hatte ein kleines goldenes Messer an seinem Körper versteckt, aber der andere König, der konnte es nicht erraten. Dann kam die Reihe an unseren König, er sollte raten, was der andere bei sich trug. Der Alte war schon längst aus den Gewändern des Nachbarkönigs herausgekrochen, zu unserem König geeilt. »Herr König, er hat einen kleinen Wassertropfer aus Porzellan bei sich, wie man ihn beim Pinselschreiben braucht«, stieß er keuchend hervor. So konnte unser König die Hälfte des Nachbarlandes gewinnen, und der Alte, der bekam für seine Verdienste ein hohes, ein ganz hohes Amt.

## *90. Der fleißige Junge*

In fernen, alten Tagen lebte in irgendeinem Dorf ein Junge, der war wirklich tugendhaft und fleißig. Sein Vater war schon seit langer Zeit krank ans Lager gefesselt. Seine Mutter verdingte sich als Tagelöhnerin, und der Junge, der machte Holz, um es zu verkaufen, so bekamen sie kaum genug zum Essen zusammen.

Kalt wehte der Wind an diesem Spätherbsttag. Wie schon so oft ging der Junge, das Beil in der Hand, die Kraxe auf dem Rücken, zum Holzmachen in die Berge. Heute mußte er unbedingt so viel Holz machen und verkaufen, daß er Medizin für den Vater bekommen konnte. Von diesem Gedanken war sein Herz erfüllt. So bemerkte er überhaupt nicht die Mühsal, tief hinein in die Berge ging er, wo es einen tiefen Sumpf gab. Der Junge begann, am Rand des Sumpfes einen dicken Baum umzuhacken. Nur noch einmal mußte er das Beil ansetzen, dann würde der Baum umstürzen. Kraftvoll holte er mit dem Beil aus. Doch weil die Hände naß geschwitzt waren, rutschte ihm das Beil heraus und fiel in den Sumpf.

Nur wenn er Holz machen konnte, konnte er weiterleben, für ihn war sein Beil kostbarer als das Leben selbst. Verzweifelt weinte er dort am Rande des Sumpfes. Doch – was war das? Das Wasser, das eben noch so ruhig gelegen hatte, fing an zu brodeln und – war das nicht ein alter Mann mit weißen Haaren, der das aus dem Wasser heraufkam? Der Junge erschrak.

Der Alte, ganz aus dem Wasser aufgetaucht, fragte: »He, Kind, warum weinst du denn so?« Der Junge erzählte, daß er sein Beil verloren hatte. Darauf sprach der seltsame Alte: »Weine nicht mehr, ich will dein Beil suchen!« und verschwand tief im Wasser. Eine Weile blieb die Oberfläche ruhig. Seltsam war diese Sache, der Junge stand da mit weit aufgerissenen Augen. Da begann das Wasser wieder zu brodeln, der Alte von eben tauchte wieder auf. Er kam heraus und hatte in seiner Hand ein blinkendes Beil, aus Gold gemacht. »He! Ist das hier dein Beil?« – »Nein, nein. Mein Beil, das war kein so kostbares Beil«, sagte der Junge. Der Alte verschwand wieder in das Wasser, und als er diesmal wieder auftauchte, hatte er ein Beil aus Silber in der Hand. »Ja, dann ist das hier dein Beil?« – »Nein, nein. Mein Beil, das war aus Eisen«, antwortete der Junge. Ein weiteres Mal tauchte der Alte tief hinab – und diesmal brachte er doch wirklich das Beil des Jungen: »He! Also ist das hier dein Beil?« – »Ja, das ist meins«. Als der Junge sein Beil von dem Alten entgegengenommen hatte, war er richtig froh.

Als der Alte das mitansah, da wußte er, der Junge hat ein rechtschaffenes Herz, und er gab ihm das goldene und auch das silberne Beil als Geschenk. Zehnmal, zwanzigmal bedankte sich der Junge bei dem Alten, mit all' dem Holz, das er gemacht hatte, kehrte er nach Hause zurück. Der Junge verkaufte das goldene und das silberne Beil, konnte nun die Krankheit des Vaters heilen. Auch späterhin war der Junge überaus aufrichtig, hat fleißig gearbeitet und glücklich gelebt.

## *91. Der Drei-Jahre-Paß*

In alten Tagen, da gab es irgendwo einen Gebirgspaß, der nicht allzu hoch war, und der hieß Drei-Jahre-Paß. Über diesen Paß ist von früher her bekannt, daß ein jeder, der auf dem Drei-Jahre-Paß einmal hinfällt, ganz bestimmt nicht mehr als drei Jahre zu leben hat und dann stirbt. Die Leute glaubten daran, und jedermann war, wenn er diesen Paß überquerte, äußerst vorsichtig, um nur ja nicht hinzufallen. Es war an einem schwülen Sommertag. Ein Großvater, der auf dem Weg zurück vom Markt war, überquerte mit dem, was er eingekauft hatte, diesen Paß. ›Die Sonne ist schon über dem Gebirgskamm im Westen angelangt. Ich muß über den Paß kommen, bevor die Dunkelheit anbricht. Zu Hause werden Chadori und Okpuni schon auf mich warten‹, dachte er bei sich und ging seines Weges. Doch dann, oh weh, machte er einen falschen Schritt, stolperte über einen Stein – und fiel hin. ›Aigu, was mach ich nur, jetzt hab' ich nicht mehr länger als drei Jahre zu leben.‹ Er sorgte sich, der Großvater, bis er zu Hause war. Kaum angekommen, rief er seine Frau, den Sohn, die Tochter zusammen. »Ach, Frau, ach, Kinder! Ich muß bald sterben. Als ich eben über den Drei-Jahre-Paß gekommen bin, bin ich gestürzt. Aigu!« schluchzte er. Von diesem Tag an aß der Großvater keinen Reis mehr, er blieb auf seinem Schlafplatz liegen und kränkelte. Man brachte ihn zum Kräuterarzt, doch obwohl er Medizin einnahm, die Krankheit des Großvaters wurde allmählich schlimmer. Die ganze Familie war von Kummer und Sorge erfüllt.

Bald verbreitete sich die Nachricht im ganzen Dorf. Doch – im Dorf wohnte ein besonders kluges Kind, das hieß Ttolttori. Das hörte davon, daß Ch'adols Großvater auf dem Drei-Jahre-Paß gefallen und seitdem krank war, und es besuchte den Großvater. »Großvater, seid ihr vielleicht krank, weil ihr auf dem Drei-Jahre-Paß gefallen seid? Macht euch keine Sorgen, es gibt einen Ausweg.« – »Was soll das, ein Ausweg ...«, antwortete der Großvater und setzte sich auf. »Ja, einen Ausweg. Geht doch zum Drei-Jahre-Paß und laßt euch nochmal hinfallen!«

Als er das hörte, wurde der Großvater aber zornig! Mit seiner hölzernen Nackenstütze in der Hand erhob er sich: »Was! Was! Willst du nichtsnutziger Kerl, daß ich auf der Stelle sterbe?« stieß er hervor, wollte Ttolttori schlagen. Doch der antwortete voller Selbstbeherrschung: »Großvater! hört mir doch ein wenig zu!« und ließ den Großvater sich wieder hinsetzen. »Also, Großvater, lebt man denn nicht drei Jahre, wenn man dort einmal hinfällt? Also – wenn man zweimal hinfällt, sind das sechs Jahre, bei dreimal – neun und viermal – zwölf. Wenn man nur oft genug hinfällt, kann man dann nicht vielleicht lange leben?« – »Ah, das meinst du damit!« – er hörte sich die Erklärungen Ttolttoris an, überlegte sich, er könne es ja mal so versuchen, und schon ging es dem Großvater viel besser.

Am Tag darauf ging er den Drei-Jahre-Paß hinauf und ließ sich dort platsch hinfallen. Da ertönte hinter einem riesigen schattenspendenden Baum eine Stimme: »Recht so! Einmal fallen – drei Jahre. Zehnmal fallen – dreißig Jahre. Hundertmal – dreihundert Jahre. Weiter, weiter, fall nur, fall nur!« Diese Stimme hörte der Großvater: »Ja, ja! Laßt mich dreitausend mal sechzig Jahre leben, mindestens so alt werden wie den Chinesen Tung-fang So!« Und mit einem Lächeln auf dem Gesicht fiel er nieder auf die Knie. Ein paar hundert Mal wohl ließ er sich fallen, überschlug sich, ließ sich fallen – bis er unten am Berg anlangte. Erst dort stand er auf, klopfte den Staub aus den Kleidern. »He, jetzt ist meine Krankheit geheilt, ich kann lange leben, lange leben.« Der Großvater freute sich, mit weiten Schritten schritt er dahin, kehrte nach Hause zurück. Die Stimme, die aus dem, wie er meinte, Langlebens-Baum ertönt war, das war die Stimme von Ttolttori gewesen, der schon vor dem Großvater zum Paß hinaufgestiegen war und jedesmal, wenn der Großvater sich fallen ließ, gerufen hatte.

## 92. *Eine wundersame Quelle*

In alten Tagen lebten irgendwo ein aufrechter, fleißiger alter Mann und seine ebenso aufrechte, fleißige Frau. Tagtäglich gingen sie aufs Feld, taten ihre Arbeit. Von Zeit zu Zeit gingen sie in die Berge, um Holz zu machen. Doch – der Alte und seine Frau, die hatten weder Sohn noch Tochter, und so verstrichen ihre Tage voller Sorgen.

Eines Tages geschah etwas. Der Alte hatte seine Kraxe auf

dem Rücken, war tief in den Bergen unterwegs, um Holz zu holen. Da erklang plötzlich irgendwoher das Zwitschern eines Vogels. Der Alte ließ sein Werkzeug fallen, wandte sich in die Richtung, aus der das Vogelgezwitscher kam. Und da war ein seltsamer blauer Vogel, der auf einem Ast saß und sein Liedchen sang. Der Vogel, der beäugte auch den Alten, dann flog er auf, tiefer in den Wald hinein, ließ sich wieder auf einem Baum nieder und sang. Der Alte, vom Gesang ergriffen, folgte. Doch kaum hatte der Vogel den Alten bemerkt, flog er auf, tiefer in den Wald, setzte sich, sang – so trieb er es, bis sie zu einem riesigen Felsen kamen – und da war der blaue Vogel spurlos verschwunden.

Der Alte stand da, völlig verwirrt, spitzte die Ohren. Aber – kein Vogelgezwitscher mehr, dafür aber irgendwoher plätscherndes Wasser. Gerade da vermeinte der Alte, Durst zu spüren, er suchte, woher denn das Geräusch des Wassers kam. Und da entsprang doch, klar wie Bergkristall, aus einer Spalte des Felsens Quellwasser! Der Alte ging in die Knie, beugte sich vor und trank in tiefen Zügen von dem Wasser. Doch – was war das? Seltsam: wie im ganzen Körper das Blut kreiste, strömte neue Kraft in Arme und Beine, der Rücken dehnte sich, wurde gerade.

›Das, was ist denn das? Seltsame Sachen gibts!‹ dachte sich der Alte und wollte sich über den Bart streichen. Aber – die weißen Barthaare, sie fielen aus! ›Hm, in diesen Bergen soll es ja eine wundersame Quelle geben, das wird sie wohl sein!‹ freute sich der Alte, noch einmal beugte er sich hinunter, trank von dem Quellwasser. Ja, und diesmal verschwanden die Runzeln im Gesicht, auf dem Handrücken, wurden wieder glatt. Der plötzlich wieder jung gewordene Alte war froh, so froh, er begann, wild umherzutanzen. Dann, als der Tag zur Neige ging, nahm er sein Bündel Holz und kehrte nach Hause zurück. Dort hatte seine Frau schon auf ihn gewartet, und weil es dunkelte, er noch nicht zurück war, entzündete sie eine Fackel, um ihm entgegenzugehen.

Nach einer Weile traf sie unterwegs einen jungen Mann, den fragte sie: »Ihr, junger Mann! Habt ihr nicht einen alten Großvater gesehen, der mit einer Last Holz auf dem Rücken hierher herunterkommt?« Der junge Mann lachte laut: »Nein, so einen hab ich nicht gesehen«, tat er ganz dumm. Ihr aber kam die Stimme des jungen Mannes irgendwie vertraut vor. Sie trat näher, betrachtete ihn im Fackelschein. Da lachte der junge Mann wieder los, und jetzt entdeckte sie in ihm – ihren Ehemann. Zusammen liefen sie den Weg zu der wundersamen Quelle zurück, sie trank auch von dem Wasser – und als junges Ehepaar kehrten sie nach Hause zurück.

In der Nachbarschaft, da lebte ein selbstsüchtiger Herr, der hieß Ch'oe Ch'ómji. Als der erzählen hörte, daß die beiden Alten in junge Menschen verwandelt worden seien, dachte er sich, er könne doch wohl auch von dem Quellwasser trinken und wieder jung werden. Am nächsten Morgen holte Ch'oe seinen neuen Mantel heraus, zog ihn an, setzte den Roßhaar-Zylinder auf und begann, die Quelle zu suchen. Tief in den Bergen kam auch er zu dem riesigen Felsen, und wirklich, darunter floß kristallklares Quellwasser heraus. Ch'oe freute sich, er ging in die Knie, eine ganze Zeitlang trank er das Wasser in sich hinein – und wurde in einen jungen Mann verwandelt. Noch einmal trank er – diesmal wurde aus ihm ein Knabe. Der selbstsüchtige Ch'oe war glücklich: ›Ja, das ist gut, wirklich gut. Wie es nun mal ist – das Wasser schmeckt auch noch gut, ich will weitertrinken ...‹ und wieder schluckte und schluckte er. Und er begann zu schrumpfen, unheimlich – ein ganz kleines Kindlein wurde aus ihm. Ja, was sollte nun geschehen?

Ch'oe konnte nicht mehr nach Hause zurück, in dem Mantel war er wie begraben, von dem riesigen Zylinder wurde er zu Boden gedrückt, verzweifelt rang er Arme und Hände, konnte nur laut heulen.

Als der Tag sich neigte und Ch'oe nicht zurückgekommen

war, machte sich unser jung gewordener Alter Sorgen: ›Ist der vielleicht vom Tiger gefressen worden?‹ dachte er und lief rasch zur Quelle hinauf. Aber Ch'oe schien spurlos verschwunden, nur der Mantel, sein Hut waren an der Quelle zurückgeblieben. Seltsam, dachte er, hob den Zylinder hoch – und da lag ein winziges Kind darunter, war eingeschlafen, schnaufte laut durch die Nase. Das Kind war wohl, als es keine Kraft mehr hatte zum Schreien, eingeschlafen. ›Der Ch'oe Ch'ómji wird wohl seine Selbstsucht übertrieben haben. Er hat sicher zu viel getrunken und ist zu diesem kleinen Kerl geworden‹, dachte der Alte sich, er packte Ch'oe in den Mantel und nahm ihn auf dem Arm mit nach Hause. Und weil das jung gewordene Paar noch kein Kind hatte, sich deshalb immer Sorgen machte, nahmen sie dieses kleine Kind auf und zogen es groß.

Und aus dem selbstsüchtigen Ch'oe Ch'ómji wurde dank der Erziehung der aufrechten, fleißigen Leute ein überaus fleißiger, aufrechter Mann.

## *93. Gut lügen, gut erzählen*

In alten Tagen lebte in einem Bezirk ein Yangban, der alte Geschichten mochte. Er hatte eine süße Tochter im rechten Alter, so daß tagtäglich Heiratsvermittler bei ihm ein und aus gingen. Dieser Yangban war aber mit keinem Kandidaten zufrieden, eines Tages schrieb er diese Bekanntmachung und heftete sie ans Hoftor: »In dem und dem Monat, an dem und dem Tag will ich denjenigen als Schwiegersohn annehmen, der drei Lügengeschichten gut erzählt.« Alle jungen Männer, die das gelesen hatten, tuschelten miteinander, warteten darauf, daß der Tag kam. Kaum war der festgesetzte Tag angebrochen, versammelte sich eine ganze Anzahl junger Männer aus allen Himmelsrichtungen. Die

Anhörung konnte beginnen. Alle dachten sich: ›Wenn's nichts wird, verlier ich doch auch nichts. Wenn ich eine Lügengeschichte gut erzähle – kann ich dann nicht vielleicht ein hübsches Mädchen freien?‹ und alle waren guter Dinge. Doch dem Yangban, der sich ihre tatsächlich erfundenen Geschichten anhörte, kamen sie alle vor wie wahre Geschichten. Also mußten die jungen Leute, anstatt ein Mädchen nach Hause zu führen, Hiebe einstecken, kaum daß sie den Yangban gesehen hatten.

Im gleichen Bezirk, in dem der Yangban lebte, da gab es in einem hundert Meilen entfernten Bergdorf, das Tigertal hieß, einen jungen Mann namens Pak Tori. Er wohnte mit seiner Mutter zusammen, die war verwitwet, durch das Brennen von Holzkohle kamen sie gerade so über den Tag. Das Gerücht, ein Yangban im Bezirk würde dem, der drei Lügengeschichten gut erzählen konnte, seine Tochter zur Frau geben, dieses Gerücht war bis hierher ans Ohr des Pak Tori gedrungen. Er ging zu seiner Mutter und sagte: »Du, alle gehen hin, um Lügengeschichten zu erzählen, auch ich will mich aufmachen. Wenn's gut geht, kann ich dann nicht heiraten?« bat er sie um Erlaubnis. Der Mutter blieb nichts anderes übrig, sie gab ihre Zustimmung.

Am nächsten Morgen ließ sich Pak Tori sein Mittagessen einpacken und machte sich auf, dorthin, wo der Yangban lebte. Nach einiger Zeit kam er an dessen Haus an, Pak Tori ging ins Zimmer hinein, sank auf die Knie, warf sich ehrerbietig zu Boden, begrüßte den Yangban in aller Form. »Ich bin der Pak Tori aus dem Tigertal. Um euch, ehrwürdiger Herr, Lügengeschichten zu erzählen, bin ich hergekommen.« – »Hm, so? Dann fang gleich an zu erzählen!« Pak Tori richtete sich auf und begann zu reden. »In unserem Tigertal, wo ich lebe, wenn es dort Winter wird, fällt mehr als mannshoch der Schnee. Die Berge, die Felder, die Häuser, alles wird vom Schnee begraben. Die Vögel müssen dann hungern, wissen nicht mehr ein noch aus. Das ist die Zeit, in der wir die Vögel fangen. Das Vogelfangen ist ganz einfach. Man bleibt still zu Hause sitzen, legt ein Reiskorn auf die Hand und streckt sie einfach aus dem Fenster. Viele tausend, viele hundert Vögel kommen auf die Hand geflogen. Kraniche kommen geflogen, Fasane kommen geflogen, Wasserenten kommen und Meisen, Kernbeißer, Spatzen. Einer, drei, fünf! Zehn Vögel, zwanzig, hundert, tausend ... So fangen wir die fliegenden Tiere, wir fangen sie ein, und können so den Winter über und auch noch im Sommer Fleisch essen, so leben wir.«

»Ach, du Kerl, du lügst doch!«, der Yangban wurde zornig, schimpfte. »Ja, also, die erste Geschichte scheint in Ordnung zu sein, wollt ihr das damit sagen? Ja, dann will ich die zweite zum Besten geben«, sagte Pak Tori und fuhr fort: »Hoher Herr! In unserem Tigertal ist jedes Jahr ein gutes Erntejahr. Wißt ihr, wie wir die Feldarbeit verrichten? So machen wir das: Im Frühling gehen wir auf die Felder. Wir bewässern sie, streuen den Samen aus. Und, ohne jemals Unkraut zu jäten, sitzen wir die ganze Zeit danach müßig herum. Denn Unkraut wächst gar keins.« – »Das, wie geht denn das?« – »Ha, das ist ganz einfach. Im Frühjahr, wenn der Reis gesät wird, flechten wir große Matten aus Weidenzweigen, die breiten wir über den Feldern aus. Die Reispflanzen wachsen ja zuerst, sie wachsen durch die Zwischenräume der Matten. Wo soll da noch Unkraut aufkommen? Es wird nach unten gedrückt, verwelkt, geht ein. Und – bei uns gibt es auch kein Dreschen. Es ist lange her, daß ich zuletzt einen Dreschflegel gesehen habe.« – »Wenn ihr nicht drescht, also, wie macht ihr denn das?« – »Das machen wir so: Wenn es Herbst wird und die Reispflanzen gelb und reif geworden sind, gehen wir auf die Felder, nehmen die Weidenmatten an den vier Enden und ziehen sie, zack, nach oben. Die Halme der Reispflanzen, die werden in den Zwischenräumen abgerissen, und oben auf der Matte bleiben nur die goldenen Reiskörner zurück. Die brauchen wir nur noch zusammenzu-

kratzen, in Säcke zu füllen. Damit ist die Feldarbeit eines Jahres getan.«
Der Yangban konnte nicht weiter zuhören, er gab sich geschlagen: »Du Kerl, auch zum Lügen muß man nur klug sein!« geriet er außer sich. »Ja, das tut mir leid, wollt ihr damit nicht sagen, daß auch die zweite Geschichte bestanden hat?« – »Ja, ja. In Ordnung.« Der Yangban konnte nicht anders, konnte nur zustimmen. »Dann will ich euch die letzte Geschichte erzählen.« Pak Tori zog aus dem Gürtel ein Taschentuch, breitete es auseinander. Es kam ein mit dem Pinsel eng beschriebenes Blatt Papier heraus, das er mit beiden Händen unterwürfig dem Yangban reichte. »Das ist ein Dokument, das mir mein Vater übergeben hat, als er starb. Das Dokument ist ziemlich alt, es ist die Bestätigung, daß euer verehrter Großvater von meinem Großvater 300 Liang Geld geliehen bekommen hat. Also – von den Zinsen wollen wir nicht reden, aber gebt mir doch bitte gleich den Betrag zurück, um den es geht«, sprach er mit ganz unschuldiger Miene. Als er das hörte, erschrak der Yangban sehr, ihm wurde schwindelig. Er wußte einfach nicht, was für eine Antwort nun die richtige war. Wenn er das Dokument für echt erklärte, hätte er ja die 300 Liang Geld herausrücken müssen. Und wenn er sagte, alles sei gelogen, mußte er seine Tochter dem Köhlerjungen überlassen. Der Yangban schloß eine Weile die Augen, kam schließlich zu einem Entschluß: »Das, das, das ... ist gelogen!« antwortete er.
Pak Tori, der hatte schon erwartet, daß diese Antwort herauskommen würde. Auf diese Weise konnte der listige junge Mann die Tochter des geizigen Yangban als Frau nach Hause führen und sie haben lange, lange glücklich zusammen gelebt.

## *94. Von dem Alten, der Geschichten so gern hatte*

In alten Tagen, da hatte ein Alter Geschichten, ganz gleich welche, so gern, daß er sich immer Geschichten erzählen ließ, und jedesmal, wenn er eine Geschichte gehört hatte, steckte er sie in einen kleinen Topf.

Eines Tages stand sein Diener im Innenhof, als irgendwoher eine Stimme zu hören war, und als er ihr sein Ohr lieh, da war es doch so, daß diese Stimme aus einem Topf heraustönte: »Morgen früh wird der Sohn dieses Hauses heiraten, und da wollen wir uns rächen. Uns so einzusperren! Du verwandelst dich in eine Erdbeere, und ich will mich in eine Melone auf dem klaren Wasser verwandeln.«

Am nächsten Morgen, als ein anderer Diener den Esel mit dem Bräutigam führte und gerade weggehen wollte, bestand der Diener, der das so flüstern gehört hatte, darauf, selbst mitzugehen, und so kam es dazu, daß er ging. Sie waren noch nicht weit gekommen, als da tatsächlich eine Erdbeere, groß wie eine Faust, auftauchte. Der Bräutigam verlangte danach und bettelte, der Diener solle sie pflücken, doch er lehnte das glattweg ab. »Das geht nicht!«

Als sie wieder ein Stück weitergegangen waren, da schwamm eine kleine Melone oben auf dem klaren Wasser. Der Bräutigam war ziemlich durstig geworden, und so verlangte er nach Wasser, doch der Diener holte ihm keines, zog nur einfach den Esel weiter. Als der Diener wieder nach Hause zurückgekehrt war, erzählte er dem Alten, was geschehen war, und da erschrak der Alte, machte den Topf auf. »Die sind da drin wie zuvor, was erzählst du denn da?« – so hat er ihn noch ausgeschimpft.

## Zur Neuausgabe

Der seit langen Jahren vergriffene Band wird nun, erweitert um einige Texte aus dem in der Erstauflage unterrepräsentierten, weil unzugänglichen, nördlichen Landesteil, neu vorgelegt. Nachwort und Anmerkungsteil wurden ergänzt und aktualisiert, und als Umschlagmotiv wurde die Stilisierung einer koreanischen Herrscherkrone gewählt. Möge der Band auch in seiner jetzigen Gestalt Korea und den Koreanern neue Freunde gewinnen.

Berlin, Ostasiatisches Seminar der Freien Universität
Am Neujahrstag des Drachenjahres 1988

*Hans-Jürgen Zaborowski*

# NACHWORT

»Müßig lauft ihr da hinein. Rundherum seht ihr euch um. Da, ein Auge, das zu uns guckt!« – als Geschichte in einer Geschichte wird dies am Anfang unserer Sammlung koreanischer Märchen erzählt (Nr. 1). Eine Geschichte, die etwas bewirkt, die einen Dieb vertreibt und für alle Zeiten andere Diebe fernhält. Wort, das wirkt, magisches Wort – das ist ein altes Thema in der koreanischen Literatur.

Schon in einem ihrer ältesten Texte findet die magische Wirkung des Wortes dichterischen Ausdruck – im Lied des Ch'óyong aus dem Jahr 879 n. Chr. Ch'óyong, Sohn des Drachenkönigs aus dem Ostmeer, lebte am Hofe des Königs Hóngang (Regierungszeit 875–886 n. Chr.), verheiratet mit einer hübschen Hofdame. Eines Nachts kam er von einem Trinkgelage spät nach Hause zurück und fand dort, in seinem Bett, vier Beine. Der Pockengeist hatte sich in einen Mann verwandelt und Ch'óyongs Frau Gewalt angetan. Wie sollte er den Geist vertreiben? Kämpfen? Nein – er improvisierte ein Lied, tanzte dazu und verjagte so den Pockengeist, der noch dazu gelobte, nie mehr zurückzukommen. Andere hörten davon, hefteten ein Bild des Ch'óyong an ihr Haustor, um den Pockengeist und alle anderen bösen Geister fernzuhalten (zur Vertreibung des Pockengeistes vgl. auch Nr. 63). Das Lied des Ch'óyong ist später Teil des Hofzeremoniells geworden. Jeweils am Neujahrstag ist es von einem Tänzer in der Maske des Ch'óyong am Königshof vorgetragen worden, um im neuen Jahr das ganze Land vor bösen Geistern zu beschützen.

Dieser Bericht geht zurück auf eine Volksüberlieferung, die im Samguk yusa, den »Überlieferungen der Drei Reiche« – einem 1279 von dem buddhistischen Mönch Iryón zusammengestellten Geschichtswerk – in chinesischer Sprache aufgezeichnet ist. Es enthält eine Fülle von volkskundlich interessantem Material, ist die älteste und wichtigste Quelle für im koreanischen Volk überlieferte Mythen, Sagen und Märchen.

Gleichzeitig sind die »Überlieferungen der Drei Reiche« ein historisches Quellenwerk, dem älteren, von einer Gelehrtenkommission unter der Leitung Kim Pusiks kompilierten und 1145 fertiggestellten Samguk sagi »Historische Aufzeichnungen der Drei Reiche« gleichwertig, in manchen Punkten überlegen. Beide Werke berichten über die Geschichte Koreas etwa des ersten nachchristlichen Jahrtausends, beide Werke stützten sich auf zum großen Teil heute verlorene Quellen aus Korea und auch aus China.

Das erste nachchristliche Jahrtausend, das ist in etwa die Zeit der drei Teilstaaten auf der koreanischen Halbinsel: Kogoryó im Norden, weit in die heutige Mandschurei reichend, der Tradition nach 32 v. Chr. gegründet; Silla im Südosten, 57 v. Chr. gegründet, und Paekche im Südwesten, 18 v. Chr. begründet. Zwischen Silla und Paekche lag das kleine Kaya, ein Stammverband mit kulturellen Eigentümlichkeiten. Hervorgegangen sind diese Staaten aus Stammesfürstentümern, deren ethnische Herkunft noch nicht gesichert ist.

Eine Besiedlung der koreanischen Halbinsel ist durch Funde aus der Altsteinzeit für die Zeit etwa seit 30000 Jahren nachgewiesen. Diese Funde, sowie solche aus der Mittelsteinzeit, sind jedoch spärlich. Für die Jungsteinzeit dagegen, die in Korea etwa im 4. vorchristlichen Jahrtausend einsetzt, gibt es eine Vielzahl von Funden, bei denen sich besonders in der Keramik zwei verschiedene Kulturen unterscheiden lassen. Kamm-Keramik, oft mit Steinmessern und -schabern und Stein- oder Knochenharpunenspitzen vorkommend, wurden vor allem an der Küste und entlang der Flußläufe gefunden. Die Wirtschaft der Träger dieser Kultur war wohl weitgehend vom Fischfang bestimmt, aber seltene und dann geringe Reste von Getreide lassen auf Anfänge des Ackerbaus schließen. Die Kamm-Keramik hat Entsprechungen in Sibirien und der Mandschurei.

Ausgeprägter war der Ackerbau bei den Bewohnern des Inlandes, die Glatt-Keramik herstellten. Hier sind auch Ackerbauwerkzeuge anzutreffen, deren Formen neolithischen Steinmessern aus Nordchina ähneln, Anzeichen für eine frühe Ausbreitung chinesischer Kulturelemente auf die koreanische Halbinsel. Interessant ist das Auftreten von Dolmen und Steinkistengräbern, die sonst in Europa, Südostasien und der Mandschurei vorkommen. Der Dolmentyp des südlichen Teils Koreas und die Glattkeramik sind von dort nach Japan weitergegeben worden und haben Anstoß gegeben zur Entwicklung der japanischen Yayoi-Kultur (ca. 300 v.Chr. bis 300 n.Chr.). Spätere Einwanderer nach Korea brachten die Technik der Bronze-Herstellung mit, erhaltene Gegenstände aus dieser Metallegierung weisen skytische Einflüsse auf.

Die Religion der ältesten Zeit ist sicher der Schamanismus gewesen. Der Name des sagenhaften Gründers Koreas, Tan'gun, ist der eines Schamanen-Königs. Tan'gun ist, nach dem in den »Überlieferungen der Drei Reiche« aufgezeichneten Gründungsmythos, Sohn eines vom Himmel auf die Erde herabgestiegenen Wesens und einer in menschliche Gestalt verwandelten Bärin (dazu vgl. Nr. 50). Sowohl die Rolle des Bären im koreanischen Mythos als auch der Schamanismus sind Indizien für den Zusammenhang der Bewohner Koreas mit sibirischen und zentralasiatischen Völkerschaften, wo, wie auch in Korea, bis in die Neuzeit, ja Gegenwart hinein, der Schamane oder die Schamanin Mittler ist zwischen Mensch und der Geister- und Götterwelt. Glaube an eine Vielzahl von Geistern, Weiterleben der Seele nach dem Tode, oft in anderer als menschlicher Gestalt, gehören hierher, eine Anzahl von Texten der vorliegenden Sammlung legen davon Zeugnis ab (Nr. 2, 19, 27, 54, 55, 62, 63). Einige in den »Überlieferungen der Drei Reiche« aufgezeichnete Mythen weisen auch der Sonne eine verehrungswürdige Rolle zu.

Verbindungen zwischen archäologischen Funden und schriftlicher Überlieferung lassen sich erst für die Zeit des zweiten vorschristlichen Jahrhunderts knüpfen. Um diese Zeit flüchteten Tausende von Chinesen vor der repressiven Herrschaft des Ch'in-Kaisers Shih-huang-ti (reg. 221–210 v. Chr.) in den Nordteil Koreas. Einer dieser Flüchtlinge, Wei-man (kor. Wiman), gründete 194 v. Chr. in der Gegend des heutigen P'yóngyang ein Staatsgebilde Ch'ao-hsien (kor. Chosón), dessen Bevölkerung teils aus autochthonen Völkerstämmen dieses Gebiets, teils aus Chinesen bestand. Die Technik der Eisengewinnung wurde zum ersten Mal in Korea bekannt, gleichzeitig etwa der Reisanbau. Nur knapp hundert Jahre konnte sich der kleine Staat entwickeln, dann unterlag er der expansiven Politik des mächtigen chinesischen Han-Reiches, das 108 v. Chr. Teile des nördlichen Korea und der Mandschurei besetzte und dort vier Präfekturen gründete. Viele Bewohner Wiman Chosóns flüchteten in den Süden, manche bis nach Japan.

In den vier chinesischen Präfekturen, wichtigste war die mit Lolang (kor. Nangnang) als Verwaltungssitz, entfaltete sich eine prächtige chinesische Kolonialkultur, unter der eine eigenständige koreanische Kulturentwicklung unmöglich war. Gleichzeitig gingen jedoch von diesem Zentrum Anstöße zur politischen und kulturellen Entwicklung der nicht von den Chinesen besetzten Teilen des Landes aus – im Norden entstand Koguryó mit einer weitgehend tungusischen Bevölkerung, im Süden bildeten sich aus Stammesverbänden Paekche und Silla, zwischen beiden das kleine Kaya.

Das chinesisch beherrschte Gebiet wurde mehr und mehr eingeengt, bis es 313 n. Chr. Koguryó gelang, die chinesische

Besatzungsherrschaft zu beseitigen. Die drei Staaten auf der koreanischen Halbinsel konsolidierten sich, übernahmen Elemente der chinesischen Kultur. Von besonderer Bedeutung war die Übernahme der chinesischen Schrift und Sprache als Bildungs- und Verwaltungssprache. Die klassischen Texte des chinesischen Konfuzianismus wurden studiert, der Buddhismus zuerst in Koguryŏ, dann in Paekche, zuletzt in dem durch Berge isolierten Silla eingeführt.

Zuerst nur Religion höfischer Kreise, überlagerte der Buddhismus langsam, im Verlauf mehrerer Jahrhunderte, den im Volk verwurzelten Schamanismus, konnte ihn aber nicht verdrängen. In den Märchen treten zwar hin und wieder buddhistische Mönche auf, manche Märchen zeigen Anklänge an die buddhistische Lehre (Nr. 2, 4, 15, 24, 25, 34, 37, 55, 76), überall ist aber zu erkennen, daß der Buddhismus Kompromisse mit der Volksreligion schließen mußte (besonders in Nr. 72). Rein buddhistische Märchen sind selten (Nr. 56).

Auch der Taoismus wurde in dieser Zeit in Korea bekannt, selbst aus schamanistischem Erbe entstanden, beeinflußte er den koreanischen Schamanismus und wurde in diesen integriert. Vom Taoismus und seinem Weltbild sprechen ebenfalls einige Märchen (Nr. 14, 39, 47, 57).

Zum mächtigsten der Drei Reiche entwickelte sich Silla, dem es im 7. Jahrhundert gelang, zum erstenmal die gesamte koreanische Halbinsel zu vereinigen. Das Vereinigte Silla-Reich, auch Groß-Silla genannt (661–935) wurde zu einer der glanzvollsten Perioden der koreanischen Geschichte. Rege Kontakte zum T'ang-Reich in China bewirkten eine immer stärkere Beeinflussung durch die chinesische Hochkultur. Koreaner studierten in China, bestanden dort die höchsten Staatsprüfungen, erwarben sich sogar Ruhm durch ihre in chinesischer Sprache geschriebenen literarischen Werke. Trotzdem blieb das Bewußtsein der Eigenständigkeit; gerade in dieser Zeit wurden die ersten Versuche unternommen, die eigene Sprache aufzuzeichnen. Dabei verwendete man chinesische Wortzeichen ihrem Lautwert nach zur Schreibung der anders strukturierten koreanischen Sprache. Die Hauptstadt Sillas, Kyóngju, war nach dem Vorbild der T'ang-Hauptstadt Ch'ang-an erbaut worden. Der Buddhismus kam zu hoher Blüte, Tempelgründungen in allen Teilen des Landes zeugen davon. Das Verwaltungssystem wurde ebenfalls nach chinesischem Vorbild reformiert. Die Konzentrierung der Macht auf die Hauptstadt führte dazu, daß die Vornehmen dort reicher und reicher wurden; die Sucht nach Vergnügen, nach immer mehr Reichtum führte zur Dekadenz. Machtkämpfe innerhalb der herrschenden Familien ermutigten Aufstände in verschiedenen Teilen des Landes. Das letzte Jahrhundert der Silla-Zeit war eine Periode des Niedergangs.

Schließlich übergab der letzte Silla-König die Macht an den mächtigsten der vielen Rebellen, der seinen Hauptstützpunkt in Kaesóng hatte – das Silla-Reich wurde Vergangenheit. Eine neue Dynastie, Koryó mit der Hauptstadt in Kaesóng, 918 gegründet, regierte von 935 an die ganze Halbinsel. Der Name dieser Dynastie ist es, von dem sich die europäische Bezeichnung Korea herleitet.

Während der Koryó-Dynastie (918–1392) war der Buddhismus Staatsreligion, oft sogar Mittel der Politik. So hat das Königshaus zweimal versucht, durch besondere Verdienste um die buddhistische Religion Schutz für das Land vor fremden Invasionen zu erflehen. Zweimal wurde der gesamte Kanon der buddhistischen Schriften in chinesischer Sprache zusammengefaßt und in Holzdruckplatten geschnitten – zuerst, um das Land vor den Khitan zu schützen. Diese Druckplatten sind während des Eindringens der Mongolen in Korea im Jahre 1232 verbrannt worden. In den Jahren 1237 bis 1251 wurden noch einmal Druckstöcke des gesamten Kanon geschnitzt, diesmal, um den Beistand Buddhas bei der Vertreibung der Mongolen zu erwirken.

Die Mongolen hatten die gesamte Halbinsel besetzt und wollten von Korea aus Japan erobern. Der König war mit seinem Hofstaat auf die Insel Kanghwa vor der koreanischen Westküste geflohen, dort wurden auch die Arbeiten an der neuen Druckausgabe unternommen und beendet. Die 81 137 Druckplatten wurden später zum Tempel Haein-sa in der Nähe von Taegu gebracht, wo sie noch heute vollständig aufbewahrt sind.

Ebenfalls während der Koryó-Zeit wurden in Korea die ersten Drucke mit beweglichen Drucktypen angefertigt, lange Zeit bevor in Europa Gutenberg den Druck mit beweglichen Lettern erfand. In der Kunst der Koryó-Dynastie erreichte die Herstellung von Porzellan eine seltene Blüte, die Koryó-Seladone waren bei Zeitgenossen in ganz Ostasien berühmt, heute sind sie seltene und gesuchte Raritäten auf dem Kunst- und Antiquitätenmarkt.

Durch Aufstände, Rebellen war die Koryó-Dynastie begründet worden, durch Rebellion fand sie auch ihr Ende. In China hatten die Mongolen ihren Einfluß verloren, eine nationale chinesische Dynastie, die der Ming (1368–1644) war dort an die Macht gekommen. Die Beamtenschaft in Korea spaltete sich – ein Teil wollte weiterhin loyal zu den Mongolen stehen, die anderen wollten sich der Ming-Dynastie anschließen. Als dann der Koryó-König den Befehl zu einer militärischen Intervention zugunsten der Mongolen gab, verweigerte einer der profiliertesten Generale, Yi Sónggye, der sich in Kämpfen sowohl gegen die vielen japanischen Seeräuber als auch gegen nomadische Völkerschaften in der Mandschurei ausgezeichnet hatte, den Befehl. Er marschierte mit seinen Truppen in die Hauptstadt Kaesóng und entthronte den König. Vier Jahre später proklamierte er dann eine neue Dynastie, die Yi-Dynastie (1392–1910), als deren erster Herrscher er den Thron bestieg. Die Hauptstadt wurde nach dem heutigen Seoul verlegt.

Der Buddhismus, fast tausend Jahre in Korea verwurzelt,

wurde nun verdrängt, Staatsdoktrin wurde der Neu-Konfuzianismus, der im China der Sung-Dynastie (960–1278) entstanden und schon in den letzten Jahren der Koryó-Dynastie von koreanischen Gelehrten fleißig studiert worden war. Bewegliche Metalldrucktypen wurden benutzt, der Buchdruck erhielt ungeahnten Auftrieb, denn die neue Lehre sollte schnell und weit verbreitet werden. Die Moralvorstellungen des Konfuzianismus führten zu einer grundlegenden Veränderung des sozialen Systems. Auch im Märchen finden die konfuzianischen Tugenden ihren Niederschlag: Loyalität des Untertanen; ergebene Liebe der Kinder zu ihren Eltern; Gehorsam des Jüngeren dem Älteren gegenüber; Treue, die von der Frau ihrem Mann gegenüber verlangt wird; Treue in der Freundschaft (Nr. 6, 13, 20, 29, 33, 42, 48, 51, 52, 62, 73, 80, 87).

Doch die Aufnahme des chinesischen Neo-Konfuzianismus bedeutete nicht Aufgabe der koreanischen Kultur – um dem Volk das Erlernen der schwierigen chinesischen Schriftzeichen zu ersparen, wurde eine eigene koreanische Schrift geschaffen. Eine Gelehrtenkommission entwickelte auf Befehl des vierten Königs Sejong (reg. 1418–1450) in mehrjähriger Arbeit eine einfache Buchstabenschrift, die einzige ihrer Art in Ostasien. Eine rege Übersetzungstätigkeit setzte ein, die konfuzianischen Klassiker und andere Werke der chinesischen Literatur wurden ins Koreanische übertragen, auch einige buddhistische Werke.

Aber gerade die Einfachheit der Schrift war es, die ihren Gebrauch einschränkte. Von den Gelehrten wurde sie verachtet, als Sklavenschrift bezeichnet, die chinesische Schrift (und Sprache) wurde bis zum Ende des 19. Jahrhunderts vorgezogen.

Die ersten zweihundert Jahre der Yi-Dynastie verliefen friedlich, ungestört konnte sich ein reiches kulturelles Leben entfalten. Dann überrollte 1592 plötzlich und unerwartet eine japanische Invasion das Land, die sieben Jahre währte und für die koreanische Kultur verheerende Folgen hatte. Die meisten alten Bauwerke wurden zerstört, Bücher verbrannt, bewegliche Kulturgüter nach Japan mitgenommen. Handwerker wurden dorthin entführt, besonders Töpfer, die von da an in Japan wirkten und dazu beigetragen haben, in dem Inselreich eine Porzellanmanufaktur zu schaffen, die bis in die Gegenwart fortdauert.

Die japanischen Invasoren, geschwächt vor allem durch die koreanische Marine, die unter Admiral Yi Sunsin die ersten gepanzerten Schiffe der Welt einsetzte, nahmen den Tod ihres Führers Hideyoshi im Jahr 1598 zum Anlaß, sich zurückzuziehen und die Kampfhandlungen einzustellen.

Schon wenige Jahre später wurde das Land erneut von fremden Eindringlingen heimgesucht, 1627 und 1636 waren es die Mandschu, die einfielen und deren Oberherrschaft der koreanische König anerkennen mußte.

Von da an schloß sich das Land gegen die Außenwelt ab, die einzigen offiziell erlaubten Kontakte nach draußen waren Gesandtschaften an den Hof der Mandschu-Kaiser in China. Bei solchen Gelegenheiten kamen koreanische Gelehrte zum erstenmal mit europäischem Gedankengut in Berührung. Die Begegnung mit christlichen Missionaren vermittelte ihnen Kenntnisse über den damaligen Stand der Naturwissenschaften in Europa, und einige Gelehrte begannen, christliche Texte in chinesischer Sprache zu studieren. Aus dem philosophischen Interesse am Christentum wurde Glaube, Gemeinden wurden gebildet, eine koreanische Kirche begann zu wachsen, ohne daß jemals Missionare koreanischen Boden betreten hatten.

Während das kulturelle Leben blühte, koreanisches Leben Thema der Literatur und der bildenden Kunst wurde (dies wohl nicht zuletzt eine Folge der Abschließung des Landes), wurde die politische Handlungsfähigkeit durch Parteienstreitigkeiten im Inneren immer mehr eingeschränkt. Zwar konnten die ersten Versuche der Amerikaner und Franzosen, 1866 in Korea zu landen, noch zurückgeschlagen werden, aber 1876 mußte Korea sich den Japanern, die das Land gewaltsam zu öffnen suchten, beugen und ihnen wesentliche Rechte zugestehen. Siege Japans im Chinesisch-Japanischen (1894 bis 1895) und im Russisch-Japanischen Krieg (1904–1905) festigten die Rolle Japans in Korea, dessen außenpolitische Vertretung es übernahm. 1910 wurde schließlich Korea vollständig annektiert und in ein japanisches Generalgouvernement verwandelt.

Brutale Militärverwaltung sollte jegliche politische Äußerung eines Koreaners unmöglich machen. Doch die Verelendung weiter Massen, der brennende Haß gegen die Fremdherrschaft führten zu aktivem Widerstand. Am 1. März 1919 kam es zu Demonstrationen in allen Teilen des Landes, bei denen eine Unabhängigkeitserklärung verlesen wurde. Zwar wurde diese Manifestation des Volkswillens niedergeschlagen, aber von da an wurden den Koreanern einige Freiheiten zugestanden: Tageszeitungen in koreanischer Sprache erschienen wieder, eine eifrige Beschäftigung mit der koreanischen Kultur setzte ein, in dieser Zeit wurden auch die ersten Sammlungen koreanischer Märchen von patriotischen jungen Koreanern aufgenommen und veröffentlicht. Literarische Zirkel aller Schattierungen entstanden, beeinflußt von den aktuellen Strömungen der europäischen Literatur.

Aber mit Beginn des Krieges gegen China 1937 wendete sich das Blatt wieder zum Schlimmen. Der Gebrauch der koreanichen Sprache in der Öffentlichkeit wurde verboten, Unterricht in Schulen aller Ebenen nur noch in Japanisch erteilt. Die Bevölkerung wurde gezwungen, die angestammten koreanischen Namen aufzugeben und japanische Namen anzunehmen. Die dunkelste Zeit japanischer Herrschaft, mit Rekrutierung von Koreanern für die japanische Armee, Verschleppung Hunderttausender von Zwangsarbeitern für die japanische Grundstoff- und Rüstungsindustrie endete mit der Niederlage Japans 1945.

Die japanische Besatzung wurde im Norden durch eine sowjetische, im Süden durch eine amerikanische ersetzt. Großmachtinteressen verhinderten eine Vereinigung der beiden Landesteile, in denen selbständige Staaten entstanden. Ein unglückseliger Bruderkrieg, der 1950 ausbrach, vertiefte diese Spaltung. Die Grenze, ursprünglich von den Großmächten willkürlich am 38. Breitengrad gezogen, folgt heute der Waffenstillstandslinie, wie sie sich bei Einstellung der Kampfhandlungen 1953 ergeben hatte.

Im nördlichen Landesteil, der Demokratischen Volksrepublik Korea, leben heute auf 122 000 km² Bodenfläche etwa 20 Millionen Menschen. Nordkorea hat eine lange gemeinsame Grenze mit China, die weitgehend von den Flüssen Yalu im Westen und Tumen im Osten gebildet wird. Beide Flüsse entspringen am Paektu-san, mit 2744 m höchsten Berg Koreas, den Koreanern und auch den Mandschu heilig. Im Nordosten hat Korea einen kleinen Grenzstreifen mit der Sowjetunion gemeinsam.

Die Republik Korea im Süden ist flächenmäßig mit 99 000 km² kleiner, hat aber mit 41 Millionen Einwohnern mehr als doppelt so viele Einwohner wie Nordkorea und gehört zu den am dichtesten besiedelten Staaten der Erde. Durch den stark ausgeprägten Gebirgscharakter des Landes wird die Bevölkerung noch stärker konzentriert.

Zwar sind die absoluten Höhen der Berge Koreas vergleichsweise niedrig, aber die Schroffheit der Hänge, die tiefen Taleinschnitte und die starke Kleinkammerung lassen es als Gebirgsland erscheinen. Große Ebenen gibt es kaum, überall engen Berge den Horizont ein. Die Küsten sind, vor allem im Westen und Süden, stark gegliedert – bei einer Nord-Süd-Erstreckung Koreas von 1100 km hat es eine Küstenlinie von mehr als 9600 km, rechnet man die ca. 3500 Inseln dazu, sogar 18 000 km!

Klimatisch liegt Korea zwischen kontinentalem und maritimem Einflußbereich. Der Norden ist kühl-gemäßigt, der

Süden subtropisch. Die Sommermonate haben Tagesdurchschnittstemperaturen von über 20 Grad (Höchsttemperaturen über 35 Grad) und eine ausgeprägte mehrwöchige Regenzeit, die 60% der Jahresniederschläge bringt. Die Winter sind kalt und trocken. Nur an der Südküste werden die Temperaturen durch warme Meeresströmungen über null Grad gehalten. Im Norden liegt vier Monate lang Schnee, in der südkoreanischen Hauptstadt Seoul ist Schnee zwar selten, aber die Temperaturen sinken auch hier bis minus 20 Grad.

Gebirgscharakter und Klima haben die Lebensweise der Menschen stark geprägt. Trotz ungünstigen Klimas ist der Reisanbau aber schon in vorgeschichtlicher Zeit eingeführt worden, noch heute ist Reis das Grundnahrungsmittel. Bis in die jüngste Vergangenheit hinein war Korea weitgehend ein Agrarland. Industrie ist während der japanischen Besatzungszeit vor allem im Norden aufgebaut worden, der bei der Teilung zwei Drittel der Kapazitäten auf seinem Territorium hatte, dazu 90% der ausgebauten Wasserkraft und fast alle Lagerstätten von Bodenschätzen. Der Süden war die Reiskammer des Landes.

Um so erstaunlicher ist die Entwicklung seit dem Koreakrieg. Im Norden hat man eine bemerkenswerte Ertragssteigerung im landwirtschaftlichen Sektor erreicht, er macht eine Selbstversorgung möglich. Der Süden dagegen hat sich, vor allem seit den 60er Jahren, von einem der ärmsten Agrarstaaten der Welt zum Industriestaat entwickelt. Ihre erstaunliche Wirtschaftsdynamik hat die Republik Korea zu einem Schwellenland werden lassen, das heute in vielen Branchen ein ernst zu nehmender – und auch wachsend ernst genommener – Mitbewerber auf dem Weltmarkt ist.

Die sichtbaren Erfolge im Süden haben den Norden zum Umdenken gezwungen. Die weithin »geschlossene Gesellschaft« Nordkoreas scheint sich allmählich für die Welt zu öffnen, zu einem Zeitpunkt, zu dem Südkorea wegen der

Olympischen Sommerspiele 1988 im Blickpunkt der Weltöffentlichkeit steht, an dem aber auch die gesellschaftlichen und politischen Entwicklungen durchaus kritisch betrachtet werden. Immerhin ist es zu Gesprächen zwischen den beiden Staaten auf der koreanischen Halbinsel gekommen, die zum weiteren Abbau der Spannungen, zu einem hoffentlich friedlichen Miteinander führen können.

Die verschiedenen Epochen der Geschichte, die geographischen Gegebenheiten haben in den im Volk überlieferten Märchen ihre Spuren hinterlassen.

Die verschiedenen Epochen der Geschichte haben in den im Volk überlieferten Märchen ihre Spuren hinterlassen. Nicht minder wichtig ist aber der Mensch, über den die Geschichtsbücher nicht berichten. An seinem Leben hat sich im Lauf vieler Jahrhunderte nur wenig geändert. So nimmt es nicht wunder, daß die wichtigsten Lebensabschnitte im Märchen auch widergespiegelt werden.

Die Geburt eines Kindes wird oft durch einen Traum der werdenden Mutter angekündigt (Nr. 2). Ist das Kind geboren, bleibt es mit seiner Mutter für hundert Tage von der Außenwelt abgeschirmt (Nr. 53), ein Brauch, der beide vor Krankheiten schützen soll. Ähnliches findet sich auch bei anderen Völkern in Nord- und Zentralasien. Die Ernährung der Wöchnerin ist wichtig, Reis und Seetangsuppe sollen ihr Kraft geben (Nr. 53).

Die wichtige Rolle, die der älteste Sohn einer Familie bei der Verehrung der Ahnen spielt, erklärt die Bevorzugung von Söhnen (Nr. 61, 75). Die Erziehung der Söhne ist von größter Wichtigkeit, sie sind es, die später ihre Eltern ernähren (Nr. 6), nach Ablegen der verschiedenen Staatsprüfungen (Nr. 37) der Familie zu Ruhm und Ansehen verhelfen.

Auch Ehen werden geschlossen, um möglichst den Reichtum zu mehren. Heiratsvermittler bieten ihre Dienste an – oder verweigern sie, weil der zukünftige Bräutigam ein armer Schlukker ist (Nr. 45). Die Hochzeit (Nr. 22, 68, 78) ist ein wichtiger

Einschnitt im Leben, ganz gleichgültig, wie alt Braut und Bräutigam sind, vom Tag der Hochzeit an gelten sie als erwachsen. Im alten Korea wurden Ehen früh geschlossen, oft war dabei die Braut um Jahre älter als der Bräutigam (Nr. 33, 87). Seit Beginn der Yi-Dynastie scheidet die Braut mit der Eheschließung aus ihrer Elternfamilie aus, sie lebt im Haus der Schwiegereltern. Wie überall in der Welt ist ihr Los nicht leicht (Nr. 54, 86). Erst wenn sie ein Kind, möglichst einen Sohn, zur Welt gebracht hat, wird das Leben für sie etwas angenehmer.

Da die Frau oft älter war als der Mann, war sie ihm in den praktischen Dingen des Lebens, des Alltags, überlegen, besonders in Märchen aus dem südlichen Teil Koreas und von der Insel Cheju findet das Ausdruck (Nr. 13, 52, 53, 75). Diese Überlegenheit macht es für sie vielleicht auch leichter, sich damit abzufinden, daß ihr Mann irgendwann einmal eine jüngere Nebenfrau nimmt (Nr. 6).

Ein prächtiges Fest wird am 60. Geburtstag gefeiert, Kinder und Enkel versammeln sich, um dem Jubilar Gesundheit und langes Leben zu wünschen. Je größer die Zahl der Gäste, um so höher ist das Ansehen der Familie (Nr. 2, 81).

Alter und Krankheit (Nr. 6, 16, 63, 73, 85) bereiten auf den Tod (Nr. 15, 16, 78) vor. Noch der Leichnam eines Menschen hat Einfluß auf das Wohlergehen seiner Familie. Ein Begräbnis mit allen vorgeschriebenen Trauerriten (Nr. 48, 51, 52) und an einem glückverheißenden Ort, den ein Geomant auswählen muß (vgl. Anmerkung zu Nr. 34, Märchen Nr. 53), sind unabdingbar. Daß eine Frau nach dem Tod ihres Mannes oder auch nur ihres Geliebten (Nr. 75) sich nicht wieder verheiratet, keusch lebt oder gar freiwillig in den Tod geht, ist eine Selbstverständlichkeit.

Die ältesten uns erhaltenen koreanischen Märchen, Sagen und Legenden sind in den »Überlieferungen der Drei Reiche« aus dem Jahr 1279 nachzulesen. Von dieser Zeit an haben sie immer wieder die Literatur, sowohl in chinesischer als auch

in koreanischer Sprache, beeinflußt. Märchenerzähler durchzogen das Land, entwickelten im Laufe der Zeit einen besonderen Stil, den man als Beginn der dramatischen Gestaltung bezeichnen könnte, das P'ansori. Der Erzähler steht, begleitet von einem Trommler, vor seinem Publikum, mit nur einem Fächer als Requisit erzählt er über Stunden seine Geschichte, schmückt die eine oder andere Episode aus, fügt Lieder im Stil der Zeit ein. Aus der vorliegenden Sammlung ist es »Das Schwalbenbein« (Nr. 80), das als Húngbu-ga »Lied von Húngbu«, auch Pak t'aryóng »Lied vom Kürbis«, eine solche Gestaltung erfahren hat und noch heute ein begeistertes Publikum findet.
Koreanische Märchen in deutscher Sprache: die bisher erschienenen Auswahlbände sind entweder nicht aus dem Koreanischen, sondern aus Übersetzungen in europäische Sprachen übersetzt, oder sie sind von Missionaren herausgegeben. Beides konnte nicht ohne Auswirkungen auf Gestaltung, Inhalt und Auswahl bleiben – wie heißt es doch in der Geschichte vom Gelehrten und dem Geomanten (Nr. 53): »Weil man sich im Haus so vornehmer Leute wegen so was schämt...« – Beispiele des Volkshumors, oft recht derbe Schwänke, sie sollten, durften in der vorliegenden Sammlung nicht fehlen.
Ein großer Teil der aufgenommenen Texte stammt aus Sammlungen der letzten Jahre. Reich vertreten ist die folkloristisch besonders interessante Insel Cheju, zwischen Korea und Japan gelegen, mit Märchen von eigenem Reiz. Die meisten Texte sind noch nie in eine Fremdsprache, viele aus Dialektfassungen übersetzt.
Bleiben Worte des Dankes: zuerst an die Sammler und Herausgeber der übersetzten Texte. Herrn Prof. Dr. Zóng In-sóp sei gedankt für seine eigenwillige, aber gerade deshalb anregende Einführung in die koreanische Märchenwelt in manchen Gesprächen. Nicht vergessen werden darf mein Freund Kim Chin, Antiquariatsbuchhändler in Seoul, ohne dessen

Hilfe gewiß viele Originaltexte und wichtige Sekundärliteratur mir unerreichbar gewesen wären. Mein DAAD-Kollege von der Seoul National University, Herr Detmar Teggemann, hat freundlicherweise einen Teil des Manuskripts durchgesehen.

Zuletzt und am meisten verpflichtet bin ich meiner Frau Young-cho, geb. Kim. Vieles, was in diesem Band übersetzt ist, war für sie Erzählgut ihrer Kinderzeit. Der Herausgeber konnte diese Geschichten neu in sich aufnehmen – sie hat sie erfahren, ist mit ihnen groß geworden. Wie unschätzbar das für die Arbeit des Übersetzens ist, wird jedermann ermessen können.

Die Sammlung schließt, wie sie begonnen hat, mit einer Geschichte über das Geschichtenerzählen, das Märchensammeln (Nr. 94). Nur – der Herausgeber ist nicht einverstanden mit dem Alten, der Geschichten in einen Topf einsperrt. Wenn aber der Leser den vorliegenden Band als eine Art Märchentopf betrachtet, so wünscht sich der Herausgeber, daß der Deckel möglichst oft aufgehoben wird, um die Geschichten herauszulassen, damit sie zu süßen Erdbeeren und saftigen Wassermelonen werden.

Gewidmet sei dieser Band in Dankbarkeit meinen Eltern im fernen Deutschland.

Seoul, Hankuk University of Foreign Studies
Im Jahr des Hasen 1975

*Hans-Jürgen Zaborowski*

# ANHANG

| | |
|---|---|
| CC | Yi Sagi, Chosón chónsóljip, Hanyang (Seoul) 1946 |
| CCH | Yi Kihyóng, Cheju-do chónsól úi haehaksóng; in: Chejudo, Nr. 32, pp. 157-162, Cheju 1967 |
| CMC | Ch'oe Sangsu, Chosón min'gan chónsóljip, Hanyang (Seoul) ³1946 |
| HCP | Ihwa yója taehakkyo Han'guk ómunhak yón'goso (Hg.), Haksul chosa pogosó – Kóch'ang, Hamyang, Ullúng-do, Haenam chibang, in: Ihwa yója taehakkyo, Han'guk munhwa yón'guwón Nonch'ong, vol. 23, pp. 511–621, Seoul 1974 |
| HCT | Yim Hóndo, Han'guk chónsól taegwan (Paekche kodo Kongju chiyók), Seoul 1973 |
| HM | Im Tonggwón, Han'guk úi mindam, Seoul ²1973 |
| HMCCPS | Munhwajae kwalliguk (Hg.), Han'guk minsok chonghap chosa pogosó<br>Bd. 1: Chólla namdo, Seoul 1969<br>Bd. 2: Chólla pukto, Seoul 1971<br>Bd. 3: Kyóngsang namdo, Seoul 1972<br>Bd. 4: Kyóngsang pukto, Seoul 1974<br>Bd. 5: Cheju-do, Seoul 1974 |
| HMS | Han Sangsu, Han'guk mindamsón, Seoul 1974 |
| HT | Kim Sangdók, Han'guk tonghwajip, Seoul ³1970 |
| JK | Takehashi Moritaka, Jinshō-kō; in: Chōsen gakuhō, Bd. 3, pp. 83–100, Tambaichi, Nara 1952 |
| KFR | Olmsted, D. L., Korean Folklore Reader (= Indiana University Publications, Uralic and Altaic Series, vol. 16), Bloomington/The Hague 1963 |
| NC | Chin Sónggi, Namguk úi chónsól, Seoul ⁴1968 |
| PKC | Ch'oe Sangsu, Puyó úi kojók kwa chónsól, Seoul 1955 |
| SC | Son Taeho, Silla chónsól, o. O. 1968 |
| UNKD | Han Ryong'ok, Uri nara kodae sólhwa, P'yóngyang 1958 |
| UNYI | Adong tosó ch'ulp'ansa p'yónjippu (Hg.), Uri nara yet iyagi, P'yóngyang 1958 |
| Y | Yu Chúngsón, Yóngnam úi chónsól, Taegu 1971 |

E Erzähler A Anmerkung
Q Quelle L Literatur

Unter E wird jeweils der Name und, soweit in den Quellen vorhanden, das Alter des Erzählers angegeben, ferner Ort und Zeit der Aufnahme des Märchens. Unter Q werden die Abkürzungen des Quellenverzeichnisses benutzt. A gibt Anmerkungen, die zum sachlichen Verständnis des Textes nötig sind. Unter L werden sowohl Varianten (v) als auch Sekundärliteratur (s) aufgeführt.

1. E Ma Chóngsuk; 8.8.1957, Songsan-li, Yanggam-myón, Hwasóng-kun, Kyónggi-do
   Q HM, p. 231, Nr. 122
2. E Ungenannter Alter, 68 Jahre; 15.8.1956, Sinam-dong 4-ku, Taegu, Kyóngsangpukto
   Q HM, pp. 270–274, Nr. 141
   L v S. u. Nr. 50
3. Q CMC, pp. 191–192
   A Insam, in Europa unter dem japanischen Namen Ginseng bekannte Pflanze, deren Wurzel in Ostasien seit Jahrtausenden Heilkraft zugesprochen wird. Wiss. Name: Panax Ginseng
4. Q HT, pp. 490–491
   A Trocken-Kam: getrocknete Frucht des Persimonen-Baumes, Diospyros kaki
   L v vgl. HM, pp. 248–249, Nr. 132
5. Q HT, pp. 454–457
6. E Kang Pyóng'a; Dezember 1955, Kosan-li, Han'gyóng-myón, Cheju-do
   Q NC, pp. 32–41
   L v HMCCPS, vol. 5, pp. 407–411
7. Q HM, pp. 269–270, Nr. 140
   L v UNYI pp. 8–11
8. Q HM, pp. 176–177, Nr. 91
9. Q CCH, pp. 158–159
   A Edler – kor. kunja, chin. chün-tzu, konfuzianisches Ideal des gebildeten, tugendhaften Mannes

10. E Pak Kilsin; 12.8.1955, Kuigok-li, Puyang-myón, Yesan-kun, Ch'ungch'óng namdo

Q HM, pp. 230–231, Nr. 121

11. E Hong Ch'aeuk; 18.8.1955, Aphaeng-myón, Muan-kun, Chólla namdo

Q HM, pp. 65–67, Nr. 26

12. E Cho Kyujing, 53; 4.8.1954, Póbwón-li, Ch'ónhyón-myón, P'aju-kun, Kyónggi-do

Q HM, pp. 274–275, Nr. 142

13. E Kim Ponghwan, 66; 6.8.1969, Muúp-ch'on, Sang-li, Chólla pukto

Q HMCCPS, vol. 2, p. 616, Nr. 4111

14. E Cho Kyujing, 53; 4.8.1954, Póbwón-li, Ch'ónhyón-myón, P'aju-kun, Kyónggi-do

Q HM, pp. 89–92, Nr. 41

L v HT, pp. 51–57; Zong In-sop, Folk Tales from Korea, Seoul 1970, pp. 7–10, Nr. 3; Kim So-un, The Story Bag, Rutland/Tokyo 1955, pp. 76–82

s Son Chint'ae, Han'guk minjok sórhwa úi yón'gu, Seoul ²1954, pp. 133–135 und 155–160, mit Parallele aus Kyushu, Japan; Rhi Bou-yong, Psychological interpretation of a Korean fairy tale: »Sister Sun and Brother Moon«; in: Korea Journal, Bd. 13, Nr. 5, Seoul 1973, pp. 4–11

15. Q CCH, pp. 159–160

A König der anderen Welt: Yómna taewang, das ist die koreanische Übersetzung des Sanskrit-Wortes Yama-mahā-rāja. Yama, der Gott der Toten des Veda, ist im Buddhismus Herr einer Teilhölle, auch Richter der Unterwelt. Vgl. Soothill, A dictionary of Chinese Buddhist terms, p. 452; W. Kirfel, Die Kosmographie der Inder, Bonn/Leipzig 1920, pp. 199, 206, bes. 201

16. Q CCH, pp. 160–162

17. Q HM, p. 61, Nr. 21

18. Q CMC, pp. 170–172

19. Q CMC, pp. 292–293

A Bambus, kor. Taenamu, der ›Tae-Baum‹

20. Q HT, pp. 242–247

L v UNYI pp. 126–133

A Maru – (Vor)raum im koreanischen Haus mit Holz als Fußbodenbelag im Gegensatz zu den eigentlichen Zimmern, die über Bodenheizung verfügen (ondol) und deren Boden mit Papier beklebt ist

L s Kang Yóngsu, Tokkabi chapko; in: Hyangt'o, Nr. 4, Seoul 1947, pp. 16–20

21. E Frau Yi, 64; Januar 1959, Naengch'ón-dong, Sódaemoon-ku, Seoul

Q HM, p. 135, Nr. 64

L s Über koreanische Tigermärchen vgl. die Untersuchung von Hwang P'aegang, Han'guk minjok sórhwa wa horangi; in: Kug'ó kungmunhak, Nr. 55–57, Seoul 1972, pp. 569 bis 581; Sóng Chisól, Han'guk kubi chónsúng úi yón'go, Seoul 1976, pp. 25–37, 214–218

22. Q HM, p. 183, Nr. 95

L v Kim So-un, The Story Bag, Tokyo/Rutland 1955, pp. 56 bis 57; Zong In-sob, FolkTales from Korea, Seoul 1970, p. 194, Nr. 92

23. Q HT, pp. 508–513

L v Zong In-sop, Folk Tales from Korea, Seoul 1970, pp. 175 bis 178, Nr. 76

24. Q CC, pp. 420–424

A Nangnim-Berg; in Nordkorea auf der Grenze von P'yóngan namdo und P'yóngan pukto gelegener Berg, 2003 m hoch

L v CMC, pp. 206–207; YC, p. 466

25. Q HT, pp. 196–198

L v Sa Tae-Hung/G. K. Mintz, Samguk yusa, Seoul 1972, pp. 215–220

26. Q HM, pp. 55–56, Nr. 18

A Kaesóng, etwa 80 km nordwestlich von Seoul, war während der Koryó-Dynastie (s. Nachwort) Hauptstadt Koreas. Suwón, 40 km südlich von Seoul, heute Provinzhauptstadt von Kyónggi-do

27. E Yi Hwasón; April 1958, Kimnyóng-li, Kujwa-myón, Cheju-do

Q NC, pp. 124–126

A Yóngdúng – Geist eines Kaufmannes von jenseits des Meeres (China?), der in der Nähe der Piyang-Insel, Hallim-úp, Cheju-do in einen Taifun geraten war und ertrank. Für ihn zu beten soll vor Seeunfällen bewahren und Getreide in Hülle und Fülle bringen. Ein Fest für ihn wurde vom 1. Tag des

2. Monats nach dem Mondkalender 15 Tage lang in Suwón, Hallim-úp gefeiert, heute ist es auf drei Tage verkürzt. Vgl. NC, pp. 62–63, auch Sól Sóng-gyóng, Legends of the Wind Spirits in Korea; in: Korea Journal, Bd. 13, Nr. 9, Seoul 1973, pp. 24–30 sowie Song Sókha, P'ungsin ko; in: Chin-Tan Hakpo, Bd. 1, Seoul 1934, pp. 160–166

L v HMCCPS, vol. 5, pp. 431–432; HT, pp. 519–529; Ostwald, Martin, Ein koreanisches Aschenbrödel; in: Die Wahrheit, vol. 7, Tokyo/Berlin 1906, pp. 153–168

s Chang Tóksun, Kodae sosól non'go: Cinderella wa Kongjwi P'atchwi; in: Kug'ó kungmunhak, Nr. 16, Seoul 1957, pp. 123–130; R. Renouf, Pigling and Her Proud Sister. An Analysis; in Korea Journal, Bd. 11, Nr. 3, Seoul 1971, pp. 33–36, 43

28. E Pak Kisang, 60; 19. 8. 1969, Okko-li, Yongdam-myón, Chinam-kun, Chólla pukto

Q HMCCPS, Bd. 2, p. 597, Nr. 1223

A Rachegeist, Wón'gwi, ist der Geist eines Verstorbenen, dem zu Lebzeiten bisher nicht gutgemachtes Unrecht widerfahren ist. Chin. Yüan-kuei, vgl. T. C. Werner, Dictionary of Chinese Mythology, Repr. New York 1969, p. 231

29. E Yi-ssi, 62; 19. 8. 1955, Póbwón-li, Ch'ónhyón-myón, P'aju-kun, Kyónggi-do

Q HM, pp. 288–289, Nr. 148

30. E Chón Sónja, 17; 20. 8. 1958, Aam-li, Haksan-myón, Yóngdong-kun, Ch'ungch'óng pukto

Q HM, p. 62, Nr. 23

31. E Yang Ch'óllok, 18; 20. 8. 1955, Taeryul-li, Taehúng-myón, Yesan-kun, Ch'ungch'óng namdo

Q HM, p. 23, Nr. 1

32. E Kim-ssi, 65; 23. 7. 1955, Ch'óngju, Ch'ungch'óng pukto

Q HM, pp. 67–69, Nr. 27

A Chiri-Berg, bildet die Grenze zwischen Chólla-do und Kyóngsang-do, 1915 m hoch

33. E Kim Kyewón; November 1959, Pyosón-li, P'yosón-myón, Cheju-do

Q NC, pp. 203–206

34. E Song Yanggyu, 41; 23. 8. 1969, Suri-burak, Tonggo-li, Kúmma-myón, Iksan-kun, Chólla pukto

Q HMCCPS, Bd. 2, p. 595, Nr. 1214

A Geomant: kor. chisa, Fachmann der ursprünglich aus China kommenden Geomantik (kor. p'ungsu, chin. feng-shui, wörtlich ›Wind- und Wasser‹-Kunde), die glückverheißende Plätze für Paläste, Häuser, Grabanlagen usw. sucht. Grundlegende Darstellung der koreanischen Geomantik ist noch immer Murayama Chijun, Chosen no fusui, Keijō 1931.

Hundemetzger: besonders eine mit Hundefleisch zubereitete scharf gewürzte Suppe (posint'ang) ist auch heute noch während der heißen Sommermonate geschätzte Speise, ihr wird (von und für Männer) aphrodisische Wirkung zugeschrieben.

35. E Ch'oe Suhyang; 19.8.1955, Tamyang, Chólla namdo

Q HM, pp. 36–37, Nr. 7

Q HM, pp. 201–204, Nr. 108

L s Son Chint'ae, Han'guk minjok sórhwa úi yón'gu, Seoul 1954, pp. 49–75, eine koreanische Variante und Vergleich mit chinesischen Märchen dieses Typs.

Yu Chúngsón, Chogae saeksi kuhon mindam sogo; in: Han'guk minsokhak, Nr. 5, Seoul 1972, pp. 49–75, zwei koreanische Varianten, Vergleich mit chinesischen und japanischen Märchen

37. Q HT, pp. 23–29

L v UNYI pp. 144–146

38. Q HM, pp. 85–87, Nr. 39

A Sonnenfinsternis, kor. ilsik, Mondfinsternis, kor. wólsik, wörtlich »Aufzehren, Verzehren der Sonne, des Mondes«

L v Kim So-un, The Story Bag, Tokyo/Rutland 1955, pp. 23–30

39. Q HT, pp. 466–469

A Paduk: koreanischer Name des Brettspiels Go

L s Son Chint'ae, Han'guk sórhwa úi yón'gu, Seoul [2]1954, pp. 11–14, weist chinesische Herkunft des Motivs nach

40. Q HT, pp. 503–507

L s Cho Húiung, Han'guk sórhwa úi yón'gu, Seoul 1969, p. 126

41. Q HT, pp. 488–489

L v HT, pp. 167–168

42. E Ha Ch'ónsu, 66; 10.8.1969, Hyónnae, Mup'ung-myón, Muju-kun, Chólla pukto

Q HMCCPS, Bd. 2, p. 590, Nr. 1172

A Mup'ung, Ort an der Grenze von Chólla pukto und Kyóngsang pukto. Kaejoji, im Chólla-do-Dialekt »Hundepenis«

43. E Kim Kyewón; Oktober 1957, P'yosón-li, P'yosón-myón, Cheju-do

Q NC, pp. 159–162

44. Q HT, pp. 430–432

L v Zong In-sob, Folk Tales from Korea, Seoul 1970, p. 32, Nr. 15; Kim So-un, The Story Bag, Tokyo/Rutland 1955, pp. 19–22

s Cho Húiung, Han'guk tongmuldam index; in: Munhwa illyuhak, Nr. 5, Seoul 1972, pp. 121–134, 8 A

45. E Kim Tuek; Dezember 1957, Hwasun-li, Andok-myón, Cheju-do

Q NC, pp. 195–198

L v S. o. Nr. 2

46. Q HT, pp. 233–237

L v Kim So-un, The Story Bag, Tokyo/Rutland 1955, pp. 99 bis 115

47. E Cho Kyuhwi, 53; 4. 8. 1954, Póbwón-li, Ch'ónhyón-myón, P'aju-kun, Kyónggi-do

Q HM, pp. 265–267

48. Q HT, pp. 340–354

L v Kim So-un, The Story Bag, Tokyo/Rutland 1955, pp. 199 bis 214

49. Q HT, pp. 425–429

50. E Song Kunhón, 42; 1967, Sóngsan-myón, Moryóng-ku, Kyóngsang pukto

Q YC, pp. 451–453, Nr. 274

A Ponghwa-Berg, in Koryóng-kun gelegen. Die Verwandlung einer Bärin in menschliche Gestalt ist ein Motiv, das schon im koreanischen Gründungsmythos von Tan'gun zu finden ist, überliefert im Samguk yusa (s. Nachwort). Auch dort wird eine Bärin nach hunderttägigem Gebet in eine Frau verwandelt, die dann Mutter des Tan'gun, legendärer Stammvater aller Koreaner wird. Vgl. auch UNKS pp. 54–56

51. Q HT, pp. 405–406

L v UNYI pp. 164–166

52. E No Tuhan, 78; Op'yóng-li, Hamyang-kun, Chigok-myón, Kyóngsang namdo

Q HCP, p. 576, Nr. 34
A Sangju – Ort in Kyóngsang pukto

53. E Yi Kyusón; 2. 8. 1955, Sinhyu-li, Úmbong-myón, Sósan-kun, Ch'ungch'óng namdo
Q HM, pp. 259–265, Nr. 137
A Tigereinfluß – Geomanten versuchen, aus Formen der einen Ort umgebenden Berge auf bestimmte Einflüsse zu schließen, die Glück oder Unglück verheißend sind für die Nachfahren dessen, der dort beigesetzt werden soll. Vgl. Yim Seong Hi, Die Grundlage und die Entwicklung der Familie in Korea. Diss. Köln 1961, pp. 126–128.
Seetangsuppe – eine Suppe aus Seetang ist wichtigster Bestandteil der Ernährung einer Wöchnerin in Korea

54. E Pak Wónjong, 40; Oktober 1966, Subuk-tong, Úihúng-myón, Kunwi-kun, Kyóngsang pukto
Q YC, pp. 321–322, Nr. 173

55. Q JK, Nr. 1
A Tempel des Buddha-Landes, kor. Pulguk-sa, in der Nähe der Silla-Hauptstadt Kyóngju gelegen
L v In JK weitere koreanische Varianten und Parallelen aus China und Japan. KFR, pp. 51–57. Yang T'ai-jin, Tales from old Korean bells; in: Korean Journal, Bd. 12, Nr. 2, Seoul 1972, pp. 55–57

56. Q CMC, pp. 13–19
A Kwanúm, chin. Kuan-yin, weibliche Verkörperung des Avalokiteśvara Bodhisattva, in Ostasien verehrt als Göttin der Barmherzigkeit
Bodhisattva: zukünftiger Buddha.
Podók: wörtlich »Allumfassende Tugend«
L v Maeda Hiroshi, Konggō-san, Keijō 1931, pp. 81–86

57. Q HM, pp. 115–119, Nr. 57

58. Q PKC, pp. 56–58, Nr. 19
A Affenteich, ein Teich in der Nähe von Sosa-li, Ch'och'onmyón, puyó-kun, Ch'ungch'óng namdo
L v HT, pp. 460–462

59. E Kang Insón; Februar 1957, Namwón-li, Namwón-myón, Cheju-do
Q NC, pp. 87–90

60. Q SC, pp. 151–152

61. E U Yónsik; 5.10.1957, Sinung-li, Usóng-myón, Kongju-kun, Ch'ungch'óng namdo
Q HCT, pp. 150–153
L v HT, pp. 463–465

62. Q CMC, pp. 180–181, Nr. 91
A Hundert-Tage-Rot, kor. Paegilhong, Lagerstoemia indica
L v KFR, pp. 71–74; Chung-kuo min-chien ku-shih hsüan, vol. 2, Peking ²1980, pp. 341–344 (chin. Übersetzung eines bei der koreanischen Minderheit in der Mandschurei aufgezeichneten Textes).

63. E Chin Ch'angguk, Februar 1956, Amaru, Murúng-li, Taejóng-úp, Cheju-do
Q NC, pp. 97–101

64. E Kim Yóngch'o, 29; Oktober 1973, Changwi 1-dong, Sóngbukku, Seoul
L v UNYI pp. 101–106
L s Cho Húiung, Han'guk tongmuldam index; in: Munhwa illyuhak, Nr. 5, Seoul 1972, pp. 121–134, Nr. 29 B

65. Q CMC, pp. 112–114, Nr. 110
L v HT, pp. 153–161. Kim So-un, The Story Bag. Tokyo/Rutland 1955, pp. 86–98; UNYI pp. 87–95
s Ch'oe Sangsu, Paekcho ch'ónyó sórhwa pigyo yón'gu; in: Minsok hakpo, Nr. 2, Seoul 1957, pp. 3–16. Ch'oe vergleicht in dieser Untersuchung koreanische Varianten des Schwanenjungfrauen-Märchens mit solchen aus anderen Teilen der Welt

66. Q HM, pp. 185–187, Nr. 97

67. Q CMC, pp. 91–93, Nr. 48
A Zehntausend Sack – Sack, sino-kor. sók, kor. sóm, Bezeichnung für den aus Stroh geflochtenen Sack, dann Maßeinheit für Getreide: 1 sók (sóm) = 180,39 Liter
L v YC, pp. 200–202, Nr. 80

68. Q HM, pp. 147–148, Nr. 72

69. E Kim Yóngch'o, 29; Oktober 1973, Changwi 1-dong, Sóngbuk-ku, Seoul
A Trocken-Kam – vgl. Nr. 4
L Cho Húiung, Han'guk tongmuldam index; in: Munhwa illyuhak, Nr. 5, Seoul 1972, pp. 121–134, Nr. 47 C.

Son Chint'ae, Han'guk minjok sórhwa úi yón'gu, Seoul [2]1954, pp. 145–149

70. Q KFR, pp. 85–87

A Quadrat – die Erde ist nach chinesischer Anschauung quadratisch, das Quadrat ein Zeichen für die Wissenschaft von der Erde, die Geographie.

Kreis – der Himmel ist rund, der Kreis Zeichen für Astronomie.

Drei Grundregeln bestimmen die Pflichten des Fürsten, Vaters und Ehemanns.

Fünf Grundbeziehungen – die Beziehungen zwischen Fürst und Untertan, Vater und Sohn, älterem und jüngerem Bruder, Mann und Frau, und zwischen Freunden.

Yen Ti Shen-nung: in kor. Aussprache Yómje sinnong, zweiter der fünf mythischen Herrscher Chinas, reg. 2838–2698 (?) v. Chr., Begründer von Ackerbau und Medizin, Yóm wird vom koreanischen Empfangsbeamten als das Wort für ›Bart‹ verstanden.

T'ai Hao Fu-hsi, in kor. Aussprache T'aeho pokhúi, erster der fünf mythischen Kaiser Chinas, reg. 2953–2838 v. Chr. (?), Erfinder der Diagramme, die in der Divination Verwendung fanden. Das Pok in seinem Namen vom Koreaner als ›Bauch‹ verstanden

L v H. Hammitzsch, Japanische Volksmärchen (Die Märchen der Weltliteratur) pp. 255–257, Nr. 84 und Anmerkung dazu

s Son Chint'ae, Han'guk minjok sórhwa úi yón'gu, Seoul [2]1954, pp. 140–143, ebenfalls mit japanischen Varianten

71. E Sin Chómsun, 67; 21. 1. 1969, Uam-dong, Ch'óngju-si, Ch'ungch'óng pukto

Q HMS, pp. 71–72

72. E Sin Munch'ól; 5. 5. 1970, Kyóngch'ón-li, Kyeryóng-myón, Kongju-kun, Ch'ungch'óng namdo

Q HCT, pp. 225–227, Nr. 14, 1

73. Q HT, pp. 162–166

L v KFR, pp. 78–81; Song Chisól, Han'guk kubi chónsúng úi yón'gu, Seoul 1976, p. 218

A Aussetzung von Alten in den Bergen ist in der Koryó-Zeit vorgekommen. Vgl. die literarische Gestaltung einer ähnlichen altjapanischen Überlieferung von Fukazawa Shichirō,

Narayama-bushi-kō, Tokyō 1956, deutsch: Schwierigkeiten beim Verständnis der Narayama-Lieder, Hamburg 1964

74. E Nam Yongsón, 75; 4. 3. 1972, Kyo-li, Yóngsan-myón, Ch'angnyón-kun, Kyóngsang namdo
Q HMCCPS, Bd. 3, p. 900, Nr. 18

75. A Zum Wettbewerb Mun/Chach'óngbi vgl. Devereux, George, Baubo – Die magische Vulva, Frankfurt 1981, p. 154
E Cho Chóngsaeng; April 1958, Sindo-li, Taejóng-úp, Cheju-do
Q NC, pp. 63–69
L v HMCCPS, Bd. 5, pp. 400–407

76. E Ch'oe-ssi, 69; 27. 7. 1963, Kangjóng-li, Maryóng-myón, Chinan-kun, Chólla pukto
Q HMS, pp. 77–80

77. E Yi Chongsóng, 17; 15. 8. 1972, Kúkso-dong, Imha-myón, Andong-kun, Kyóngsang pukto
Q HMCCPS, Bd. 4, pp. 702–703

78. E Ko Honggyu; Dezember 1957, Ora-dong, Cheju-si, Cheju-do
Q NC, pp. 129–137
L v HMCCPS, Bd. 5, pp. 411–416

79. E Yi Yóngsóng, 57; 20. 1. 1967, Kúmgwang-dong 158, Kunsan-si, Chólla pukto
Q HMS, pp. 46–50

80. Q HT, pp. 58–74
L v P'ansori-Fassung aus der ersten Textsammlung des Genres von Sin Chaehyo (1812–1884) in einer kritischen Textausgabe: Kang Hanyóng (Hg.), Sin Chaehyo P'ansori sasól chip, Seoul 1978, pp. 323–445
L s Chang Tóksun, Húngbu-chón úi chaego, in: Kug'ó kungmunhak vol. 13, Seoul 1955, pp. 45–58

81. E No Tuhan, 78; Februar 1970, Op'óng-li, Chigok-myón, Hamyang-kun, Kyóngsang namdo
Q HCP, pp. 577–578, Nr. 36

82. Q HT, pp. 217–223

83. E Pak Sóng'uk, 55; 25. 4. 1957, Kansu-li, Wónsan-si, Hamgyóng namdo
Q HMS, pp. 106–109

84. E Ch'u Chúngja, 34; 3. 10. 1959, Hwangsin-dong, Kangyóp-úp, Nonsan-kun, Ch'ungch'óng namdo
Q HMS, pp. 233–240

A Pfefferbaum – Zanthoxylum piperitum

85. Q HT, pp. 514–518

86. E Cho Kyujing, 53; 4.8.1954, Póbwón-li, Ch'ónhyón-myón, P'aju-kun, Kyónggi-do
Q HM, pp. 267–269, Nr. 139

87. E Ko Ch'una; August 1958, Kosan-li, Han'gyóng-myón, Cheju-do
Q NC, pp. 74–81

88. E Pak Subok, 65; 20.8.1974, Sinan-tong 1-ku, Choch'iwón-úp, Yón'gi-kun, Ch'ungch'óng namdo
Q HMS, pp. 147–152

89. E Kim Pokhúi, 66; 8.7.1960, Ullim-dong 56, Kwangju-si, Chólla namdo
Q HMS, pp. 224–228

90. Q UNYI pp. 5–7

91. Q UNYI pp. 177–179
A Tung-fang So: Persönlichkeit der frühen Han-Zeit Chinas, lebte um 100 v. Chr. Von zahlreichen Legenden umwoben, soll u. a. auch der Göttinmutter des taoistischen Paradieses im Westen die Pfirsiche der Unsterblichkeit gestohlen haben, wodurch seine Langlebigkeit erklärt wird. Vgl. Werner, E. T. C. A Dictionary of Chinese Mythology, New York 1969, pp. 528–530

92. Q UNYI pp. 184–187

93. Q UNYI pp. 214–217
A Yangban: Angehöriger der obersten Gesellschaftsschicht der Yi-Dynastie, die die Beamtenschaft stellte

94. E Ma Chóngsuk; 20.9.1956, Songsan-li, Yanggam-myón, Hwasóng-kun, Kyónggi-do
Q HM, p. 232, Nr. 123
L v Kim So-un, The Story Bag, Tokyo/Rutland 1955, pp. 3–10
s Chang Tóksun, Mindam úi segye; in: Yi Sungnyóng paksa songsu kinyóm nonch'ong, Seoul 1968, pp. 529–537, p. 536

## *Zur Aussprache*

Die für koreanische Wörter in diesem Band gebrauchte Umschrift ist die von McCune-Reischauer.
Die Vokale des Koreanischen sind:

| | |
|---|---|
| i | wie deutsches i |
| ú | wie unbetontes deutsches e |
| ui | wie ü |
| u | wie deutsches u |
| e | wie deutsches e |
| ó | offenes o |
| o | geschlossenes o |
| oe | wie deutsches ö |
| ae | wie deutsches ä |
| a | wie deutsches a |
| w und y | sind Halbvokale ähnlich deutschem w bzw. j |

Bei den Konsonanten werden einfache, aspirierte und gespannte unterschieden. Die einfachen Konsonanten werden im Inlaut eines Wortes oft stimmhaft gesprochen. Die aspirierten zeigen starke Behauchung, bei den gespannten Konsonanten werden die Sprachorgane gespannt, der Laut mit großem Nachdruck gesprochen.

| | |
|---|---|
| k | einfacher, stimmloser Laut, wie deutsches k im Inlaut, wenn stimmhaft g geschrieben |
| k' | aspiriert |
| kk | gespannt |
| t | einfacher Laut, wenn stimmhaft d geschrieben |
| t' | aspiriert |
| tt | gespannt |
| p | einfacher Laut, stimmhaft b geschrieben |
| p' | aspiriert |
| pp | gespannt |
| s | wie deutsches s |
| ss | gespannt |
| ch | wie tsch in Matsch |
| ch' | aspiriert |
| tch | gespannt |

r, l Zungen-r, nur im Anlaut von Silben, nie am Wortanfang, l wie deutsches l, steht nur im Inlaut oder Auslaut eines Wortes

n wie deutsches n

m wie deutsches m

ng wie deutsches ng, steht nur im Silben- oder Wortauslaut

h wie deutsches h

Die Betonung liegt am Anfang des Wortes, die im Koreanischen häufigen Lautassimilationen werden in der Umschrift berücksichtigt.

## *Typen- und Motivregister*

Erstellt von Kurt Ranke und Jörg Uther

Vorbemerkung: Die Klassifizierung der Erzählungen erfolgte weitestgehend in Anlehnung an die international gebräuchlichen Kataloge AaTh und Mot., die weitere Texte sowie Literaturhinweise enthalten. Bei den AaTh-Typen sind die Stichwortbezeichnungen aus der ENZYKLOPÄDIE DES MÄRCHENS (EM), soweit Artikel vorgesehen sind, übernommen (Ausnahmen durch * markiert).

AaTh = Aarne, A./Thompson, S.: The Types of the Folktale. Second Revision (FFC 184). Helsinki 1961 (u.ö.).

Choi = Choi, In-hak: A Type Index of Korean Folktales. Seoul 1979.

Eberhard = Eberhard, W.: Typen chinesischer Volksmärchen (FFC 120). Helsinki 1937.

EM = Enzyklopädie des Märchens. Handwörterbuch zur historischen und vergleichenden Erzählforschung. Begründet von K. Ranke. ed. R. W. Brednich u. a. Berlin/New York 1977 ff. (bisher erschienen die Artikel Aarne-Gott [Stand 1987]).

Ikeda = Ikeda, H.: A Type and Motif Index of Japanese Folk-Literature (FFC 209). Helsinki 1971.

Mot. = Thompson, S.: Motif-Index of Folk-Literature 1–6. Kopenhagen 1955–58 (u.ö.).

Nr. 1 = AaTh 1653 F: Räuber unter dem Baum
Nr. 2 = Mot. T 510: Wunderbare Empfängnis (vgl. EM 3,1395–1406) + AaTh 934: Todesprophezeiung + AaTh 314: Goldener
Nr. 4 = AaTh 1313: Mann glaubt sich tot
Nr. 7 = AaTh 1333: Der Schäfer, der zu oft »Wolf« rief*
Nr. 11 = Choi 521: Der kräftige Furz
Nr. 14 = AaTh 123: Wolf und Geißlein
Nr. 15 = AaTh 335: Boten des Todes
Nr. 16 = AaTh 332: Gevatter Tod
Nr. 1 = AaTh 1351: Schweigewette
Nr. 19 = AaTh 780: Singender Knochen

Nr. 20 = Choi 460: Geheimnisse von Geistern belauscht
Nr. 21 = Mot. A 2413.4: Warum der Tiger Flecke hat
Nr. 22 = Choi 519: Die drei närrischen Bräute
Nr. 23 = AaTh 440: Froschkönig
Nr. 24 = Choi 267: Die verstopfte Reisquelle
Nr. 27 = AaTh 510 A: Cinderella
Nr. 29 = AaTh 893: Freundesprobe
Nr. 31 = AaTh 1935: Verkehrte Welt
Nr. 32 = Choi 521: Furzwettstreit
Nr. 34 = Mot. M 359.8: Prophezeite Flut; Ikeda 912
Nr. 36 = AaTh 402: Maus als Braut (hier: Schnecke) + AaTh 465: Mann wird wegen seiner schönen Frau verfolgt
Nr. 37 = Choi 120: Vögel läuten Glocke
Nr. 38 = Mot. A 737: Ursprung der Sonnen- und der Mondfinsternis
Nr. 39 = AaTh 934: Todesprophezeiung
Nr. 40 = AaTh 1319: Eselei ausbrüten (hier: Kürbis)
Nr. 44 = Choi 23: Vögel beschimpfen Mäuse
Nr. 45 = AaTh 314: Goldener
Nr. 46 = AaTh 560: Zauberring
Nr. 47 = AaTh 325: Zauberer und Schüler
Nr. 48 = Mot. F 910: Fressermärchen
Nr. 50 = Choi 213: Die Bärenfrau
Nr. 51 = Choi 8: Der ungehorsame Frosch
Nr. 53 = AaTh 1641: Doktor Allwissend
Nr. 55 = Eberhard Nr. 99
Nr. 57 = Choi 288: Drachengott hilft gegen Berghexe
Nr. 64 = AaTh 155: Undank ist der Welt Lohn
Nr. 65 = Mot. D 361.1: Schwanjungfrau
Nr. 66 = Mot. J 2131.5.3: Kopf im Topf
Nr. 67 = Ikeda 738: Drachen streiten
Nr. 68 = Mot. N 271: Mord offenbart sich
Nr. 69 = AaTh 177: Dieb und Tiger
Nr. 70 = AaTh 924: Zeichendisput
Nr. 71 = AaTh 1565: Kratzverbot
Nr. 72 = vgl. AaTh 1061: Wettstreit mit dem Unhold (hier: Steinbeißen)
Nr. 73 = AaTh 980: Sohn: Der undankbare S.
Nr. 75 = Choi 311: Frau in Männerkleidung (vgl. EM 5, 168–186)

Nr. 76 = AaTh 1275: Richtung: Die verkehrte R. (Mann ohne Kopf) + AaTh 1531 A: Rasierter Mann erkennt sich nicht wieder*

Nr. 77 = AaTh 571: Klebezauber

Nr. 78 = AaTh 1539: List und Leichtgläubigkeit

Nr. 79 = Mot. K 721, K 951.1: Heiße Steine in den Mund des Unholds geworfen + Mot. K 1013.2: Unhold verbrannt + AaTh 2: Schwanzfischer

Nr. 80 = Choi 457 (vgl. AaTh 480): Dank der Schwalbe

Nr. 83 = AaTh 1528: Neidhart mit dem Veilchen

Nr. 84 = AaTh 782: Midas

Nr. 86 = Choi 433: Der studierte Alte

Nr. 90 = AaTh 729: Axt: Die goldene A. des Meermannes

Nr. 91 = vgl. Beter: Der gefoppte B. (EM 2, 226–230)

Nr. 92 = Mot. D 1338.1.1: Magischer Quell verjüngt

Nr. 93 = vgl. AaTh 852: Redekampf mit der Prinzessin (Freierprobe)

Nr. 94 = Choi 763: Die Geschichtengeister

INHALT